AF342884

MERMEIX

Le Syndicalisme contre le Socialisme

Origine et développement

DE LA

CONFÉDÉRATION GÉNÉRALE DU TRAVAIL

DEUXIÈME ÉDITION

PARIS

SOCIÉTÉ D'ÉDITIONS LITTÉRAIRES ET ARTISTIQUES

Librairie Paul Ollendorff

50, CHAUSSÉE D'ANTIN, 50

Le Syndicalisme
contre le Socialisme

DU MÊME AUTEUR

—

Le Socialisme (exposé du Pour et du Contre), 8ᵉ édition. (Ollendorff.) 1 volume. 3 fr. 50

PROCHAINEMENT :

Dictionnaire analytique et historique du Socialisme.

IMP. DE SAINT-DENIS. — H. BOUILLANT, 20, RUE DE PARIS. — 17056.

MERMEIX

Le Syndicalisme contre le Socialisme

Origine et développement

DE LA

CONFÉDÉRATION GÉNÉRALE DU TRAVAIL

PARIS

SOCIÉTÉ D'ÉDITIONS LITTÉRAIRES ET ARTISTIQUES
Librairie Paul Ollendorff
5o, CHAUSSÉE D'ANTIN, 5o

Published 18 October 1907
Privilege of copyright in the United Satets reserved
under the act approved 3 march 1905
by Mr. Mermeix, and Library Ollendorff.

Le Syndicalisme contre le Socialisme

CHAPITRE PREMIER

Les Syndicalistes et les Socialistes.

Opposition du Socialisme et du Syndicalisme. — Le Socialisme se croit le chef naturel de la classe ouvrière. — Le Syndicalisme c'est la classe ouvrière elle-même, faisant directement ses affaires. — La doctrine de Karl Marx justifie ces prétentions contraires. — Les socialistes invoquent le précepte d'après lequel la classe ouvrière doit « faire la conquête des pouvoirs publics. » — Les syndicalistes invoquent la proposition fameuse : « l'Émancipation des Travailleurs sera l'œuvre des Travailleurs eux-mêmes. » — Les docteurs et les militants instinctifs. — Les groupements socialistes sont des groupements d'affinités intellectuelles; les groupements syndicaux sont des groupements d'intérêts. — Instinct conservateur des majorités. — Supériorité morale et intellectuelle des minorités. — Les Socialistes, en cherchant à réunir des majorités, font inconsciemment de l'ouvrage contre-révolutionnaire. — Leur tactique offensive contre l'État dont ils veulent s'emparer, avant de le détruire, disperse l'action du Prolétariat. —

La tactique du Syndicalisme qui met aux prises directement l'ouvrier et le patron concentre au contraire l'action révolutionnaire sur le point faible de la citadelle capitaliste.

Dans un précédent ouvrage (¹) il a été exposé, avec une impartialité qu'on a bien voulu généralement reconnaître, et avec autant de clarté qu'il a été possible, les deux doctrines contraires du *Socialisme* et de l'*Économie politique*.

Le livre que nous offrons cette année a pour but de décrire un des aspects de l'action révolutionnaire : le Syndicalisme, et de faire connaître, dans ses grandes lignes, le conflit déclaré sur certains points, encore latent sur certains autres, entre les Syndicalistes et les Socialistes. Épouvantail pour la bourgeoisie, le Syndicalisme est aussi une cause d'inquiétude pour les socialistes. Il fait naître les sentiments presque semblables chez le conservateur et chez le politicien révolutionnaire. L'un le redoute pour son repos, pour sa propriété, pour sa position sociale ; l'autre le craint pour son insoumission et pour la concurrence qu'il lui fait dans les milieux ouvriers.

Qu'est-ce donc que le Syndicalisme, cet ennemi commun, dont la menace réunit dans une même appréhension les assiégeants et les assiégés de la place où nous vivons ?

Le Syndicalisme, c'est le Prolétariat qui prétend

---

1. Le Socialisme, Exposé du Pour et du Contre. *In-18*, chez *Ollendorff, Paris, 1903.*

faire lui-même ses affaires ; qui, pour procéder aux destructions qu'il juge nécessaires et légitimes, pour arriver à l'abolition du Salariat et du Patronat et à l'établissement de la communauté des biens, entend se passer de maîtres, de tuteurs, de docteurs.

Ce rôle de dirigeant de la révolution, le Parti socialiste se le croyait à tout jamais réservé. Le Parti se compose d'un certain nombre d'hommes qui ont lu Karl Marx, d'un plus grand nombre qui en ont entendu parler et qui tous plus ou moins bien « connaissent la doctrine ». Quand on cause avec un propagandiste socialiste, le mot de « la doctrine » revient à chaque instant dans la conversation, prononcé par votre interlocuteur avec une satisfaction orgueilleuse. La connaissance de la « doctrine » semble donner une consécration à celui qui la possède. C'est comme un sacrement que vous auriez reçu et qui vous distinguerait du reste des hommes ; qui différencie même les socialistes entre eux. Car le « docteur » qui vous parle, s'il est en confiance, vous marquera qu'il ne faut pas confondre le militant « instinctif » avec l'homme de raison qui a reçu le dépôt précieux de « la doctrine ».

En vertu de cette investiture, que chacun peut se donner à soi-même en lisant quelques brochures, les socialistes doctrinaires se considéraient comme les bergers nés du troupeau des prolétaires.

Un des principes fondamentaux de la tactique enseignée par la doctrine, c'est que le Prolétariat doit faire la « conquête des Pouvoirs publics ». Pour

faire cette conquête, il y a deux moyens : l'élection
ou l'insurrection.

L'insurrection est une chose grave, hasardeuse.
Pour s'insurger avec quelques chances de succès il
faut être forts par le nombre et par l'audace. Il faut
encore que cette force soit disponible dans une
occasion propice. Mais combien rare est cette occasion et quel événement la fera naître? Sera-ce la
guerre amenant, par la défaite, l'écroulement d'un
régime ; sera-ce le « cataclysme » spontané, prédit
par Karl Marx : la société s'effondrant sous l'action
d'une crise économique ou par le lâche abandon de
son gouvernement? Dans les deux hypothèses,
guerre ou catastrophe, c'est un coup de main qui
mettra le prolétariat en possession des pouvoirs
publics. Mais en attendant le coup de main, ne
pourrait-on pas recourir à la voie moins périlleuse
de l'élection? A cette question les socialistes ont
donné la solution la plus agréable. Ils ont bien
continué à parler des fusils, mais en ajoutant que
ces armes devaient être chargées avec des bulletins
de vote. Ils sont donc devenus des candidats. Leur
parti est devenu une pépinière de candidats. Naturellement, du moment qu'il s'agissait d'envoyer dans
les assemblées délibérantes des hommes qui discu-
teraient avec les Bourgeois, l'intérêt du Parti com-
mandait de choisir les plus instruits, les plus capables
sinon de persuader leurs contradicteurs, du moins
de faire entendre à la tribune des paroles retentis-
santes. La conquête des pouvoirs publics devai

donc débuter par l'envoi des « docteurs » au Parlement et dans les conseils municipaux. Par-ci, par-là, on vit bien élire un militant « instinctif », un ouvrier ayant encore l'odeur de l'usine comme l'honorable citoyen Coutant, d'Ivry ; mais les bénéficiaires de l'action électorale furent le plus souvent des travailleurs intellectuels, ne connaissant que par ouï-dire les souffrances du prolétariat, ou d'anciens ouvriers ayant délaissé depuis longtemps l'outil pour la propagande. Autour des « docteurs » et des « militants », dans les partis organisés, et maintenant même dans le parti socialiste unifié, il se forma des états-majors de candidats futurs, imprégnés de doctrine, toujours prêts à discourir, mais ajoutant à ces titres la protection de quelque grand chef. Peu à peu, insensiblement, un personnel politique se forma qui entrait en lutte avec le personnel des autres partis, et qui aurait été le personnel gouvernant au lendemain de la révolution. Mais quelqu'un troubla la fête...

Cet hôte inattendu et désagréable, c'est le Syndicalisme.

La loi de 1884 avait autorisé les ouvriers à se syndiquer, les syndicats à se fédérer entre eux et même, dit-on, mais on dit aussi le contraire, les fédérations à se confédérer. Tout d'abord cette concession si importante, faite par les pouvoirs bourgeois à ce que les socialistes appellent « la classe ouvrière », fut accueillie par des sarcasmes et avec de la méfiance parmi les travailleurs.

On n'avait pas attendu la loi pour former des syndicats ; est-ce que, en les reconnaissant, l'astucieuse bourgeoisie n'avait pas voulu se donner un moyen de les soumettre à la surveillance de sa police ? Avant de constituer des syndicats légaux, on attendit donc d'avoir pénétré les intentions du gouvernement de la République. Quand on eut reconnu que ces intentions étaient loyales, que le droit syndical avait été accordé aux ouvriers pour qu'ils pussent s'en servir et non pour leur tendre un piège, quand on fut certain qu'il n'y avait pas d'arrière-pensée chez ceux qui avaient fait la loi de 1884, non plus que chez leurs successeurs, les ouvriers s'apprivoisèrent avec elle. Les socialistes poussèrent à la formation des syndicats, à « l'organisation économique de la classe ouvrière. » Dans leur pensée, cette organisation économique devait étayer l'organisation politique qui résidait dans leur parti, dans ses comités, ses sections et ses fédérations. Les ouvriers, dans leurs syndicats, devaient s'occuper de leurs petites affaires particulières, locales, corporatives. Les grandes affaires, et la plus grande de toutes, la seule grande, la Révolution par l'abolition de la propriété capitaliste, resteraient exclusivement dans la compétence du « Parti », seul capable d'y pourvoir. Les socialistes avaient cette idée que les ouvriers devaient se dédoubler : ils seraient des « hommes économiques » au syndicat et ils seraient au Comité des « hommes politiques », car il était bien recommandé à tout membre d'un syndicat de venir au comité, et à tout membre d'un comité de se faire inscrire au syndicat de sa profession. Ici on mènerait la petite guerre pour les intérêts immédiats, pour l'élévation des salaires, contre le patron industriel ou commerçant ; là on ferait, sous la direction et sous les yeux des grands stratèges de la lutte des classes, la guerre à l'état bourgeois, gardien des privilèges capitalistes et des servitudes prolétariennes.

Dans cette conception les syndicats ne conservaient qu'un rôle secondaire : celui d'auxiliaires du Parti socialiste, de recruteurs pour le Parti. Ils avaient pour mission d'attirer des ouvriers non encore initiés, de faire leur éducation révolutionnaire primaire et de les pousser au comité où les docteurs éveilleraient en eux, par leur enseignement, « la pleine conscience de classe. »

Les prolétaires français qui n'ont pas l'habitude de se conduire eux-mêmes, qui, si révolutionnaires qu'ils se disent et si turbulents qu'ils soient, ressentent toujours le besoin d'une autorité, qui reçoivent des impulsions beaucoup plus qu'ils n'en donnent ; ces prolétaires passifs sous leurs airs crâneurs auraient sans aucun doute supporté pendant longtemps la tutelle des docteurs et des agitateurs du parti politique socialiste ; syndiqués ils se seraient plus ou moins renfermés dans les limites qu'on leur assignait, si les vieux adversaires des socialistes-marxistes, les anarchistes, les libertaires de l'École de Bakounine, n'étaient venus exciter chez les ouvriers des soupçons contre le désintéressement de ceux qui s'offraient à les conduire vers le paradis terrestre et des doutes sur l'efficacité de la méthode que préconisaient ces ambitieux.

Les anarchistes sont à l'extrémité gauche du parti révolutionnaire. Logiciens, ils ont tiré toutes les conséquences des principes du socialisme. Pour s'établir le socialisme attaque et détruit toutes les autorités : après la puissance publique, il s'en prend aux puissances économiques; et même le renversement de ces puissances « qui sont les génératrices de toutes les autres et de toute oppression », est-il son objectif, sa raison d'être. Sa cause finale, c'est l'abolition de la propriété individuelle. Ce que le Socialisme faisait aux autorités préexistantes, l'Anarchisme le lui fit à son tour. Le socialisme disait : « Pour combattre la société capitaliste et établir l'égalité, il faut une discipline et des chefs. » « Non, répondirent les anarchistes, commençons par donner aux hommes le bon exemple. Pas de discipline, pas de chefs ! Il ne doit pas en exister dans la société de l'avenir. Soyons autonomes ! dès maintenant, que chacun ne relève que de soi-même et n'en fasse qu'à sa guise ! »

Surenchère inspirée par l'ambition, par l'envie, chez beaucoup, cette revendication de la liberté absolue est sincère chez quelques rêveurs. Mais, de quelque sentiment qu'elle procède, elle a été et elle reste un bien grand embarras pour le Socialisme qui, alors qu'il pouvait se croire le plus avancé qu'il fût possible de l'être, se vit tout à coup obligé, comme un simple parti bourgeois, de se défendre contre son aile gauche, de réprouver des exagérations compromettantes! Les socialistes pour qui les radicaux les plus rouges étaient des réactionnaires se trouvèrent à leur grand dépit, les réactionnaires des anarchistes.

Ce qui rendait les anarchistes plus gênants; c'est qu'ils n'étaient pas seulement des violents, des furibonds, des « militants instinctifs »; c'est qu'ils étaient des discuteurs. Ils le prouvèrent bien quand il se furent insinués dans les syndicats. Eux aussi ils connaissaient la « doctrine », la doctrine dont la science imprime aux socialistes une sorte de caractère sacerdotal. C'est en s'appuyant sur les enseignements de la « doctrine », interprétée avec plus ou moins de bonne foi, — mais les ouvriers étaient-ils capables de faire de la contre-exégèse? — que les anarchistes ou les libertaires parvinrent à substituer leur influence à celle des socialistes dans les syndicats et à enlever au Parti socialiste quelques-uns des plus gros bataillons de son armée.

Les socialistes réclament pour leur parti le commandement de la bataille sociale en s'appuyant sur ce précepte de la doctrine qui recommande la conquête des pouvoirs publics. Ils disent : « L'État a été formé après les classes, pour maintenir la domination de l'une et l'asservissement de l'autre. C'est dans l'État que se trouve le nœud de l'oppression

1.

sociale. Pour trancher le nœud il faut donc s'emparer de l'État. Quand nous serons les maîtres, par élection ou par insurrection (et presque tous croient que l'insurrection sera nécessaire, car Marx a dit : « La force est l'accoucheuse des sociétés ») ; quand donc, disent-ils, nous serons les maîtres de l'État, nous anéantirons sa raison d'être qui est la division des hommes en classe possédante et classe dépouillée, en classe capitaliste exploitante et classe salariée exploitée. Alors l'État disparaîtra de lui-même et fera place à une Administration économique qui aura non plus à sauvegarder les privilèges d'une minorité mais à pourvoir aux besoins de la totalité des hommes. Mais pour anéantir l'État, il faut commencer par le prendre ; il faut se servir de lui pour briser la cause qui l'a engendré et qui le fait vivre : l'inégalité entre la majorité qui produit tout et la minorité qui consomme le travail de la majorité. C'est pourquoi, concluent les socialistes, il importe de nommer beaucoup de députés et beaucoup de conseillers généraux et beaucoup de conseillers municipaux de notre Parti. Leur installation dans les pouvoirs publics sera autant de fait, et autant de moins à faire, le jour de l'insurrection. Nous aurons, ce jour-là, avec nos élus, des amis dans la maison pour nous en ouvrir les portes. »

A quoi les anarchistes répondent que ce sont là paroles d'ambitieux, impatients de se caser ; que l'État contient en lui une influence corruptrice ; que toujours le peuple a été trompé, quand il n'a pas été mitraillé, par les révolutionnaires qu'il avait eu la naïveté de hisser au pouvoir.

Par conséquent, pour détruire l'État on ne doit pas commencer par devenir soi-même État ; car si on le devient, on devient du même coup conservateur ; on le devient par la force des choses, on le devient même sans malhonnêteté, parce qu'on ne peut pas faire autrement ; parce qu'on voit les choses d'un autre point de vue ; parce que telles difficultés et tels devoirs apparaissent qui ne permettent pas à un révolutionnaire devenu homme politique d'être un homme politique révolutionnaire complet. L'État débauche les plus purs, pervertit les meilleurs. Donc, pour garder sa vertu, on ne doit pas s'exposer à son contact pernicieux. Ce n'est pas par en haut, avec le vieil outillage de l'État oppresseur, que l'on anéantira les classes ; c'est par en bas qu'il faut mener le combat contre la classe privilégiée. Qu'on lui rende la vie impossible, à cette classe ; qu'on l'exproprie un à un des avantages qu'elle s'est appropriés indûment.

— Cette expropriation s'opérera par la loi que nous ferons, disent les socialistes ; mettez-nous donc à même de faire la loi.

— Nous n'avons pas besoin de vous pour faire des lois, répliquent les anarchistes. Nous saurons bien arracher, par l'Action directe, aux bourgeois les concessions qui affaibliront la société où ils s'engraissent et où le prolétaire dépérit. L'Action directe, c'est une série d'attaques renouvelées sans cesse, portées aujourd'hui sur un point, demain sur un autre; c'est une suite ininterrompue de petites et de moyennes crises qui mettront et entretiendront au cœur de l'exploité la haine de l'exploiteur et qui auront cette utilité de préparer la crise finale de la grève générale. Pour cet ouvrage, continuent les anarchistes, nous n'avons que faire de votre conquête des pouvoirs publics. Nous n'éprouvons pas le besoin de voter, de nous donner des maîtres. Nous sommes anti-votards, c'est-à-dire abstentionnistes.

« En quoi nous sommes fidèles à la doctrine de Karl Marx. N'a-t-il pas dit : « L'émancipation des prolétaires doit être l'œuvre des prolétaires eux-mêmes? » Eh bien, nous sommes des prolétaires, nous voulons nous émanciper nous-mêmes; vous, socialistes, qui vous offrez pour être nos libérateurs, occupez-vous de vos affaires et ne vous mêlez pas des nôtres. Si nous vous écoutions, nous préparerions au Prolétariat une déception de plus, car, devenus les gouvernants, vous feriez contre nous, qui sommes le Peuple, ce que toujours ont fait dans le passé tous les gouvernements. »

Pour justifier leur méfiance, les anarchistes n'ont pas seulement les enseignements de l'histoire, ils ont encore un raisonnement qui ne manque pas de force. Ils disent : Le parti socialiste est un groupement d'opinions. Le parti syndicaliste est un groupement d'intérêts. Or, les opinions sont moins stables que les intérêts. Nous ne pouvons pas remettre la cause de l'émancipation humaine aux soins d'une organisation dont les éléments disparates ne nous présentent pas de garantie.

Dans le parti socialiste, on trouve certes beaucoup d'ouvriers; parmi les militants et même parmi les « Docteurs » il y a un grand nombre de travailleurs ou d'anciens travailleurs qui vivent maintenant du parti mais qui n'en sont pas plus riches; dont les intérêts, parce qu'ils sont pauvres, sont demeurés les mêmes que ceux du prolétariat. Mais l'idée socialiste, qui est une idée en somme généreuse, a séduit des bourgeois, voire même des capitalistes millionnaires. Ces hommes sont de bonne foi — il ne faut jamais discuter les intentions — mais leur socialisme de sentiment et de raison ira-t-il jusqu'au sacrifice des avantages matériels que le socialisme a pour but précisément de leur enlever? « Tant qu'il s'agira, disent les anarchistes, de préparer une révolution lointaine par une propagande qui commencera par rapporter des mandats, les bourgeois socialistes et sincèrement socialistes, nous le voulons bien, qui appartiennent à votre Parti marcheront sans broncher. Mais au moment de passer de la parole aux actes, quand il faudra que la foi socialiste devienne agissante, quand il faudra se dépouiller soi-même, est-ce que ces bourgeois n'auront pas un sursaut en arrière? Il est dangereux de placer des hommes entre l'appel de leur conscience, de leur raison, et le cri de leur intérêt. Or vous acceptez dans votre Parti, dans vos groupes, sections et fédérations, des gens qui ont des intérêts économiques contraires à ceux du Prolétariat. Cela suffit pour nous ôter la confiance absolue qu'il est indispensable d'avoir en des chefs, aussi bien dans la guerre des classes, que dans la guerre des armées. Entre les hommes qui composent votre parti, il y a des affinités intellectuelles et morales qui peuvent disparaître sous mille influences — celle de l'âge, celle du milieu, celle de la famille, celle même de la réflexion.

Au contraire, ces affinités fugitives peuvent ne pas exister entre les hommes de nos syndicats. Mais, plus forte qu'aucune suggestion du sentiment ou de la raison, il existe entre eux une identité d'intérêts qui les unit, par un lien solide et durable, le seul lien véritablement indissoluble.

Dans les syndicats nul pour être admis n'a besoin de dire ce qu'il pense. On lui demande ce qu'il est. Est-il salarié? qu'il entre. La constatation de son état social suffit. Il n'importe qu'il soit socialiste, radical, opportuniste, bonapartiste ou royaliste; qu'il soit catholique ou juif ou libre-penseur, chauvin ou anti-militariste; nous ne voulons pas le savoir. Il est exploité: cette qualité suffit à lui donner accès dans le syndicat de sa profession. Parmi ses égaux, ses frères de misère, devenus ses camarades, il n'entendra pas parler de politique. On évitera tout ce qui divise, on n'abordera que les questions sur lesquelles l'union, l'unanimité doit se faire entre tous les exploités: les questions économiques. On ne dira de mal ni de la République, ni de l'Empire, ni de la Royauté, ni du Pape, ni du Rabbin, pour le vain

plaisir de les dénigrer. On parlera du Patron ; on fera
la comparaison entre le bénéfice du capitaliste et le
salaire du prolétaire, entre les jouissances dont l'employeur est gorgé et la détresse de l'employé ; on
montrera aux syndiqués, non par de savants raisonnements, mais en leur expliquant les faits dont ils
souffrent, qu'ils sont volés journellement ; que le
luxe de la minorité patronale est faite de leur misère ;
on leur montrera que si cette spoliation, dont ils
sont victimes, a pu commencer et si elle peut se
continuer, c'est par la malfaisance de l'État — non
pas de tel ou tel régime, mais de l'État qui, sous tous
les noms qu'il a pu porter et sous tous ceux qu'il
pourra prendre, a toujours été et sera toujours iden-
tique à lui-même : en tous temps et tous lieux
intendant des privilégiés, des riches, des parasites,
leur homme d'affaires et gendarme chargé de tenir
en respect les déshérités, les pauvres, les producteurs.

Cet enseignement par les faits, cet enseignement
qui n'aura rien de scholastique, qui ressortira pour
chaque syndiqué de sa confrontation avec sa propre
misère, fera des révolutionnaires bien autrement
solides que ne le sont les raisonneurs intellectuels
du Parti socialiste ; car en même temps qu'à l'intellect et plus qu'à l'intellect il fera appel à l'instinct.

A cette argumentation les socialistes objectent
que la propagande dans les syndicats, justement
parce qu'elle s'attaque aux petits côtés de l'exploita-
tation capitaliste, parce qu'elle a pour but premier

la défense des petits intérêts personnels, corporatifs, locaux, est insuffisante pour faire des révolutionnaires conscients. Les syndicats sont bons pour la guérilla, mais ils sont impropres à la grande guerre. Leurs efforts sont forcément dispersés. La coordination, l'utilisation de ces efforts ne peut être faite que par le parti politique socialiste qui n'est pas, lui, enfermé dans l'horizon étroit d'une ville ou d'un métier, qui est un parti de généralisation.

Dans l'intérêt commun qui est la révolution à réaliser, il faut donc que l'action socialiste et l'action syndicaliste se combinent; le devoir des syndiqués est de s'inscrire au parti socialiste et de voter pour les candidats socialistes.

A quoi les anarchistes répliquent : « Non. Le vote ne peut que renforcer l'État, même s'il introduit dans les organes de la puissance bourgeoise des opposants; en mettant les choses au mieux, le vote ne pourra que donner naissance à un nouvel État. Et ce nouvel État, que sera-t-il?

« Une nouvelle garnison dans la vieille forteresse, et rien de plus. Les nouveaux occupants feront bien quelque changement à la façade; ils la repeindront; ils prendront un autre drapeau. Mais ils ne pourront rien faire de plus, car la pourriture étatiste aura bientôt fait de les gagner, et contre eux il sera bientôt aussi nécessaire de faire une révolution qu'il l'est d'en faire une contre les exploiteurs d'aujourd'hui. » C'est pourquoi les chefs des syndicats refusent de donner des mots d'ordre électoraux à leurs troupes; c'est pourquoi ils leur conseillent même le plus souvent l'abstention. Ils disent encore que l'homme est naturellement un ouvrier et qu'il ne devient électeur que par un besoin secondaire et factice qui disparaîtra le jour où il ne trouvera plus à se satisfaire. Ce besoin on ne le ressentira plus dans la société après la révolution, quand il n'y aura plus d'État, ni d'Autorité. Puisqu'il n'y aura plus d'État, on n'aura plus à élire les agents de l'État; alors pourquoi ne pas prendre dès maintenant cette habitude de s'abstenir dans des élections qui sont toujours inutiles et qui, le plus souvent, sont nuisibles? Que les socialistes soient donc logiques! Ils annoncent que dans la société, telle qu'ils parlent de la construire, les groupements économiques seront tout, qu'il n'y aura pas de puissance publique en dehors de celle qui aura la charge d'assurer la production de la circulation des objets nécessaires à l'existence des hommes. Eh bien! pourquoi attendre la révolution pour mettre à leur place les groupements économiques? Qu'ils soient tout dès aujourd'hui, puisqu'ils seront tout demain. Les socialistes devraient être les premiers à reconnaître cette supériorité du syndicat sur le groupe politique. De quoi s'agit-il quand on parle de révolution? Il s'agit de changer la constitution économique de la société humaine. L'État est la résultante de l'inégalité économique qui s'était établie avant lui et qu'il a pour fonctions de maintenir. Or les socialistes ont pour objectif cette résultante, tandis que les syndicalistes s'attaquent à la cause de cet effet. Ils veulent la faire disparaître, cette cause, et c'est eux les ouvriers, les travailleurs, les exploités, qui profiteront de cet anéantissement. Qu'on leur laisse donc mener la bataille eux-mêmes, leur bataille. Qu'on ne leur demande pas de se donner des chefs qui le lendemain de la victoire voudraient sans doute, comme tous les chefs victorieux, rester les maîtres !

Aussi bien l'action syndicale ne l'emporte pas seulement en légitimité sur l'action politique ; elle l'emporte en efficacité. Quand fait-on de l'action politique ? Aux élections, tous les quatre ans. Quand fait-on de l'action syndicale ? Tout le temps. L'électeur ne se trouve qu'à de longs intervalles en présence de l'État ; il peut pendant une minute, celle où il met son bulletin dans l'urne, dire sa volonté. Aussitôt ce moment passé il perd tout contact avec l'État et toute action sur lui. Le seul usage qu'il puisse faire de sa souveraineté dérisoire, c'est d'abdiquer. Au contraire le syndiqué est en rapport de tous les jours avec le patron capitaliste. L'exploiteur et l'exploité ne cessent jamais de se heurter, de se meurtrir. La véritable guerre des classes est à l'atelier, à l'usine, au magasin, où le parasite et le producteur se voient, s'observent, se touchent. Entre l'État et l'électeur s'interposent des députés, des magistrats, des administrateurs, des gens dont la fonction est de duper le peuple. Les responsabilités de l'exploitation étatiste sont tellement éparpillées, tellement dissoutes qu'elles sont insaisissables ; au contraire, entre le patron et l'ouvrier il n'y a rien qui puisse atténuer la responsabilité de l'un et le ressentiment de l'autre.

Les deux intérêts qu'ils représentent, les deux classes antagonistes qu'ils incarnent apparaissent dans un brutal vis-à-vis. Les deux adversaires se dévisagent; l'ouvrier sait qu'il subit de la part du patron une spoliation quotidienne, le patron sait qu'il commet cette spoliation. La lutte ne s'arrête jamais entre eux. Elle est quelquefois déclarée; quand elle ne l'est pas, elle se poursuit sournoisement.

Le terrain économique est donc le meilleur champ de préparation et d'entraînement à l'action révolutionnaire. Les syndicats qui sont les groupements économiques où la lutte sociale prend sa vraie signification ne doivent pas se confondre avec un parti politique, quel qu'il soit, dont l'action étendue sur l'immense front des institutions d'État est forcément confuse et prête facilement à des équivoques. Contre la puissance gigantesque de l'État, il faut se livrer à des manœuvres; quelquefois on est obligé de combiner ces manœuvres avec celles d'autres partis. Le prolétariat suit mal ces opérations à longue portée; ou s'il s'intéresse à leurs détails, l'ensemble lui échappant, il risque de contracter des habitudes d'esprit politicien qui oblitéreront en lui le sentiment révolutionnaire.

Le syndicalisme doit donc se garder de tout contact avec le Parti politique socialiste. Libre à ce parti de seconder l'action des syndicats; il en a même le devoir, puisqu'il prétend avoir pour but l'affranchissement complet du Prolétariat. Mais entre le Socialisme et le Syndicalisme il n'y a de solidarité que celle que le socialisme voudra bien prendre — sans que le syndicalisme lui demande d'ailleurs d'en accepter aucune.

Que le socialisme s'y résigne, « la classe ouvrière économiquement organisée » se suffit à elle-même. Elle n'a pas besoin qu'on lui vienne en aide. Pour qu'elle soit irrésistible il suffit qu'elle prenne conscience de sa force; les combinaisons électorales et parlementaires ne peuvent que retarder l'heure où elle saura bien tout ce qu'elle vaut et ne doutera plus de ce qu'elle peut.

Les socialistes, à leur insu, par leur tactique électorale, par leur conquête des pouvoirs publics, font de la besogne contre-révolutionnaire. Candidats, ils veulent rallier la majorité, ils perpétuent ainsi dans le peuple ce que les anarchistes appellent « l'illusion majoritaire » mère de tant de déceptions. La foule est obéissante; « il plaît à la foule, dit M. Pouget, l'ancien rédacteur du *Père Peinard*, le rédacteur actuel de *la Voix du Peuple*, organe du syndicalisme, de courber l'échine, de lécher les pieds de ses maîtres. » Il ne faudrait pas pousser beaucoup les intellectuels de l'anarchie pour leur faire prononcer ce mot que les révolutionnaires ont tant reproché à Thiers : la vile multitude.

Chercher une indication révolutionnaire dans

cette masse confite en ses préjugés, abêtie par une résignation héréditaire, c'est lui demander ce qu'elle ne peut pas donner, ce qu'elle n'a pas. Elle est conservatrice, non pas d'intérêts puisqu'elle ne possède rien, mais par stupidité. Les socialistes ne sont pas chimériques quand ils espèrent gagner quelques sièges au Parlement ; ils le sont quand ils se flattent d'enlever la majorité. Malgré toutes leurs tractations avec les autres partis, ils seront toujours (ou du moins pendant si longtemps !...) la minorité impuissante. Mais ayant reconnu la légitimité de la puissance du vote, en le sollicitant, ayant reconnu la souveraineté des majorités en cherchant à gagner le plus grand nombre, de quel droit s'insurgeraient-ils contre les résultats du vote et contre les majorités qui leur seraient contraires? Leur action électorale les enferme dans la légalité stérile.

Les syndicats ne connaissent pas cette prison. Pour eux le droit n'est pas dans la majorité, il est dans la minorité.

Le droit, seules les minorités en ont conscience ; et le triomphe de ce droit, elles ont le devoir de l'imposer par tous les moyens aux majorités. La séduction, l'entraînement, la violence même, tout est bon contre l'apathie des troupeaux humains. S'ils suivent, on sait bien que ce n'est pas en connaissance de cause. Ils vont où les poussent les plus audacieux, les plus forts, les plus intelligents, les révoltés. C'est en ceux-là, parce qu'ils ont la conscience éclairée, que se trouve la notion du droit, c'est ceux-là seuls qui sont qualifiés pour agir au nom de l'humanité dont ils sont la partie pensante et noble. Cette élite peut-elle accepter que son droit, que le droit humain qu'elle représente et incarne, soit soumis au caprice aveugle des majorités bestialisées? Il ne faut pas en appeler à ces majorités quand on est un révolutionnaire, puisque la révolution ne pourra se faire que malgré elles, et par surprise. Il ne faut pas plus, quand on est révolutionnaire, invoquer l'autorité du nombre qu'il ne convient, quand on veut détruire l'État, de chercher, comme le font les socialistes, à s'installer dedans. Par la conquête de l'État et par la conquête des majorités on pourra faire des réformes, des « réformettes » comme aujourd'hui; on ne pourra pas procéder au grand et profond bouleversement de la révolution, car dans les traditions de l'État, comme dans les instincts de la majorité, on ne rencontre que force contre-révolutionnaire.

Cette doctrine anti-démocratique qui investit la minorité d'une sorte de droit métaphysique sur la multitude, les anarchistes-libertaires l'exposent dans les syndicats. Ils flattent les ouvriers qui les écoutent en leur répétant qu'ils sont, eux, les premiers parmi les hommes. Ils leur annoncent que la prochaine révolution se fera par eux et chez eux. On évitera en effet la faute dans laquelle les socialistes retomberaient d'installer cette révolution dans les locaux actuels de l'État capitaliste. Le peuple, au lieu d'aller aux Hôtels de Ville, ira dans ses Bourses du Travail.

C'est la maison des travailleurs qui sera le chef-lieu de l'insurrection. C'est de là que partiront les mots d'ordre envoyés aux camarades qui se seront emparés des usines, des chantiers, des magasins, des chemins de fer, des télégraphes, des téléphones, des postes, de tous les centres de production et de circulation.

Ainsi on donnera dès le premier jour sa signification économique à la Révolution. Le peuple comprendra, en voyant abandonner les vieux édifices où ses maîtres étaient embusqués, que ce qui se fera ne sera pas un recommencement ; il comprendra qu'il assiste vraiment à la naissance d'un ordre nouveau...

CHAPITRE II

Historique de la main-d'œuvre.

Importance primordiale de la question de la main-d'œuvre. —
Les solutions qu'elle reçut dans le cours de l'histoire. — Travail libre dans la famille et dans le clan. — Travail servile
dans les sociétés plus développées. — Coexistence du travail
libre et du travail servile. — Discrédit que celui-ci fait rejail-
lir sur celui-là. — L'approvisionnement des marchés d'est
claves. — Le sort des esclaves n'était pas intolérable dans la
société antique. — Leur résignation démontre qu'ils n'étaient
pas trop malheureux. — Spartacus n'eut ni modèle ni imitateur. — Élévation des esclaves, à l'origine simples manœuvres,
à la condition d'artisans. — Les émancipations maintiennent
un certain équilibre entre la population libre et la population asservie. — Dans la seconde phase de l'histoire de
la main-d'œuvre, le serf remplace l'esclave. — Différences
essentielles entre l'esclavage qui fait de l'homme un bien
personnel et le servage qui en fait une dépendance doma-
niale. — Supériorité de la condition du serf. — En lui une
part du droit humain est respectée. — Influence bienfaisante
du Christianisme sur le sort du Prolétaire au moyen-âge.
Les Corporations. — Bien-être relatif des ouvriers. —
limitation de la liberté de la concurrence et ses effets sociaux.
— Le privilège des Corporations ne répondrait plus aux be-

soins de la consommation moderne. — On doit rendre justice à cette vieille organisation, mais il serait chimérique de vouloir la restaurer.

Depuis qu'il y a des hommes formés en société, il existe une question ouvrière. Cette question se pose en ces termes : « Comment se procurer la main-d'œuvre, le travail, sans lesquels aucune transformation de la matière, aucune adaptation de la matière à nos besoins n'est possible?

Les sociétés civilisées de l'Antiquité Classique, il n'est pas nécessaire de remonter plus haut, connurent à leurs origines, dans la famille, dans le clan, des artisans libres et plus tard, lorsque par la conquête, la richesse leur fut venue, elles connurent l'esclavage. L'esclavage ne fit pas disparaître entièrement l'ouvrier libre; mais il le fit déchoir jusqu'au rang de l'esclave dans l'opinion de ses contemporains. Le travail manuel, étant réservé aux hommes de condition servile ou du moins étant principalement exercé par eux, se trouva frappé d'un discrédit dont il ne s'est guère relevé que de notre temps.

L'institution de l'esclavage résolut la question ouvrière pendant de longs siècles. Le marchand d'esclaves, soit qu'il achetât les captifs de guerre, soit qu'il s'approvisionnât dans les territoires barbares (et par barbares il faut entendre ici étrangers), agissait comme les grands commissionnaires exportateurs ou importateurs de marchandises d'aujourd'hui. Il proportionnait son offre à la demande.

Quand le besoin de bras se faisait sentir sur un point, il y dirigeait ses troupeaux d'hommes; et toujours il prenait ses dispositions pour que, sans qu'il y eût encombrement du marché, le triste bétail s'y trouvât en abondance.

Les esclaves multipliaient; mais leur nombre accru, en bas par les naissances, diminuait en haut par les rachats et par les émancipations. C'est ce jeu incessant des affranchissements et des rachats qui empêchait la population libre d'être submergée par la population servile et qui les maintenait l'une et l'autre dans un raisonnable équilibre.

Cette méthode de recrutement de la main-d'œuvre par l'asservissement des plus faibles, si choquante pour nos idées, qui nous semble une véritable abomination, n'apparaissait pas dans l'antiquité avec le caractère odieux qu'il a pris à nos yeux. Les propriétaires d'esclaves pensaient de très bonne foi — comme plus tard les planteurs d'Amérique — qu'ils ne faisaient rien de contraire au droit et à la justice en achetant des hommes; et les hommes réduits en servitude s'accommodaient de leur condition. La preuve qu'ils ne la trouvaient pas intolérable, c'est la rareté des révoltes d'esclaves. L'histoire cite Spartacus, mais elle ne cite que lui. Encore Spartacus ne put-il faire son entreprise que parce que les esclaves qu'il souleva étaient en majorité des Italiotes. Ces hommes devaient avoir moins de résignation puisqu'ils avaient perdu leur liberté sur leur terre natale et qu'ils vivaient esclaves dans le lieux mêmes où beaucoup avaient été libres, où leurs pères, à presque tous, l'avaient été.

En effet, au temps de Spartacus, l'Italie n'avait pas encore reçu les grands arrivages de captifs que les conquêtes de l'Asie et de la Gaule allaient bientôt provoquer en Italie. La population servile, c'était encore les vaincus des guerres de Rome dans la péninsule. Chez beaucoup des compagnons de Spartacus, il devait se trouver, à côté de l'indignation contre le joug, un sentiment confus de nationalisme insoumis.

Cette révolte de Spartacus doit donc être considérée seulement comme un épisode accidentel de l'histoire de l'esclavage ; il ne faut pas en conclure que l'esclavage était intolérable, puisque Spartacus qui n'avait pas eu de modèle n'eut pas non plus d'imitateur.

La vérité, telle qu'elle apparaît quand on considère la résignation des esclaves pendant tant de siècles de l'antiquité, c'est que l'esclavage était supportable, en des temps où le plus grand nombre des hommes, étrangers à toute idée morale, n'éprouvaient que des besoins physiques. Ces besoins physiques, ils trouvaient leur satisfaction dans la servitude. L'esclave, quand il n'était pas destiné aux jeux du Cirque, aux combats de Gladiateurs, quand il n'était qu'un instrument économique, vivait peut-être moins misérablement chez son maître qu'il n'aurait fait dans son pays, s'il y était resté. Il était bien soumis à la toute puissance de son propriétaire, mais cette toute puissance se faisait assez douce d'ordinaire. L'esclave au champ, et même à la ville, faisait partie de la maison. On le traitait en général avec une certaine bonté. C'était un domestique, au sens étymologique du mot, un membre inférieur de la famille. Pour le ménager son maître avait encore une raison, plus forte, celle-là, que le sentiment. L'esclave représentait une valeur. On l'avait payé, on serait peut-être obligé de le revendre. Il ne fallait donc pas le détériorer. Cette « bête humaine », dont le Christianisme devait proclamer l'égalité avec son maître, était sans souci quant à l'avenir. Et elle n'était pas sans espérance. Les propriétaires faisaient une sélection entre les esclaves. Dans ces temps où chacun devait produire sur son domaine presque tout ce qu'il consommait, on avait besoin d'hommes de métier. Des esclaves, choisis avec discernement, recevaient l'apprentissage des industries du temps. Des travaux les plus grossiers ils s'élevaient à des occupations qui réclamaient plus d'intelligence. On en voyait qui étaient grammairiens, précepteurs des enfants du maître. Cette élite du monde servile finissait toujours par en sortir : ou bien, de son propre mouvement, le maître affranchissait l'esclave qui s'était élevé par son mérite au dessus de sa condition; ou bien il lui permettait de se racheter, s'il en trouvait les moyens — et cette possibilité de son propre rachat n'était pas pour l'esclave une faculté dérisoire. S'il était habile dans son art, il pouvait trouver à emprunter le prix de sa

liberté; ce prix encore il pouvait le gagner en écono-
misant les remises que lui faisait le maître, quand
il louait à un autre l'adresse ou le talent de son
esclave-artisan.

La paix sociale, une paix fondée il est vrai sur un
outrage infligé au droit naturel, régna donc dans le
monde antique grâce à l'institution de l'esclavage.

La somme de travail nécessaire pour satisfaire aux
besoins sociaux n'y manquait pas; et ceux qui four-
nissaient ce travail n'étant pas trop maltraités, n'ayant
pas à souffrir de la concurrence, ne connaissant pas
les préoccupations angoissantes de l'avenir, accep-
taient, au moins par résignation fataliste, un sort
dont ils ne sentaient ni l'injustice ni l'indignité.

L'esclave antique était ouvrier agricole et ouvrier
urbain. — Artisan servile ou affranchi il avait à la
fin de l'empire romain presque fait disparaître l'artisan libre.

Dans le régime économique qui succéda en France
au régime de l'esclavage, il se fit une première distinction entre le travailleur des champs et le travailleur de métier.

Le premier fut, sous le nom de serf, un demi-
esclave; le second resta un travailleur libre, au
moins à la ville.

Le servage, phase intermédiaire entre l'esclavage
et la liberté, diffère de l'esclavage en ceci que l'homme
esclave était une propriété personnelle et que le serf
est une dépendance du sol. On pouvait vendre l'es-

2.

clave, le séparer des siens, l'envoyer au loin. Le serf au contraire suit le sort du domaine. Il est attaché à la glèbe. Si on la vend, il est vendu avec elle. Mais la coutume ne permet pas qu'il en soit arraché.

L'homme pauvre est donc encore violenté dans sa liberté par le servage, mais il jouit de garanties dont l'esclave était privé.

C'est un progrès qu'il ne puisse plus, ainsi qu'un bœuf, être conduit au marché. Mais la différence entre le serf et l'esclave ne réside pas seulement dans la fixité imposée à l'un et dans l'instabilité qui était le lot de l'autre. Le propriétaire d'esclaves nourrissait son bétail humain, l'habillait, le logeait. Le seigneur féodal n'a pas tous ces soucis. C'est au serf à pourvoir à ses propres besoins. Ce serf peut être propriétaire, le plus souvent il est métayer.

La principale servitude économique qu'il subit c'est celle de la corvée. Il doit au seigneur un certain nombre de journées de travail par mois. Ce travail qu'il fournit c'est le prix de la protection que le château étend sur la chaumière. Cette protection le seigneur la doit. Il ne l'accorde pas toujours. Ses hommes d'armes violentent souvent le paysan que ses intendants écorchent. Mais, somme toute, son action sociale est bienfaisante. Le château a des réserves de graines : il en fournit au serf pour les semences quand la récolte a été mauvaise ; il les fournit non par charité seulement mais par intérêt, car il ne faut pas que, la terre demeurant sans moisson, le corvéable meure de faim. Dans le château, il y a d'autres approvisionnements qui peuvent être et qui sont distribués en cas de disette. Contre les gens de guerre ennemis, contre les maraudeurs, le château offre un abri ; on y trouve enfin les artisans des métiers rudimentaires, gens détachés de la glèbe à cause de leur habileté, comme autrefois l'esclave ayant la connaissance d'un métier était détaché de la servitude par l'affranchissement.

Cette organisation économique campagnarde, encore humiliante, n'est pas sans avantages. Le pauvre homme est à peu près assuré de vivre ; de mal vivre certainement. Mais l'essentiel est de ne pas mourir et il ne meurt pas. Ses produits, les produits du domaine, le nourrissent. Pas plus que l'esclave il n'a à craindre la concurrence. Il a son coin sur la terre. Il vit dans une condition peu enviable, mais supérieure pourtant à celle de l'esclave, car s'il a un seigneur, il n'a pas de propriétaire. On peut le tuer, par un criminel abus de la force. Mais on n'en a pas le droit, comme on avait le droit absolu de tuer l'esclave, pour une peccadille, dans un accès de mauvaise humeur, pour le plaisir.

Une part du droit humain est déjà reconnue au serf : ce n'est pas la chance heureuse d'un combat ou une acquisition au marché qui a créé le titre du Seigneur sur la personne du manant. Ce titre résulte de la conquête il est vrai, mais aussi d'un service rendu ou d'une promesse de service. Le maître ne devait rien à l'esclave que dans la mesure de son intérêt de propriétaire. Le seigneur a des obligations morales envers le serf. Ces obligations sont le plus souvent sans sanction, mais elles sont. Le serf est à la fois débiteur et créancier du seigneur. Quand il a fini sa corvée, satisfait à ses servitudes, il est quitte. Et on lui doit l'aide, la tutelle patriarcale, la protection promises. Il y a un contrat entre le seigneur et lui ; les clauses qui lui sont profitables peuvent n'être pas observées. Il n'importe. Le droit ne se prescrit pas. A tout prendre, la condition du serf pourrait être pire. Il peut vivre dans une misère matérielle abjecte ; il n'est pas dans l'abjection morale. Certains de ses droits naturels lui sont reconnus. Devant Dieu, à l'Église, il est l'égal du plus hautain féodal ; quelque différence que la naissance ait mise entre eux, ils ont une foi commune ; l'inégalité entre eux est accidentelle, passagère ; dans l'éternité, c'est le mérite et non plus la force qui les classera. Soutenu par ces croyances, le serf est donc un homme tandis que l'esclave n'était qu'une chose.

Cet homme attaché à la glèbe, qui fait corps avec elle, sent peser sur lui tout le poids d'une organisation sociale dont il ne se rend pas compte, dont les plus intelligents de ses semblables n'ont que des notions fragmentaires et imprécises. Il est comme les pieds du corps féodal sur lesquels porte toute la charge. C'est lourd, mais si cela pèse, cela maintient aussi. Le serf ne se sent pas abandonné. Il n'est pas seul au monde. Dans les jours d'épouvante ou de famine il a recours auprès de quelqu'un. Il n'a pas à compter que sur soi. Il lui reste une espérance, un droit d'être secouru. Cette espérance est souvent trompée, ce droit méconnu; malgré tout il les a. Il a aussi du travail, parfois trop de travail, mais le travail c'est la certitude de vivre et cette certitude est apaisante.

Pendant que la question ouvrière aux champs recevait par le servage une solution laissant à désirer, mais par certains côtés satisfaisante, les artisans la résolvaient dans les villes par la formation des Corporations.

L'artisan c'était un citadin. La conquête barbare s'était moins appesantie sur les villes que sur les campagnes, parce que les conquérants sortis des forêts et des marais de la Germanie étaient des hommes de plein air et surtout parce que la terre était pour eux la principale richesse, étant celle dont la possession donnait la puissance sociale. Ils saccagèrent bien des bourgades, ils y firent bien des razzias de métaux précieux. Mais les hommes qu'ils y trouvaient n'étaient pas directement utilisables par le féodal comme l'étaient les colons des champs. A ces hommes qui se livraient à des occupations industrielles on ne pouvait pas demander les mêmes services qu'aux serfs agricoles. Il n'étaient pas corvéables, ils n'étaient que taillables. La redevance seigneuriale, ils durent l'acquitter seulement en argent. Mais pour qu'ils pussent payer, il fallait qu'ils fussent assurés eux-mêmes de gagner; et pour gagner il fallait que le petit marché local leur fût réservé; il leur fallait le monopole de la production et de la vente de leurs produits. Les Corporations sortirent de ce besoin, de cette exigence. Cette organisation qui se créa spontanément pour l'accomplissement d'une fonction nécessaire n'était pas avantageuse qu'aux patrons. Elle l'était tout autant aux ouvriers à qui elle procurait la stabilité et la sécurité. Pour être admis à l'apprentissage il fallait présenter des garanties d'honnête origine et de moralité personnelle. Après un temps plus ou moins long, huit ou dix ans, l'apprenti passait au rang de compagnon. C'était pour la plupart le dernier échelon, car pour devenir maître il fallait disposer d'une épargne que bien peu de compagnons pouvaient amasser. Le Maître, c'était le patron, le fabricant, le boutiquier, possesseur d'un capital, d'un crédit, d'une clientèle, de ce qu'on appelle un fonds. Les ouvriers, compagnons et apprentis, étaient payés à des salaires fixés pour toute la corporation. Les maîtres s'interdisaient de se faire entre eux concurrence, d'embaucher un ouvrier qui serait « mal parti de chez son patron ». Il semble qu'il y eût là une oppression pesante pour les compagnons. Mais si le monopole et l'entente patronale se retournaient parfois contre eux, la coutume et les réglements corporatifs leur assuraient à leur tour le monopole du travail. Le patron, le maître, ne pouvait embaucher que des compagnons et des apprentis. Le nombre de ces ouvriers privilégiés était limité par la longueur de l'apprentissage, par l'exiguité des locaux industriels, par les formalités d'admission. Il n'existait pas d'armée de réserve de sans travail, prête à venir remplacer l'armée active en cas de licenciement ou de désertion. Les documents conservés montrent que le monopole patronal, contrebalancé par le monopole ouvrier, n'était pas abusif. Le compagnon gagnait bien sa vie. Logé d'ordinaire et toujours nourri chez son patron (d'où le nom de *compagnon* qui signifie « celui avec qui on partage le pain : *cum pane*) », il recevait un salaire suffisant, si on en juge par la tenue exigée de lui. Dans la corporation des armuriers, avec qui la noblesse féodale entretenait des rapports constants, le compagnon ne devait pas posséder moins de cinq costumes ; d'autres métiers n'imposaient pas à ceux qui les exerçaient une aussi coûteuse élégance, mais dans tous la règle était que l'ouvrier justifiât qu'il avait en propre un trousseau d'une valeur déterminée et supérieure à la valeur de la garde-robe d'un ouvrier moderne de gain moyen. Cette exigence, le compagnon des anciennes corporations pouvait y satisfaire parce que son gain était relativement plus élevé que celui de son successeur l'ouvrier contemporain [1].

Les limitations de la liberté du travail, justifiées par l'étroitesse du marché et le peu d'étendue de la clientèle, étaient profitables au compagnon incorporé. Excepté dans les temps de calamités publiques,

---

1. Cf. Le Vasseur. *Histoire des classes ouvrières.*

et même en ces temps, il souffrait peu du chômage. La production, n'étant pas stimulée par la concurrence et la poursuite du meilleur marché, pouvait être régularisée de manière à éviter les crises. L'organisation économique du moyen âge, malgré le caractère factice qui résultait pour elle de l'entrave qu'elle mettait au droit naturel que les hommes ont de travailler, était donc féconde en assez bons résultats. Elle prévenait l'encombrement des professions, l'avilissement des prix de main-d'œuvre et maintenait l'harmonie nécessaire entre les deux facteurs de la production, le capital et le travail. Les ouvriers qui vivaient sous le toit et à la table du maître ne sentaient pas en eux sourdre les envies et les haines qui désolent la société d'aujourd'hui.

Il n'est plus possible sans doute, avec la division du travail, le machinisme, les grandes agglomérations ouvrières et surtout avec le bouleversement qui s'est fait dans les idées, de penser à restaurer un régime économique semblable à celui des corporations. Mais c'est un devoir de reconnaître tout ce que ce régime eut de bon. Il n'asservissait pas l'ouvrier, comme certains le prétendent, il le sauvegardait ; il en faisait un être stable ; il en faisait un propriétaire, le propriétaire d'une habileté professionnelle dont l'utilisation était certaine, le propriétaire d'un droit juridique au travail.

Les corporations, qui répondirent longtemps au besoin social et longtemps furent en harmonie avec le milieu, durent disparaître quand ce besoin changea, quand le milieu se modifia. Lorsque les marchés locaux se furent élargis en marchés provinciaux; lorsque plus tard les marchés provinciaux se furent soudés les uns aux autres jusqu'à former le marché national; plus tard encore, quand le commerce extérieur d'importation et d'exportation, d'abord limité aux provinces frontières, se mit à mobiliser les produits de l'intérieur; quand la consommation se fut ainsi tant augmentée, la production ne pouvait pas rester le privilège de groupements forcément limités en nombre et en puissance économique.

CHAPITRE III

La loi contre les ouvriers.

Les Constituants abrogent le régime des Corporations et instituent le régime de la Liberté du Travail. — Inégalité établie par eux entre les patrons et les ouvriers. — Le Code aggrave cette inégalité. — Le fait de coalition est toujours sans excuse quand il est commis par les ouvriers. — Il peut être excusé quand il est commis par les patrons. — Anciens articles 414 et 415 du Code pénal. — Autres mesures législatives qui accentuent « l'infériorisation » des ouvriers. — Napoléon et la vocation du césarisme. — En refusant aux ouvriers le droit de s'associer légalement on les a obligés à se placer sur le pied de guerre vis-à-vis du Patronat. — Sous la forte autorité impériale la liberté syndicale aurait pu s'acclimater sans péril pour la paix sociale. — Ruses ouvrières pour tourner la loi. — Ce n'est pas l'esprit de révolte, c'est chez les ouvriers l'instinct de leur propre conservation qui donna naissance aux associations de métiers. — Les illusions de 1848. — Brèches ouvertes dans la législation anti-ouvrière par le gouvernement de Napoléon III. — La grève de Paul Dupont. — Modification des articles 414 et 415. — La coalition cesse d'être en elle-même délictueuse. — Seules continuent à être justement réprimées les manœuvres frauduleuses ou criminelles tendant à la faire naître ou durer.

Avant de disparaître légalement le privilège des Corporations avait disparu en fait. A la fin de l'ancien régime. Il y avait bien encore des maîtres et des compagnons; mais ces titres n'assuraient plus partout les droits qu'officiellement ils conféraient. Le besoin de produire davantage avait créé spontanément à côté des corporations des industries libres. Ce que la force des choses avait commencé, la loi le consacra. Mais, les métaphysiciens de la Révolution française, hypnotisés dans le culte de la liberté idéale, sacrifièrent à cette liberté les droits et la liberté des ouvriers. Sous le prétexte de rendre le travail libre, la loi Le Chapelier (17 juin 1791) retira toutes garanties aux ouvriers, les assujettit et sema les germes de discorde sociale dont nous voyons se lever l'effrayante moisson. Elle fit la division de la nation en classes, en retirant aux ouvriers l'exercice d'un droit dont les patrons, pourvu qu'ils eussent quelque adresse, devraient continuer à jouir.

Il est nécessaire de reproduire ici le texte de cette loi d'où sont sortis tant de maux :

Article premier. — L'anéantissement de toutes espèces de corporations de citoyens du même état et profession étant une des bases de la constitution française, il est défendu de les rétablir en fait, sous quelque prétexte et quelque forme que ce soit.

Article 2. — Les citoyens d'un même état ou profession, les entrepreneurs, ceux qui ont boutique ouverte, les ouvriers ou compagnons d'un art quelconque, ne pourront, lorsqu'ils se trouveront ensemble, se nommer ni président, ni secrétaire, ni syndic, tenir des registres, prendre des arrêts ou délibérations, former des réglements sur leurs prétendus intérêts communs.

Article 3. — Si, contre les principes de la liberté et de la constitution, des citoyens attachés aux mêmes professions, arts et métiers, prenaient des délibérations ou faisaient entre eux des conventions tendant à refuser de concert ou à n'accorder qu'à un prix déterminé le secours de leur industrie ou de leurs travaux, les dites délibérations ou conventions, accompagnées ou non de serments, sont déclarées inconstitutionnelles, attentatoires à la liberté et à la déclaration des droits de l'homme et de nul effet ; les corps administratifs et municipaux sont tenus de les déclarer telles. Les auteurs, chefs et instigateurs qui les auront provoquées, rédigées ou présidées, seront cités devant le tribunal de police à la requête du procureur de la commune, condamnés chacun à 500 livres d'amende et suspendus pendant un an de l'exercice de tous droits de citoyen actif.

Que les auteurs de cette loi se soient inspirés seulement d'une conception abstraite de la liberté du travail, ou qu'ils aient agi sous l'impulsion d'un instinct de classe, bourgeois possédants légiférant contre ouvriers sans héritage, dans le premier cas ils firent montre d'une stupéfiante méconnaissance de leurs propres principes, dans le second d'une cynique impudence. Invoquer les « droits de l'homme » pour justifier la défense faite à des hommes de se concerter pour défendre leurs intérêts économiques communs, pour confisquer l'usage d'un droit naturel, c'est atteindre aux limites concevables de la mystification ou de l'inconséquence.

Quelle que fût l'intention des législateurs de 1791, leur œuvre était anti-égalitaire, contre-révolutionnaire. Ils avaient bien, il est vrai, édicté les mêmes défenses aux « entrepreneurs », à ceux qui « tenaient boutique ouverte », qu'aux « ouvriers et aux compagnons d'un art quelconque. » Mais la loi devait avoir beaucoup moins d'efficacité contre les patrons que contre les salariés. Une coalition patronale est facile à conclure en secret parce que les patrons sont beaucoup moins nombreux que les ouvriers; parce qu'ils ont des moyens de se réunir, dans leurs vastes demeures particulières, que n'ont pas les ouvriers dans leurs logis étroits; parce que le mot d'ordre peut se donner de bouche à oreille sans être entendu, quand il ne doit être connu que d'un nombre restreint d'individus. Au contraire de ces coalitions invisibles à l'œil nu, la coalition ouvrière, à laquelle, pour qu'elle produise ses effets, il faut que des groupements nombreux, presque des foules, donnent leur adhésion; cette coalition des salariés ne peut se conclure sans publicité. Les patrons, pouvant frauder la loi sans risque et les ouvriers ne pouvant s'y soustraire sans tomber sous le coup de la répression, la loi de 1791 plaçait donc les ouvriers dans un état d'infériorité. Si elle ne procédait pas de l'esprit de classe, elle eut les conséquences d'une loi inspirée par cet esprit. Elle frappait une catégorie d'hommes et en avantageait une autre. Le germe anti-égalitaire qu'elle recélait ne tarda pas à lever. Les patrons, malgré les défenses, formèrent pendant la révolution même, des syndicats professionnels; en 1801 la loi leur accordait les Chambres et les Bourses du commerce qui leur offraient les occasions, la facilité de se concerter et de s'entretenir de « leurs prétendus intérêts communs »; ainsi ils recouvraient, à la muette, les droits que la loi Le Chapelier avait voulu retirer aux « entrepreneurs et aux commerçants. »

Le Code Civil, ce grand ouvrage des légistes révolutionnaires auquel Napoléon a laissé son nom, ne modifia pas la situation légale des ouvriers et des patrons; il ne changea rien à ce que cette situation avait de défavorable aux employés et de favorable aux employeurs. Citons, bien qu'ils aient été soit abolis, soit modifiés par des lois postérieures, les articles 414, 415, 416, 417 du code pénal.

Art. 414. — Toute coalition entre ceux qui font travailler des ouvriers, tendant à forcer abusivement et injustement l'abaissement des salaires, suivie d'une tentative ou d'un commencement d'exécution, sera punie d'un emprisonnement de six jours à un mois et d'une amende de deux cents à trois mille francs.

Art. 415. — Toute coalition de la part des ouvriers pour faire cesser en même temps de travailler, interdire le travail dans un atelier, empêcher de s'y rendre et d'y rester avant ou après certaines heures, et en général pour suspendre, empêcher, enchérir les travaux, s'il y a eu tentative ou commencement d'exécution, sera punie d'un emprisonnement d'un mois au moins et de trois mois au plus. Les chefs ou moteurs seront punis d'un emprisonnement de deux à cinq ans.

Art. 416. — Seront aussi punis de la peine portée par l'article précédent et d'après les mêmes distinctions les ouvriers qui auront prononcé des amendes, des défenses, des interdictions, ou toutes proscriptions sous le nom de damnations et sous quelque qualification que ce puisse être, soit contre les directeurs d'ateliers et entrepreneurs d'ouvrage, soit les uns contre les autres. Dans le cas du présent article et dans celui du précédent, les chefs ou moteurs du délit pourront, après l'expiration de leur peine, être mis sous la surveillance de la haute police pendant deux ans au moins et cinq ans au plus.

Art. 417. — Quiconque, dans la vue de nuire à l'industrie française, aura fait passer en pays étrangers des directeurs, commis ou des ouvriers d'un établissement, sera puni d'un emprisonnement de six mois à deux ans, et d'une amende de cinquante francs à trois cents francs.

Ainsi qu'on s'en rend compte à la première lecture les articles 414 et 415 contenaient une atténuation de la rigueur de la loi en faveur des patrons et une aggravation au détriment des ouvriers. La coalition des patrons (art. 414) pour amener l'abaissement des salaires n'était punissable que si l'abaissement recherché était injuste et abusif. Les coalisés pouvaient toujours plaider le cas de force majeure et faire admettre leur excuse par les tribunaux. Cette faculté était refusée aux ouvriers dont l'article 415 ne prévoyait pas que la coalition pût jamais être excusée. Le fait de la coalition par eux commis était isolé de toutes les circonstances atténuantes dont l'article 414 laissait aux patrons le bénéfice éventuel. Enfin les pénalités n'étaient pas égales. Pour le patron la peine ne pouvait jamais dépasser un mois de prison. Pour l'ouvrier « moteur » de la coalition, elle pouvait aller jusqu'à cinq ans et pour son complice jusqu'à trois mois.

La même injustice, résultat soit d'un oubli soit d'une suggestion de l'esprit de classe, se retrouvait dans l'article 416 qui punissait les mises à l'index prononcées par les ouvriers contre les patrons, mais laissait impunie la mise à l'index possible prononcée par les patrons contre un ouvrier ou un groupe d'ouvriers.

Dans les autres articles du code napoléonien, articles très rares, où le législateur s'est préoccupé de la condition des ouvriers on retrouve l'inspiration de l'esprit anti-égalitaire. « Le maître est cru sur son affirmation, dit l'article 1781, pour la quotité des gages, pour le paiement du salaire de l'année échue, et pour les acomptes donnés pour l'année courante. » L'ouvrier et le domestique étaient, par cet article, infériorisés devant la loi qui cessait d'être égale pour tous. La condition sociale d'un « maître » en litige avec son salarié lui permettait de se soustraire aux règles d'administration de la preuve ; et l'ouvrier — faute d'un écrit qu'illettré il n'avait pas pu exiger — se voyait condamné par son propre adversaire, puisque la parole de celui-ci devait suffire à former la conviction du juge.

En dehors du code il y a des lois, ou des arrêtés ayant force de loi, où se retrouve et s'accentue la tendance à considérer les ouvriers comme une classe à part, soumise à un droit particulier. Une de ces lois enjoint aux patrons, sous peine d'amende, de n'embaucher un ouvrier que s'il est porteur d'un livret. Et ce livret doit contenir l'attestation que celui à qui il appartient est quitte de tout engagement envers son précédent employeur. La dépendance du salarié était donc aggravée. Il ne relevait pas que de la loi. L'exercice de son droit au travail était soumis à l'accomplissement d'une formalité à laquelle pouvait se refuser celui qui était requis d'y procéder ou qui pouvait avoir été omise par négligence. Un autre texte soustrayait les ouvriers aux tribunaux ordinaires pour les rendre justiciables, dans leurs démêlés entre eux ou entre eux et les patrons, du préfet de police, à Paris, des commissaires généraux de police, dans les départements, et des maires, dans les villes où ces fonctionnaires ne se rencontraient pas.

Il est surprenant, il est choquant qu'une telle législation ait été faite au nom de Napoléon. L'empereur en la souscrivant manquait à la vocation du césarisme qui par essence est un régime populaire; un régime de protection populaire. Une antique royauté représente, malgré tout le bon vouloir d'impartialité dont elle peut être animée, une certaine

3.

partie supérieure de la nation. Elle est une gardienne de privilèges, de ces privilèges sur lesquels s'appuie le sien. Un régime de monarchie ou de république sera prédisposé à confondre les intérêts nationaux avec ses intérêts de classe; une démocratie radicale, même se disant socialiste, fera facilement la même confusion. En « juste milieu » comme en « radicalisme », il y a choc d'intérêts rivaux, lutte de classes. César, au contraire de tous ces régimes, a les mains libres. Il est indépendant. C'est le dictateur antique qui répond à des besoins exceptionnels et momentanés d'une société. Il peut, il doit, puisqu'il en a la force, faire la loi à tous, imposer à ceux-ci des concessions, faire reconnaître aux autres les droits qu'on leur contestait. Napoléon ne comprit pas cette partie du rôle qui lui était dévolu. Il ne fut pas le médiateur social; en économie sociale, il fut non pas conservateur mais réactionnaire, ni plus ni moins que l'avaient été les Constituants bourgeois de 1791, ni plus ni moins que ne devaient l'être les censitaires de Louis-Philippe. Il eut la défiance du peuple, cette défiance qui est un sentiment tout naturel chez de faibles gouvernements; mais qui n'aurait pas dû hanter l'esprit du grand dictateur, si parfaitement obéi, qui gouverna la France pendant les quinze premières années du XIXe siècle. C'est une vérité méconnue de notre temps que la liberté pour se développer sainement a besoin de l'autorité. Pour que ceux à qui elle est accordée n'en abusent pas, il faut à la liberté de l'ordre, de la paix, c'est-à-dire un milieu dont la condition première est l'autorité. Les syndicats ouvriers ont causé de notre temps la perturbation à laquelle nous assistons parce qu'ils sont nés et se sont développés sous des gouvernements vacillants. L'empereur avait la vigueur et la puissance qui auraient permis à la liberté ouvrière (droit de coalition, droit d'association syndicale) de faire ses premiers pas, de sortir de l'enfance, sans écarts. Avec sa police vigilante, avec ses tribunaux attentifs, avec le prestige que sa personne donnait à la puissance publique, Napoléon n'avait pas à craindre l'octroi d'une liberté non politique, d'une liberté économique faite aux ouvriers. Personne n'aurait osé en abuser ; car l'abus, s'il se fût produit, aurait été immédiatement suivi du châtîment. Dans les cadres solides de la société qu'il réédifiait, Napoléon pouvait sans danger pour la tranquillité publique, et pour le plus grand bien de l'avenir social, placer les ouvriers et les patrons sur un pied d'égalité ; leur laisser discuter entre eux leurs intérêts économiques. L'autorité eût été là pour empêcher les discussions de dégénérer en conflits. Peu à peu, sous la tutelle énergique de l'autorité, les salariés et les employeurs se seraient accoutumés à la liberté. En ne la mettant pas au monde, cette liberté, dans des conditions si favorables à sa croissance normale et paisible, on a rendu fatales les gambades désordonnées et redoutables auxquelles elle se livre sous l'œil d'une autorité débilitée. Les associations ouvrières naissant et se développant dans l'ordre sous la vigoureuse tutelle impériale auraient pu devenir aussi sages que l'ont été pendant si longtemps les Trade-Unions anglaises.

Napoléon aurait dû être d'autant plus porté vers la reconnaissance du droit des ouvriers, qu'il s'était donné pour mission de mettre en harmonie les institutions de l'ancienne France avec les besoins et les intérêts nouveaux. Or, l'organisation ouvrière était une vieille chose en France. Nous avons vu qu'à la fin de l'ancien régime la Corporation ne s'adaptait plus au milieu économique élargi, au milieu social en voie de transformation. Mais cette organisation avait pourtant créé ce que de nos jours on appelle « une mentalité » spéciale à la classe ouvrière. Les hommes de cette classe n'avaient pas l'habitude d'être isolés ; ils avaient une pratique séculaire du droit d'association. Le leur refuser c'était aller contre la nature des choses, contre la tradition, s'exposer à voir les ouvriers faire malgré la loi ce que la loi aurait pu leur laisser faire sans aucun dommage.

Les corporations étaient une chose abolie, mais l'esprit corporatif était une autre chose, vivante celle-là. Il y avait non à chercher à le détruire — entreprise vaine — mais à l'implanter dans le nouveau régime sorti de la révolution, à prendre contre ses excès possibles des garanties, tout en faisant place dans le droit nouveau à ses exigences légitimes. La preuve que l'esprit corporatif était irréductible comme les intérêts dont il procédait, c'est que malgré toutes les défenses, malgré toutes les polices, les associations ouvrières ne disparurent pas. M. Maxime Leroy (¹), dans son intéressante étude rappelle que : « d'après un recensement officiel fait en 1853, quarante-cinq des sociétés ouvrières existant à cette époque dataient du XVIII° siècle. En 1800, il y en avait quatorze à Paris. » Celles-là avaient traversé tous les tumultes de la révolution ; elles avaient bravé toutes les prohibitions, n'avaient tenu compte, malgré la rigueur du temps, d'aucun décret de dissolution.

Si elles vivaient, c'est qu'elles ne pouvaient pas faire autrement ; c'est qu'il y avait en elles quelque vertu plus forte que tous les efforts tentés pour les détruire. Cette vitalité de l'esprit corporatif, M. Max. Leroy fait justement observer qu'elle fut entretenue, à son insu, par l'autorité même. Beaucoup d'industries étaient réglementées : l'abattoir, la boulangerie, la boucherie, l'affichage, le colportage, l'imprimerie, le placement, les halles et marchés. Leur personnel, selon le mot de M. Leroy, gardait, par l'effet même de la réglementation, « un vieil air corporatif. » Ces industries que l'on ne pouvait exercer qu'avec la permission de l'autorité, dont les employés, comme les patrons, jouissaient d'une sorte de privilège, donnèrent « le mauvais » exemple aux ouvriers des industries libres. Ce n'était pas un

1. *Le Code civil et le Droit nouveau*, brochure, à la Bibliothèque socialiste, Éd. Cornély, éditeur, Paris.

si grand crime de s'associer puisque l'État, dans les services publics, reconnaissait en fait des associations. Les ouvriers continuèrent donc à se grouper, plus ou moins secrètement. Ils formèrent d'abord des sociétés de secours mutuels, des caisses d'assurances contre le chômage, ensuite des sociétés de résistance. Ces dernières associations sont les ancêtres directs de nos syndicats. Quelquefois ces groupements étaient conformes à l'article 291 du code civil qui ne soumettait à l'autorisation du gouvernement que les associations de plus de vingt personnes : ils ne dépassaient pas le nombre fixé. Le plus souvent ils étaient en contravention ; et pour échapper à la répression, ils étaient obligés de ruser avec la loi : un de leurs stratagèmes consistait à fractionner une association nombreuse en sections de moins de vingt membres — chacune ayant une autonomie apparente. L'autorité fut dupe de cette manœuvre pendant un certain temps ; quand elle l'eut reconnue, elle voulut la déjouer. En 1834 les pénalités portées contre les associations illicites furent aggravées. Le fractionnement fut interdit. Efforts en pure perte. Le travail d'agglomération commencé par les ouvriers pour sortir de l'état de « poussière » auquel, selon le mot de Royer Collard, les avait réduits la loi de 1791, ne s'arrêta pas. Il y avait eu des grèves (dès 1822 celle des charpentiers de Paris) ; il y en eut d'autres sous la monarchie de juillet. Les répressions sanglantes, les poursuites ne découragent pas les ouvriers. Nous sommes alors dans ce que

M. Paul Leroy-Beaulieu a appelé la période chaotique de la grande industrie. La classe des salariés est vraiment une classe souffrante. Le paupérisme, qu'il ne faut pas confondre avec la misère accidentelle, semble s'acclimater en France. L'introduction des machines dans les ateliers, le passage de la manufacture à la machino-facture cause de profondes douleurs. Des ouvriers dont les bras sont inutiles tombent sur le marché du travail où leur apparition fait baisser les salaires de ceux qui sont restés à l'ouvrage. Pendant un certain temps, ce que Lassalle a appelé la loi d'airain gouverna véritablement le monde économique. Les salaires se tenaient strictement au niveau nécessaire à assurer la conservation de l'homme, avec même une tendance à s'abaisser au-dessous de ce minimum. La désespérance et la colère entraient dans les âmes ouvrières.

1848 vient remplir ces âmes d'illusions. Le 25 février, « le gouvernement provisoire de la République française s'engage, par une proclamation au peuple, à garantir l'existence de l'ouvrier par le travail; il s'engage à garantir du travail à tous les citoyens; il reconnaît que les ouvriers doivent s'associer entre eux pour jouir du bénéfice de leur travail. »

Ces promesses étaient déraisonnables; un gouvernement ne peut pas garantir du travail, car il ne dépend pas de lui de susciter des consommateurs; il a fait tout ce qui lui est possible, tout ce qu'on attend de lui, quand il a établi une véritable égalité entre les différentes catégories de citoyens, quand il protège la liberté de chacun contre toute possibilité d'oppression.

Les proclamations et les décrets de 1848 devaient rester lettre morte ; c'étaient des paroles.

L'Empire, dont le chef était animé pour la multitude laborieuse d'une indéniable bienveillance, qui eut des velléités généreuses, qui pensa parfois à être l'Homme du Peuple, et qui, par ces tendances, appartenait, se rattachait à la tradition césarienne, l'Empire de Napoléon III trouva toute la législation compressive élaborée depuis soixante ans. Il en usa avec modération. Les sociétés ouvrières ne furent plus autant inquiétées qu'elles l'avaient été sous Louis-Philippe.

La cessation concertée du travail, interdite par la loi Le Chapelier, les grèves n'ont plus aux yeux de l'autorité le même caractère de gravité. Elles continuent à être illégales, mais on les envisage comme des disputes particulières et non plus comme des atteintes à l'ordre public.

Une de ces grèves, en 1862, eut de grandes conséquences. Les typographes de la maison Paul Dupont, mécontents que leur patron eût introduit des ouvrières dans ses ateliers et les payât d'un salaire inférieur d'un tiers au salaire des hommes, s'agitaient. On arrêta cinq ou six d'entre eux. Aussitôt tous leurs camarades quittèrent le travail. L'opinion ne se montra pas hostile aux grévistes. Cette sympathie qu'ils sentaient autour d'eux encouragea la coporation typographique à frapper un grand coup. Quatre mois après la grève de Paul Dupont, une coalition se forma en vue d'obtenir un relèvement des salaires dans toutes les imprimeries de Paris. Sur quatre-vingt-trois patrons douze résistèrent. Leurs ateliers furent désertés.

Le délit était flagrant. La loi Le Chapelier et surtout l'article 415 du code pénal étaient offensés par cette coalition ouvrière faite en vue « d'enchérir les travaux. » On arrêta ceux des ouvriers qui avaient pris la tête du mouvement, « les moteurs. ». Mais l'Empereur demanda au parquet leur mise en liberté provisoire et, après qu'ils eurent été condamnés, il les gracia.

Ainsi la législation anti-ouvrière de la Constituante et de Napoléon I⁰ʳ, législation que la magistrature impériale se trouvait dans l'obligation de faire respecter, était marquée de désapprobation, frappée de caducité, par l'Empereur au nom de qui la justice était rendue! On ne pouvait pas tarder longtemps à mettre en harmonie la loi avec les penchants, les volontés du souverain!

Cette conciliation se fit en 1864.

1864 est une grande date dans l'histoire des ouvriers en France. Elle marque leur entrée dans le droit commun, le début de leur égalité juridique avec les patrons.

Nous avons cité plus haut le texte primitif des articles 414 et 415 du code pénal qui édictaient des pénalités plus sévères pour les ouvriers que pour les patrons, frappant les premiers d'un emprisonnement qui pouvait aller jusqu'à cinq ans, et qui, pour les autres, ne pouvait pas être plus long qu'un mois; ouvrant enfin aux patrons et aux patrons seuls, pour se dérober à la punition, l'échappatoire d'une excuse. Ces articles furent remplacés en 1864 par les textes suivants :

ARTICLE 414 (nouveau). — Sera puni d'un emprisonnement de six jours à trois ans et d'une amende de 16 à 3.000 francs, ou de l'une de ces deux peines seulement, quiconque, à l'aide de violences, voies de fait, menaces ou manœuvres frauduleuses, aura amené ou maintenu, tenté d'amener ou de maintenir une cessation concertée du travail, dans le but de forcer la hausse ou la baisse des salaires ou de porter atteinte au libre exercice de l'industrie et du travail.

ARTICLE 415 (nouveau). — Lorsque les faits punis par l'article précédent auront été commis par suite d'un plan concerté, les coupables pourront être mis, par l'arrêt ou le jugement, en état d'interdiction de séjour, pendant deux ans au moins et cinq ans au plus.

La caractéristique de cette loi, c'est qu'elle établit enfin l'égalité de droit entre les patrons et les ouvriers. Même délit, même peine. Elle est à double tranchant; elle frappe avec impartialité à droite et à gauche, en haut et en bas. A vrai dire, elle ne remédie pas à l'inégalité qui résulte de la différence des conditions sociales. Il sera toujours plus facile aux patrons qu'aux ouvriers de dissimuler leur entente. Mais le législateur de 1864 a fait ce qu'il a pu. Son œuvre est une conquête égalitaire. A d'autres points de vue encore cette œuvre est excellente : ce qu'elle défend et punit, ce n'est pas le fait de coalition, ce sont les manœuvres frauduleuses, les voies de fait, les menaces par lesquelles on aura tenté de former ou de maintenir la coalition.

On peut se coaliser à condition que la coalition ne soit pas accompagnée de délits. Le « plan concerté » pour amener une coalition tendant à la hausse ou à la baisse des salaires est légitime aussi bien de la part des patrons que de la part des ouvriers. Demeure seulement interdit le « concert » en vue de commettre « les faits prévus par l'article 414 », c'est-à-dire les délits de manœuvres frauduleuses, voies de fait, etc...

Cette loi de 1864, qu'on propose en ce moment même d'abroger, est presque irréprochable. C'est le type de la loi organisant une liberté sous la tutelle nécessaire de l'autorité. Le droit et la faculté de la faire valoir sont laissés à tous les intéressés. Mais on les avertit qu'on ne tolérera pas qu'ils mettent au service de leurs droits des moyens injustes.

Appliquée par un gouvernement vigoureux et impartial, appliquée avec continuité, appliquée dans tous les cas où les faits auraient appelé son intervention, une telle loi aurait accoutumé les ouvriers et les patrons à se respecter les uns les autres. Elle n'aurait pas permis de naître à la méthode de « l'action directe » qui n'est qu'une série de manœuvres frauduleuses concertées et exécutées. L'article 414 et l'article 415 combinés, si une autorité neurasthénique ne les avait pas laissé tomber en désuétude, auraient prévenu les odieuses scènes comme celles dont la ville de Fougères fut déshonorée lors d'une récente grève : une pauvre femme qui rapportait de l'ouvrage à la manufacture arrêtée par une bande d'hommes, deux de ces hommes qui la maintiennent et toute la troupe défilant devant cette infortunée et lui souillant le visage de crachats.

La loi de 1864 ne fut pas la seule conquête que les ouvriers durent au « socialisme césarien » de Napoléon III. Le 2 août 1868 était promulguée une loi en cet article unique : « L'article 1781 du code Napoléon est abrogé ». Or cet article était celui qui disait : « Le maître est cru sur son affirmation, pour la quotité des gages ; pour le paiement de l'année échue ; et pour les à-comptes donnés pour l'année courante.»

Une des prescriptions les plus humiliantes pour les ouvriers et les plus injustes, celle qui les mettait dans un état légal d'infériorité et à la merci d'un patron de mauvaise foi, disparaissait donc du Code. Les salariés, les gagistes rentraient dans le droit commun.

Antérieurement à cette juste réforme, le gouvernement impérial avait formé en 1867 une « commission ouvrière » qui tint jusqu'en 1869 ses séances à la mairie du XIe arrondissement et dont le mandat était de « s'entendre sur l'étude et la solution des questions générales qui intéressent les travailleurs de toutes professions ». Jamais encore, le pouvoir, en France, n'avait fait aux ouvriers l'honneur de les consulter.

Enfin en 1868, une circulaire fut insérée au *Moniteur* enjoignant aux Préfets et aux Parquets d'accorder aux chambres syndicales ouvrières une tolérance égale à celle dont jouissaient les chambres syndicales des patrons. C'était la condamnation implicite avant l'abrogation formelle, qui ne devait être prononcée qu'en 1884, de la loi Le Chapelier — cette loi qui défendait aux ouvriers (aussi bien qu'aux entrepreneurs) de se réunir pour délibérer sur « leurs prétendus intérêts communs ».

Par la loi de 1864 et par les mesures subséquentes, Napoléon III détruisit donc l'œuvre de défiance envers la classe ouvrière qui avait été celle des Constituants et des légistes du Code civil.

Le droit des ouvriers, l'égalité juridique des ouvriers et des patrons, ce qu'on appelle « le code du travail », datent des six dernières années du second Empire.

CHAPITRE IV

Vers l'émancipation ouvrière.

L'influence du régime de la liberté commence par être funeste aux ouvriers. — Le travail n'est plus qu'une marchandise. — Concurrence que les hommes se font entre eux. — Douleurs ouvrières pendant la période « chaotique » de la grande industrie. — Malgré les défenses de la loi les ouvriers cherchent à se réunir et à se concerter. Ils y parviennent. — Les sociétés de secours mutuels et les sociétés de résistance. — Multiplication des syndicats à la fin de l'Empire. — Première proposition déposée par M. Lockroy tendant à reconnaître les chambres syndicales ouvrières. — Cette proposition est mal accueillie par les ouvriers dont les tendances étaient pourtant vers un réformisme modéré. — Le congrès ouvrier de Lyon en 1878 oppose un nouveau projet au projet Lockroy.

Quelles avaient été pour les ouvriers les conséquences de la « liberté » à eux octroyée, dans laquelle on les avait emprisonnés, par la loi de 1791 et par l'ensemble des mesures qui en avaient été le développement ?

L'ouvrier avait perdu légalement les garanties que lui avait assurées pendant longtemps le régime des corporations et qui, il est bien juste de le reconnaître, avaient commencé à disparaître d'elles-mêmes quand le cadre corporatif, avec limitation du nombre des patrons et des ouvriers, des producteurs, était devenu trop étroit pour satisfaire aux exigences de la consommation par une production adéquate.

Cette insuffisance de production du régime corporatif avait commencé l'anéantissement du privilège. Mais quand le privilège fut aboli en droit, ce qu'il offrait de relativement avantageux n'étant remplacé par rien, les ouvriers se trouvèrent dans une situation moins favorable. En leur retirant la faculté de se coaliser, à une époque où l'autorité était assez puissante pour prévenir et réprimer les excès des coalitions, on les avait laissés sans défense.

L'Ancien Régime, dans le servage, et même l'Antiquité, dans l'esclavage, considéraient dans les ouvriers autre chose que la marchandise-travail dont ils étaient les porteurs. L'homme était mutilé dans sa dignité par la condition servile et par l'attachement à la glèbe. Mais tout de même son propriétaire d'abord, son seigneur ensuite ne pouvaient pas se désintéresser entièrement de sa personne. S'il dépérissait trop, cet esclave ou ce serf, il cessait d'être utilisable : c'était du capital stérile ; il devemait une charge. L'ouvrier de métier, les patrons ne pouvant engager que les membres des corporations, devait être, lui aussi, épargné par le maître, car le nombre des ouvriers auquel le travail appartenait de droit, n'excédait pas les besoins de la fabrique. L'intensité de l'exploitation était donc limitée par l'intérêt du propriétaire, par l'intérêt du seigneur, par l'intérêt du chef d'industrie.

Quand l'ouvrier fut devenu « libre », quand, avec les entraves corporatives, il eut perdu tous les moyens de faire valoir ses droits, quand au nom de la liberté on lui eut dénié ce qui est l'évidence même, la solidarité professionnelle, cet intérêt « conservateur » de l'instrument nécessaire à la production, ne parla plus chez le patron en faveur du travailleur « affranchi ». Sa personnalité disparut; on ne tint plus compte que de sa force. Il était une force naturelle, comme une chute d'eau ou comme le vent ou comme tant d'autres.

Cette force tomba sur le marché sans qu'on eût à se préoccuper de l'être humain dans lequel elle était incorporée. Dans le *Socialisme, exposé du Pour et du Contre*, nous avons cité d'après M. Emile de Laveleye (¹) une déposition faite devant la commission d'enquête anglaise sur les *Trade Unions* par un fabricant de machines. Il disait : « J'ai souvent augmenté mes bénéfices en remplaçant des hommes faits par des apprentis. » Et comme on lui demandait

1. Le *Socialisme contemporain*, in-18. — Alcan, éditeur.

ce que devenaient les ouvriers ainsi renvoyés, l'industriel répondait : « Je l'ignore; je m'en remets pour cela à l'action des forces naturelles qui régissent la société. »

Ce trait est caractéristique de l'exploitation moderne dans la « période chaotique » de la grande industrie. Il heurte notre sensibilité, notre humanité, mais le patron qui parlait avec cette franchise pouvait-il avoir d'autre pensée que celle qu'il exprimait?

En lutte avec ses concurrents, à la poursuite du meilleur marché, il se trouvait en présence d'une masse immense de bras disponibles. Il achetait le travail des moins coûteux. S'il ne l'avait pas fait, par philanthropie, ses rivaux n'auraient sans doute pas eu autant de scrupule et ses marchandises lui revenant à plus haut prix, offertes par conséquent plus cher, n'auraient pas trouvé preneur. Dans cette période une impitoyable fatalité économique pesait sur les ouvriers réduits à l'état de marchandise — et de marchandise périssable qui ne peut pas attendre longtemps l'acheteur.

L'homme en effet a besoin d'entretien, d'alimentation. Faute d'alimentation il meurt de faim. Il faut donc qu'il trouve le moyen de gagner l'aliment indispensable. La masse ouvrière, désorganisée par la plongée brusque qu'elle avait fait dans la liberté économique, s'offrait. Si les conditions qu'on lui proposait pour le louage de ses services ne lui agréaient pas, elle était libre de ne pas les accepter. La lutte s'engageait alors silencieuse entre le patron pouvant attendre, car la privation de main-d'œuvre ne lui causait qu'un préjudice éloigné et souvent réparable, et l'ouvrier ne pouvant pas attendre car le ventre est impatient. La fin du conflit, c'était inévitablement la capitulation du travailleur. Il acceptait les salaires offerts, même quand ils n'étaient pas suffisants pour son entretien ; il acceptait que sa femme ou son enfant, moins payés que lui, allât le remplacer à l'usine d'où on l'avait congédié parce qu'on le trouvait lui-même trop coûteux. Le paupérisme, qui est l'état d'indigence permanent et généralisé d'une classe travaillant et qu'il ne faut pas confondre avec la misère d'hommes momentanément privés de travail, s'étendait. Les circonstances du milieu ne rendaient pas facile d'échapper à son étreinte. Les communications étaient lentes, difficiles, onéreuses. L'ouvrier qui n'avait pas d'épargne pour attendre à la porte de l'usine que le prix du travail eût haussé, n'en avait pas à plus forte raison pour se déplacer. Il était en fait attaché non plus à la glèbe du domaine seigneurial, mais attaché à la ville, au département, tout au plus à la région dans laquelle il se trouvait. Le compagnon des corporations était bien, dans une certaine mesure, soumis à la même loi de fixité. De son temps il était encore plus incommode et plus dispendieux de voyager que dans les cinquante premières années du XIXᵉ siècle. Mais là où il était attaché, le compagnon avait la quasi-certitude, en vertu de son privilège corporatif, de trouver à s'employer. Les règlements faisaient qu'il ne trouvait pas des concurrents dans ses confrères. La connaissance de son métier, reconnue après les épreuves par lesquelles il était passé, constituait pour lui un capital à revenu presque certain. Et si ce compagnon voulait faire son tour de France, il trouvait aide et assistance. Pourvu qu'il justifiât de sa qualité de membre d'une corporation il était accueilli, on le plaçait.

Défectueuse, imparfaite comme toutes les choses humaines, l'organisation économique de l'Ancien Régime était pourtant bienfaisante et combien préférable à l'inorganisation dans laquelle le régime de la liberté avait brusquement précipité les ouvriers après la révolution !

L'interdiction de se réunir, de se concerter pour la défense de leurs intérêts, de constituer par le groupement une masse qui ferait équilibre au poids du capitalisme, cette prohibition inique était leur grande misère, la source de toutes leurs misères. Comme nous l'avons déjà marqué plus haut, ils tournèrent la loi qui leur déniait leur droit. Ils se groupèrent dans des sociétés de secours mutuels. Là, ils ne se trouvaient pas absolument entre eux, la société de secours mutuels ne pouvant pas avoir un caractère corporatif, en vertu de la loi qui défendait les groupements d'hommes du même métier. Les ouvriers mutualistes étaient donc obligés d'admettre d'autres hommes qui n'avaient pas les mêmes intérêts professionnels. La forme du groupement de secours mutuels avait encore d'autres inconvénients.

Sur les associations de cette nature l'administration exerçait sa tutelle et une surveillance jalouse. Elle en approuvait les statuts et allait jusqu'à en désigner les présidents. En 1845, — le fait est cité par M. L. de Seilhac, dans son intéressant ouvrage (¹), une société, *la Laborieuse*, dont les membres étaient en majorité des ouvriers cordonniers, et qui était en fait un groupement professionnel, n'obtint l'approbation pour ses statuts qu'à la condition que le secours de chômage d'un franc par jour « ne serait pas accordé en cas de cessation volontaire et concertée du travail, ou bien d'un chômage résultant d'une coalition quelconque des ouvriers sociétaires ».

Malgré toutes ces lisières mises à son activité, la société de secours mutuels valait encore mieux que rien, car elle donnait des occasions de se voir les uns les autres sans s'exposer aux rudesses de la police et aux sévérités des tribunaux.

Mais dans ce milieu surveillé, il était impossible d'obtenir des résultats pratiques touchant le grand but qui était de s'opposer à la baisse des salaires.

Quelques groupements osèrent former des sociétés dites de Résistance, complètement illégales, celles-là. Leurs membres ne pouvaient se réunir que clandestinement. On raconte qu'ils tenaient ordinairement leurs assemblées près des cimetières, chez les marchands de vins où il était habituel de s'arrêter en

---

1. LÉON DE SEILHAC. — Syndicats ouvriers. — Fédérations, Bourses du travail, in-18. — A. Colin, éditeur.

revenant des enterrements. Un type de ces sociétés en contravention, est celle des Ouvriers du Bronze dont M. L. de Seilhac a retrouvé les statuts de 1864 et que nous lui empruntons :

Préambule : Les ouvriers de l'industrie du bronze, résolus à résister par tous les moyens que leur donne la loi, contre l'avilissement toujours croissant des salaires, et décidés à maintenir la limite de dix heures de travail, au plus, afin de donner plus de temps à leur famille et à la culture de leur intelligence, ont décidé de fonder une société dans le but de soutenir ces conditions.

. . . .

ART. 16. — Les sociétaires quitteront l'atelier dans les cas suivants : 1° Lorsque le patron voudrait ramener la journée à plus de dix heures ; 2° Chaque fois que l'on diminuera le salaire d'un homme à la journée, qui travaillera depuis deux mois au moins et, qu'en outre, la majorité de cet atelier, affirmera qu'il vaut cette journée.

L'année 1864 où furent rédigées ces statuts audacieusement contraires à la loi, est celle de la révision des articles 414 et 415 du code pénal, celle où la coalition, comme on l'a lu plus haut, cessa d'être en elle-même un délit, celle de la véritable libération ouvrière. Dans les années qui suivirent, cette première concession de l'autorité enhardit les ouvriers.

4.

Le nombre des associations s'accrut et quand la circulaire de 1868 leur eut accordé la tolérance elles se déclarèrent. En 1870, soixante-sept chambres syndicales avaient une existence connue de l'autorité et la plupart d'entre elles s'étaient fédérées dans la Chambre Fédérale des sociétés ouvrières de Paris, où dominait l'influence de l'Internationale.

Cette fédération s'était formée en 1869. Le gouvernement impérial vieilli et affaibli n'avait pas pu, comme il lui aurait été possible de le faire dans les années de sa jeunesse et de sa vigueur, maintenir les syndicats dans la voie purement économique. Son autorité débilitée n'avait pas pu les empêcher de verser dans la politique et dans le socialisme révolutionnaire. Les chambres syndicales qui auraient pu, sous l'égide de lois vigilantes et vigoureuses, devenir des instruments de conservation, des organes de paix sociale, comme les Trade-Unions anglaises, devinrent donc, dès que la tolérance leur eut été donnée, des foyers de révolution, des agents de décomposition.

La chute de l'Empire, la crise de la Commune, pas plus que les efforts antérieurs de la législation et de l'administration, n'arrêtèrent le mouvement syndicaliste. Il reprit aussitôt après la répression de l'insurrection parisienne, mais avec cette différence qu'il n'eut pas tout d'abord de tendance révolutionnaire. Les « syndicaux », comme les appelaient avec mépris les blanquistes de la Commune réfugiés à Londres, e montrèrent, en dépit de la maussade malveillance du pouvoir, de pacifiques réformistes, mutualistes, coopératistes surtout. C'est seulement en 1876 que le collectivisme apparut parmi eux, et en 1879 qu'il y prit la prépondérance au congrès de Marseille.

Le pullulement des chambres syndicales sous le régime précaire de la tolérance devait attirer l'attention des législateurs. Il fallait ou, selon les désirs des réactionnaires aveuglés qui croient qu'on supprime les forces latentes en abolissant les organes de leur fonctionnement, dissoudre toutes ces chambres syndicales, ou leur reconnaître une existence légale.

La première politique, la politique de résistance, n'aurait donné que des mécomptes. Le mouvement syndical était un fait qu'aucune loi, si dure qu'elle fût, n'aurait pu enrayer. Tout au plus aurait-il été possible de retarder son développement. On n'entreprit pas la guerre ouverte contre les chambres syndicales; on se contenta de les surveiller soupçonneusement. La tolérance leur était parfois retirée. Pour elles il n'y avait pas de droit stable. Elles étaient dans l'arbitraire, qui est d'essence variable. Un député de Paris, M. Édouard Lockroy, eut le premier, non pas l'idée de faire sortir les sociétés ouvrières de cette situation indéterminée, (cette idée était généralement répandue dans les milieux républicains), mais le mérite de la formuler dans un projet de loi.

Au commencement de 1876, il déposa une proposition de loi tendant à la reconnaissance légale des syndicats professionnels (¹).

Ainsi qu'on peut le voir dans le texte, publié en note, au bas de cette page, la proposition de M. Lockroy contenait l'injonction aux syndicats parisiens de se déclarer au Préfet de police et

1. Texte de la proposition Lockroy.

ARTICLE PREMIER. — La loi du 17 juin 1791 est abrogée.

ART. 2. — Les associations de patrons et d'ouvriers exerçant le même métier et dénommées syndicats professionnels, pourront se constituer sans autorisation du gouvernement, lors même qu'elles comprendront plus de vingt personnes.

ART. 3. — Les syndicats professionnels ont pour objet la défense des intérêts professionnels communs à leurs membres.

Ils pourront toutefois s'occuper de la création de caisses de secours mutuels, dans les cas de chômage ou de maladie, de caisses de retraites, de l'établissement d'ateliers de refuge ; de magasins pour la vente et la réparation des outils et de l'organisation des sociétés coopératives.

ART. 4. — Les syndicats d'une même industrie composés l'un de patrons, l'autre d'ouvriers, pourront conclure entre eux des conventions ayant pour objet de régler les rapports professionnels des membres d'un syndicat avec ceux de l'autre. Ces conventions auront force de contrat et engageront tous les membres des sociétés contractantes pour la durée stipulée.

Les dites conventions ne pourront être établies que pour une durée maxima de cinq ans.

ART. 5. — Tout syndicat professionnel de patrons ou d'ouvriers devra faire au moment de sa fondation : dans les départementst entre les mains du maire de la ville où se trouve le siège principal du syndicat ; à Paris, entre les mains de M. le Préfet de police ; et enfin au parquet de MM. les procureurs de la République, une déclaration contenant : ses statuts, le nombre de ses membres ainsi que leurs noms et adresses.

Cette déclaration devra être renouvelée le 1er janvier de chaque année.

ART. 6. — A défaut de déclaration ou en cas d'infraction aux statuts, les membres du congrès syndical seront passibles d'une amende de 16 à 200 francs.

de faire connaître les noms et adresses de leurs membres.

Cette disposition ameuta contre elle les ouvriers. Leur hostilité éclata au premier congrès ouvrier qui s'ouvrit le 2 octobre 1876 à la salle des Écoles, rue d'Assas. Dans sa composition, cette assemblée était modérée. Les éléments révolutionnaires ne s'y trouvaient presque pas représentés. Le rapport de la commission d'organisation, rapport qui fut adopté par le congrès, contenait entre autres phrases significatives, cette déclaration : « Il faut qu'on le sache bien : l'intention des travailleurs n'est pas de vouloir améliorer leur sort en dépouillant les autres. Ils veulent que les économistes, qui ne se préoccupent que des produits et pour lesquels l'homme n'est rien, considèrent également l'homme en même temps que le produit. » Les sentiments qu'exprimait cette déclaration n'avaient rien qui pût choquer les conservateurs intelligents.

Pourtant le congrès, malgré ses tendances « bourgeoises », condamna unanimement la proposition Lockroy. Un délégué du syndicat des mécaniciens de Paris dit : « C'est un traquenard que nous pouvons comparer, toutefois avec des circonstances aggravantes, à la loi du 22 juin 1854 sur les livrets ouvriers ; c'est une loi de police d'un nouveau genre, et nous ne ferons pas aux conseils syndicaux l'injure de croire qu'ils consentiront à devenir les auxiliaires de la préfecture de police et du parquet. » Un autre délégué, le citoyen Daniel, fit remarquer, avec raison, que « la proposition Lockroy posait aux associations des travailleurs des conditions qu'on ne demandait ni aux associations de capitaux, ni aux associations religieuses, ni même aux associations civiles. »

Le débat se termina par le vote d'un double vœu et d'une résolution :

1° Abrogation des articles 291, 292, 293, 294 du code pénal (1) ainsi que des autres lois ayant pour

1. Textes de ces articles :

ART. 291. — Nulle association de plus de vingt personnes dont le but sera de se réunir tous les jours ou à certains jours marqués pour s'occuper d'objets religieux, politiques, littéraires ou autres ne pourra se former qu'avec l'agrément du gouvernement et sous les conditions qu'il plaira à l'autorité publique d'imposer à la société.

Dans le nombre des personnes indiqué par le présent article ne sont pas comprises celles domiciliées dans la maison où l'association se réunit.

ART. 292. — Toute association de la nature ci-dessus exprimée qui se sera formée sans autorisation, ou qui, après l'avoir obtenue, aura enfreint les conditions à elle imposées sera dissoute.

Les chefs, directeurs ou administrateurs de l'association seront punis d'une amende de seize à deux cents francs.

ART. 293. — Si, par discours, exhortations, invocations ou prières, en quelque langue que ce soit, ou par lecture, affiche, publication ou distribution d'écrits quelconques, il a été fait dans ces assemblées quelques provocations à des crimes ou à des délits, la peine sera de cent francs à trois cents francs d'amende et de trois mois à deux ans d'emprisonnement, contre les chefs, directeurs et administrateurs de ces associations; sans préjudice des peines plus fortes qui seraient portées par la loi contre les individus qui seraient personnellement coupables de la provocation, lesquels, en aucun cas, ne pourront être punis d'une peine moindre que celle infligée aux chefs, directeurs et administrateurs de l'association.

ART. 294. — Tout individu qui sans la permission de l'autorité municipale aura accordé ou consenti l'usage de sa maison ou but de restreindre la liberté de réunion et d'association ; 2° Retrait du projet de loi sur les chambres syndicales déposé à l'assemblée (proposition Lockroy) ; 3° Nomination d'une commission chargée de faire connaître à l'assemblée les délibérations du congrès.

Les événements reléguèrent un second plan pendant l'année 1877 toutes les préoccupations qui ne touchaient pas directement à la politique. Quand le régime républicain eut été mis hors de question par les élections du 14 octobre, faite contre le gouvernement du Seize-Mai, on reparla de législation ouvrière. Comme le gouvernement annonçait ou laissait annoncer qu'il allait prendre l'initiative de la réforme de la loi sur les droits de réunion et d'association, le congrès ouvrier de Lyon élabora à l'avance un contre-projet que les députés d'extrême gauche prirent l'engagement de soutenir (¹).

de son appartement, en tout ou en partie, pour la réunion des membres d'une association même autorisée, ou pour l'ouvrier d'un métier, sera puni d'une amende de seize à deux cents francs.

1. Texte du projet élaboré par le congrès ouvrier de Lyon (1878).

ARTICLE PREMIER. — La loi des 14, 17 juin 1791 est abrogée. Les articles 414, 415, 416 du code pénal sont également abrogés. Les dispositions des articles 291, 292, 293 et 294 du code pénal, la loi du 10 avril 1834 et l'article 2 du décret du 25 mars et 2 avril 1853 ne sont pas applicables aux réunions professionnelles.

ART. 2. — Les sociétés de patrons et d'ouvriers exerçant la même profession et dénommées chambres syndicales pourront se constituer sans autorisation du gouvernement, quel que soit le nombre de leurs adhérents. Dans les localités où les membres d'une seule profession ne seraient pas assez nombreux pour

Ce projét, né de l'initiative ouvrière, se distinguait de la proposition Lockroy en ce que la préfecture de la Seine était substituée à la préfecture de police pour recevoir les déclarations des syndicats, et en ceci encore que les syndicats auraient à faire connaître seulement le nombre de leurs membres, et non pas, comme le stipulait M. Lockroy, les noms et

former une chambre syndicale, ils pourront s'adjoindre les membres d'autres professions de la même localité.

Art. 3. — Les syndicats professionnels ont pour objet l'étude et la défense des intérêts généraux de leur profession.

Ils pourront toutefois s'occuper de la création des caisses d'assurances contre le chômage, la maladie, la vieillesse; de l'établissement d'ateliers de refuge, de magasins pour la vente et la réparation d'outils, et de l'organisation de sociétés coopératives.

Art. 4. — Les syndicats d'une même industrie, composés l'un de patrons, l'autre d'ouvriers, serviront d'office de renseignements pour les offres et les demandes de travail.

Ils auront le droit de discuter et d'établir par conventions amiables les tarifs de main-d'œuvre, les heures des journées réglementaires et les contrats d'apprentissage.

Ces conventions auront force de contrats et engageront tous les membres des sociétés contractantes pour la durée stipulée.

Les dites conventions ne pourront être établies que pour une durée maximum de trois ans; les contrats d'apprentissage exceptés, qui pourront, selon là profession, aller jusqu'à cinq ans.

Ils pourront également exercer les fonctions d'arbitres ou d'experts, organiser l'enseignement professionnel et en surveiller la mise en pratique.

Art. 5. — Tout syndicat professionnel de patrons ou d'ouvriers devra faire, au moment de sa fondation : dans les départements, à la mairie de la ville ou commune où se trouve le siège principal du syndicat; à Paris, à la préfecture de la Seine, une déclaration contenant ses statuts, ainsi que le nombre de ses membres. Cette déclaration devra être renouvelée le premier mois de chaque année.

Art. 6. — A défaut de déclaration ou au cas de déclaration tardive, le syndicat sera passible d'une amende qui pourra varier de 16 à 200 francs.

adresses de ces membres. Il est remarquable encore,
ce projet, en ce qu'il laisse percer une préoccupation
extra-professionnelle, dans le paragraphe qui auto
rise la constitution de syndicats composés d'ouvriers
de plusieurs métiers dans les villes où un seul
métier ne pourrait pas fournir un nombre convenable
de membres pour former un syndicat.

L'association d'ouvriers exerçant des professions
différentes ne pouvant pas avoir pour but la défense
de leurs intérêts professionnels communs, les syndicats formés d'éléments hétérogènes se seraient
donc occupés de toute autre chose que de ces intérêts. Sans être téméraire on peut inférer de ce
texte que les rédacteurs du projet de 1878 avaient,
sans le dire, le dessein de faire des syndicats moins
des organisations de résistance sur le terrain économique, que des foyers de propagande pour les idées
socialistes que M. Jules Guesde depuis deux ans
déjà répandait dans les milieux ouvriers.

CHAPITRE V

Abrogation de la législation anti-ouvrière.

Le gouvernement républicain prend l'initiative d'un projet de loi qui reconnaîtra aux syndicats ouvriers le droit d'exister. — La loi du 21 mars 1884. — Texte de cette loi. — C'est un compromis entre les exigences socialistes et les résistances conservatrices. — Les articles 414 et 415 qui punissent les manœuvres frauduleuses et criminelles tendant à amener les coalitions sont maintenus. — L'article 416 qui interdisait les mises à l'index est abrogé. — Cette abrogation confère une sorte de privilège aux ouvriers. — La liberté du travail reçoit une atteinte du fait que les ouvriers sont en droit d'exiger le renvoi d'un camarade, d'un contre-maître, d'un directeur qui leur déplaît. — Autres imperfections de la loi. — Elle est muette sur les syndicats de fonctionnaires. — Son texte est équivoque touchant les unions de métiers. — Grâce à cette ambiguité la Confédération Générale a pu se former. — Sa légalité demeure pourtant douteuse. La faiblesse du pouvoir qui n'a pas appliqué avec suite les articles 414 et 415 a favorisé la transformation des syndicats économiques en groupements de guerre sociale.

Le gouvernement républicain ne pouvait pas continuer à ignorer, comme l'avaient fait les gouvernements conservateurs de l'Assemblée nationale, l'existence des syndicats. Légiférer sur eux devenait un devoir ; s'en abstenir, une imprudence. Un ministère opportuniste prit l'initiative d'un projet de loi à la fin de l'année 1880. Son garde des sceaux, M. Cazot, le déposa (¹). Il était, ainsi qu'on peut le voir en se reportant à la note ci-dessous, de nature à ne donner complète satisfaction ni aux ouvriers, ni aux hommes qui, désireux de remettre aux travailleurs un moyen

1. Texte du projet Cazot (novembre 1886).

ARTICLE PREMIER. — Des syndicats professionnels, composés de plus de vingt personnes exerçant la même profession ou le même métier, pourront se constituer sans l'autorisation préalable du gouvernement, aux conditions prescrites par les articles suivants.

ART. 2. — Les syndicats professionnels ont exclusivement pour objet l'étude et la défense des intérêts professionnels, économiques, industriels et commerciaux, communs à tous leurs membres.

ART. 3. — Quinze jours avant le fonctionnement d'un syndicat professionnel, ses fondateurs devront déposer les statuts du syndicat, les noms et les adresses de tous les membres qui le composent, avec indication spéciale de ceux qui, sous un titre quelconque, seront chargés de l'administration ou de la direction.

Ce dépôt aura lieu, pour le département de la Seine, à la préfecture de police, et, pour les autres départements, à la mairie de la localité où le syndicat est établi.

Ce dépôt devra être renouvelé le 1er janvier de chaque année et à chaque changement des administrateurs ou des statuts.

ART. 4. — Les syndicats professionnels ne pourront être formés qu'entre Français, jouissant de leurs droits civils.

ART. 5. — Le défaut de déclaration sera puni d'une amende de 16 à 200 francs. En cas de fausse déclaration, l'amende pourra être portée à 500 francs.

En cas d'infraction aux statuts et aux prescriptions des articles 2 et 4, les tribunaux pourront prononcer la dissolution des syndicats professionnels.

ART. 6. — Les dispositions antérieures qui sont contraires à la présente loi sont abrogées.

de défense économique, ne voulaient pourtant pas que cette arme défensive se transformât dans leur main en instrument d'aggression et de tyrannie.

La disposition qui soumettait les syndicats à la surveillance de la préfecture de police rencontrait toutes les objections qu'avait soulevées la proposition Lockroy en 1876. Celle qui n'autorisait que les syndicats composés d'ouvriers ou de patrons *de la même profession* devait déplaire aux auteurs du projet élaboré en 1878 au congrès de Lyon, puisqu'ils avaient formulé le désir que des ouvriers de métiers différents pussent, en certains cas, se syndiquer entre eux.

De leur côté les partisans de la liberté pour les ouvriers, mais qui ne veulent pas plus de la tyrannie syndicale que de toute autre, s'inquiétaient à la lecture de l'article 6 qui abrogeait « toutes les dispositions antérieures contraires à la présente loi ».

Ces dispositions, ce n'était pas seulement la loi injuste de juin 1791, la loi Le Chapelier ; ce n'étaient pas les articles 291 à 294 du Code pénal qui interdisaient les associations et réunions de plus de vingt personnes ; ce n'était pas la loi du 10 avril 1834 (¹) qui

---

1. Texte de la loi du 10 avril 1834 :

« ARTICLE 1er. — Les dispositions de l'article 291 du Code Pénal sont applicables aux associations de plus de vingt personnes alors même que ces associations seraient partagées en sections d'un nombre moindre et qu'elles ne se réuniraient pas dans les jours et à des lieux marqués. — L'autorisation donnée par le gouvernement est toujours révocable.

ART. 2. — Quiconque fait partie d'une association non autorsre sera puni de deux mois à un an d'emprisonnement et de

avait aggravé les pénalités édictées par ces articles, c'étaient encore les articles 414, 415 et 416, c'est-à-dire ceux qui précisément avaient pour but de prévenir et de réprimer les excès de la liberté de coalition, qu'ils fussent commis par les patrons ou par les ouvriers. Ces articles, mais c'étaient ceux de 1864, ceux qui avaient reconnu aux ouvriers le droit de coalition, ne réservant de pénalités qu'aux manœuvres dolosives ou criminelles par lesquelles la coalition serait provoquée ou maintenue. C'était, en un mot, ceux qui protégeaient la liberté du travail chez les ouvriers qui ne voudraient pas « se coaliser » avec les chômeurs. Allait-on, par le brusque renversement de toutes ces barrières pénales, ouvrir le monde économique sans défense aux incursions d'une poignée de syndicalistes qui, au nom « d'un droit ouvrier métaphysique », s'imposeraient par l'audace à la foule irrésolue et facilement intimidable des travailleurs ?

Certains libéraux, par aveuglement doctrinaire faisaient chorus avec les radicaux imprévoyants, disaient que ces articles étaient inutiles, puisque les délits qu'ils ont pour objet de punir sont prévus

50 francs à 1,000 francs d'amende. — En cas de récidive, les peines pourront être portées au double. Le condamné pourra, dans ce dernier cas, être placé sous la surveillance de la haute police, pendant un temps qui n'excédera pas le double du maximum de la peine.

« ART. 3. — Seront considérés comme complices et punis comme tels ceux qui auront prêté ou loué sciemment leur maison ou appartement pour une ou plusieurs réunions d'une association non autorisée. »

et réprimés par le droit commun, par les textes qui visent les délits de parole, les violences, les voies de fait.

On n'écouta pas ces imprudents. Du moins ils n'obtinrent pas pleine satisfaction. La loi du 21 mars 1884, fruit de longues délibérations et plusieurs fois revisée au cours des débats, fut un compromis entre les exigences des ouvriers et de leurs avocats et les résistances conservatrices.

Voici le texte de cette loi :

Loi relative à la création des syndicats professionnels. (21 mars 1884.)

Article 1er. — Sont abrogées les lois des 14-17 juin 1791 et l'article 416 du Code Pénal.

Les articles 291, 292, 293, 294 du Code Pénal et la loi du 10 avril 1834 ne sont pas applicables aux syndicats professionnels.

Art. 2. — Les syndicats ou associations professionnelles, même de plus de vingt personnes, exerçant la même profession, des métiers similaires ou des professions connexes, concourant à l'établissement de produits déterminés, pourront se constituer librement, sans l'autorisation du gouvernement.

Art. 3. — Les syndicats professionnels ont exclusivement pour objet l'étude et la défense des intérêts économiques, industriels, commerciaux et agricoles.

Art. 4. — Les fondateurs de tout syndicat professionnel devront déposer les statuts et les noms de ceux qui, à un titre quelconque, seront chargés de l'administration ou de la direction.

Ce dépôt aura lieu à la mairie de la localité où le syndicat est établi et, à Paris, à la Préfecture de la Seine.

Ce dépôt sera renouvelé à chaque changement de la direction ou des statuts.

Communication des statuts devra être donnée par la mairie ou le Préfet de la Seine au Procureur de la République.

Les membres de tout syndicat professionnel, chargés de l'administration ou de la direction de ce syndicat, devront être français et jouir de leurs droits civils.

Art. 5. — Les syndicats professionnels, régulièrement constitués d'après les prescriptions de la présente loi, pourront librement se concerter pour l'étude et la défense de leurs intérêts économiques, commerciaux et agricoles.

Ces Unions devront faire connaître, conformément au deuxième paragraphe de l'article 4, les noms des syndicats qui les composent.

Elles ne pourront posséder aucun immeuble ni ester en justice.

Art. 6. — Les syndicats professionnels de patrons ou d'ouvriers auront le droit d'ester en justice.

Ils pourront employer les sommes provenant des cotisations. Toutefois ils ne pourront acquérir d'autres immeubles que ceux qui seront nécessaires à leurs réunions, à leurs bibliothèques et à des cours d'instruction professionnelle.

Ils pourront, sans autorisation, mais en se conformant aux autres dispositions de la loi, constituer entre leurs membres des caisses spéciales de secours mutuels ou de retraites.

Ils pourront librement créer et administrer des offices

de renseignements pour l'offre et la demande de travail.

Ils pourront être consultés sur tous les différends et toutes les questions se rattachant à leur spécialité.

Dans les affaires contentieuses, les avis des syndicats seront mis à la disposition des parties, qui pourront en prendre communication et copie.

Art. 7. — Tout membre d'un syndicat professionnel peut se retirer à tout instant de l'association, nonobstant toute clause contraire, mais sans préjudice du droit pour le syndicat de réclamer la cotisation de l'année courante.

Toute personne qui se retire d'un syndicat conserve le droit d'être membre des sociétés de secours mutuels et des pensions de retraite pour la vieillesse, à l'actif desquelles elle a contribué par des cotisations ou versements de fonds.

Art. 8. — Lorsque les biens auront été acquis contrairement aux dispositions de l'article 6, la nullité de l'acquisition ou de la libéralité pourra être demandée par le procureur de la République ou par les intéressés. Dans le cas d'acquisition à titre onéreux, les biens feront retour aux disposants, ou à leurs héritiers, ou à leurs ayant-cause.

Art. 9. — Les infractions aux dispositions des articles 2, 3, 4, 5 et 6 de la présente loi seront poursuivies contre les directeurs ou administrateurs des syndicats et punies d'une amende de 16 à 200 francs.

Art. 10. — La présente loi est applicable à l'Algérie. Elle est également applicable aux colonies de la Martinique, de la Guadeloupe et de la Réunion. Toutefois les travailleurs étrangers et engagés sous le nom d'immigrants ne pourront pas faire partie des syndicats.

Selon le mot consacré, la loi de 1884 est une « cote mal taillée ».

Les articles 414 et 415 étaient maintenus. La grève étant un état anormal, un état de guerre qui, par lui-même, pousse à commettre des violences, on n'avait pas supprimé les articles qui édictent contre ces violences des pénalités particulières. Seul l'article 416 était sacrifié. Cet article était ainsi conçu :

ARTICLE 416. — Seront punis d'un emprisonnement de six jours à trois mois et d'une amende de 16 francs à 300 francs, ou de l'une de ces deux peines seulement, tous ouvriers, patrons et entrepreneurs qui, à l'aide d'amendes, défenses, prescriptions, interdictions, par suite d'un plan concerté, auront porté atteinte au libre exercice de l'industrie et du travail.

L'abrogation de cet article, c'était la légalisation de la « mise à l'index ». Les ouvriers pouvaient frapper d'interdiction un atelier et les patrons pouvaient, par réciprocité, frapper d'interdit un ouvrier ou un groupe d'ouvriers. Au fond, une pareille égalité n'était pas établie entre les deux parties. S'il est relativement facile aux ouvriers de faire respecter la mise à l'index prononcée par eux contre un patron, la mise à l'index d'un ouvrier ou d'un groupe d'ouvriers prononcée par les patrons est beaucoup plus hasardeuse. Les ouvriers ont, en effet, à leur service, des « moyens de persuasion » qui ne sont pas à la disposition des patrons. Les ouvriers peuvent agir par intimidation, par menace, par voie de fait. Ils peuvent agir par grève. Les patrons, à qui leur petit nombre ne permet pas l'usage des représailles violentes, ne peuvent répondre à la mise à l'index de l'un d'entre eux que par la fermeture générale, ce qu'on appelle d'un mot anglais, passé dans la langue courante, le « lock out ». Mais le lock out est une arme redoutable pour ceux qui la manient. L'arrêt général du travail peut ruiner les industriels en les mettant dans l'impossibilité de faire face à leurs commandes, en faisant passer leur clientèle à des concurrents. Aussi les patrons recourent-ils seulement à la dernière extrémité à ce moyen de résistance. Les mises à l'index ouvrières sont beaucoup plus fréquentes que les lock-out patronaux parce qu'elles comportent moins de risques.

Mais l'article 416 n'interdisait pas seulement les « défenses, proscriptions, condamnations » prononcées de patrons à ouvriers ou d'ouvriers à patrons ; il les interdisait aussi entre ouvriers, pour protéger « la liberté du travail ». La loi de 1884 a supprimé cette protection. Il rend licite l'exigence d'un groupe d'ouvriers réclamant l'exclusion d'un de leurs camarades, et légitime la coalition en vue d'imposer à un patron le renvoi d'un travailleur(1).

1. M. Louis André, juge d'instruction au tribunal de la Seine, et M. Léon Guibourg, procureur de la République à Nogent-sur-Seine, dans leur *Code du travail annoté*, s'expriment ainsi : « La mise à l'index ou en interdit étant devenue, au point de pénal, un fait licite, par suite de l'abrogation de l'article 416, en est-il de même de la menace de la mise à l'index ? Par exemple,

Les victimes de la mise à l'index, patrons ou ouvriers, conservent seulement le droit aux réparations civiles tel qu'il est fixé par l'article 1382 du code civil (1).

Mais on ne peut réclamer de dommages-intérêts à qui ne possède rien. Or, la loi de 1884 interdit aux syndicats ouvriers de posséder autre chose que ce qui est indispensable à leur fonctionnement. Leur responsabilité civile s'évanouit donc.

Les condamnations à dommages-intérêts qui les frappent demeurent forcément platoniques.

La loi de 1884, à laquelle est attaché le nom de M. Waldeck-Rousseau qui, ministre de l'intérieur dans le cabinet J. Ferry, en obtint le vote, ouvrit donc une large fissure dans la liberté du travail en conférant un privilège de fait aux ouvriers coalisés. Elle recélait bien d'autres imprudences. Ainsi elle avait omis de stipuler, ce qui était dans la pensée de tous, qu'elle ne pourrait jamais être applicable aux fonctionnaires et aux ouvriers de l'État ou des mono-

lorsqu'un syndicat adresse à un patron une menace de mise à l'index pour lui imposer un acte despotique (tel que le renvoi d'un ouvrier) y a-t-il délit tombant sous le coup de l'article 414 ?» Ayant ainsi posé la question, les auteurs du *Code du travail annoté* y répondent mais ne la résolvent pas, en citant *pour l'affirmative* trois jugements du tribunal correctionnel de Nevers; et *pour la négative*, un jugement du tribunal de Grenoble. La jurisprudence est donc variable et cette variabilité est préjudiciable à la liberté.

1. Texte de l'article 1382 :

Art. 1382. — Tout fait quelconque de l'homme qui cause à autrui un dommage, oblige celui par la faute duquel il est arrivé, à le réparer.

poles d'État, à tous ceux dont l'État fixe le salaire et à qui il assure soit directement soit indirectement des retraites.

Ainsi encore, elle manquait de précision dans ses dispositions relatives aux unions de syndicats.

La lacune relative aux fonctionnaires et ouvriers des services publics, on en sent toute la gravité maintenant que la puissance publique se trouve obligée de se défendre contre les syndicats de ses agents.

Le manque de clarté de la loi, touchant les unions de syndicats, devait rendre possible plus tard l'organisation de la Confédération Générale, le groupement en un centre unitaire de toutes les forces ouvrières organisées, non dans un but économique mais dans un but révolutionnaire.

L'article 5 stipule : « Les syndicats professionnels régulièrement constitués d'après les prescriptions de la présente loi pourront librement se concerter pour l'étude et la défense de leurs intérêts économiques, industriels, commerciaux et agricoles.» Cet article semble autoriser toutes les fédérations et même la Confédération Générale du travail. Mais si on se reporte à l'article 2 on y trouve, semble-t-il, le véritable esprit de la loi : « Les syndicats ou associations professionnelles, même de plus de vingt personnes, dit cet article, exerçant la même profession, des métiers similaires ou des professions connexes, concourant à l'établissement de produits déterminés, pourront se constituer librement sans l'autorisation du gouvernement ».

Que signifie cet article? La circulaire ministérielle du 25 août 1884 en a donné cette interprétation : « Les métiers similaires ou professions connexes » devant être entendus dans un sens large, il y a lieu d'admettre à se syndiquer entre eux tous les ouvriers concourant à la fabrication d'une machine, à la construction d'un bâtiment d'un navire, etc... (¹).

Telles étant les conditions dans lesquelles les ouvriers sont autorisés à se syndiquer entre eux, il apparaît que, par voie de conséquence, ces mêmes conditions doivent être remplies par les syndicats qui veulent se fédérer. On comprend très bien que le syndicat des maçons, celui des terrassiers, celui des plombiers, des couvreurs, des menuisiers, que tous les syndicats d'ouvriers du bâtiment forment entre eux une fédération parce que, « concourant à la production d'un objet déterminé » qui est un immeuble. Ils peuvent soutenir qu'ils ont des intérêts communs et en effet ils en ont. Mais la confédération des ouvriers du bâtiment ne se justifie pas avec les chapeliers, les imprimeurs, les employés de chemins de fer, les musiciens d'orchestre, chacun de ces corps de métier s'employant à produire un » objet déterminé » absolument différent d'un immeuble.

Si on admet, avec l'article 3, que « les syndicats

1. Andrè et Guibourg. — *Code du travail annoté.*

professionnels ont exclusivement pour objet l'étude et la défense des intérêts économiques, industriels, commerciaux et agricoles », la fédération n'est légitime qu'autant qu'il existe quelque solidarité professionnelle entre les différents syndicats qui veulent s'unir.

Au contraire, des unions généralisées, telles que la Confédération Générale du Travail, ne paraissent pas conformes à l'esprit de la loi, parce qu'elles se composent d'éléments entre lesquels on chercherait vainement une solidarité professionnelle.

La loi de 1884, non contente de réformer l'injuste législation de classes de 1791 et de compléter la réforme de 1864, constituait donc en fait, dans une certaine mesure, l'octroi d'un privilège aux ouvriers qui se réuniraient en syndicats. Elle mettait à leur merci, s'ils étaient mal intentionnés, la liberté du travail des non syndiqués, et réservait l'impunité aux dommages qu'ils causeraient injustement aux patrons. Pourtant il restait des moyens d'empêcher la malfaisance latente dont elle contenait le germe de s'exercer : Les articles 414 et 415 étaient encore debout ; mais, pour mettre en œuvre ces moyens non de réaction mais de préservation des syndicats contre leurs propres égarements, il aurait fallu que l'autorité redoublât de fermeté et de vigilance.

Les syndicats ouvriers, contenus dans l'exercice de leurs fonctions naturelles, pouvaient rendre les plus grands services. Leur reconnaissance n'était pas seulement un succès de principe; il en pouvait naître les plus heureux effets.

Les ouvriers auraient dorénavant des centres légaux d'information et de résistance. Ils pourraient se renseigner les uns les autres sur les demandes de main-d'œuvre; ils pourraient par l'entente concertée, sur le terrain économique, se défendre contre l'exploitation trop longtemps peu mesurée des patrons, dans certaines industries. Par le seul fait de leur association ils donneraient à réfléchir aux patrons et les porteraient à améliorer la situation des travailleurs. Le devoir du gouvernement eût été d'engager par des encouragements les patrons dans cette voie. Il avait à être un conseiller de paix et de conciliation. Mais ce rôle ne peut être bien tenu que par un pouvoir fort. Or le pouvoir était malingre; il oscillait de la faiblesse démagogique à la rigueur réactionnaire, tantôt courtisant obséquieusement les ouvriers, et tantôt leur montrant une défiance blessante.

Ces ministères à politique indécise, qui reculaient les difficultés au lieu de les résoudre, ayant pour préoccupation première de les éviter tant qu'ils duraient et de les léguer à leurs successeurs « qui se débrouilleraient »; ces gouvernements laissèrent, par aveuglement ou par timidité, prendre aux syndicats l'allure et les habitudes révolutionnaires qui détournèrent l'institution de son but. On avait voulu donner aux ouvriers des instruments de défense économique. Nous allons voir comment à l'usage ces instruments furent faussés; comment le syndicalisme révolutionnaire évinça le syndicalisme économique et, les lois qui devaient réprimer ses excès demeurant inappliquées, comment il finit par déboucher sur le terrain social avec l'audace et les puissances d'un belligérant redoutable.

CHAPITRE VI

Origine du Parti Syndicaliste.

Division du parti révolutionnaire au moment où la loi sur les
syndicats fut mise en vigueur. — Les Guesdistes se mettent
les premiers en mouvement pour se subalterniser les syndicats. — Au congrès ouvrier de Lyon (1886) la loi Waldeck-
Rousseau est condamnée comme un piège policier. — Éléments modérés et éléments révolutionnaires en présence
dans le Congrès. — Les révolutionnaires, appartenant pour
la plupart aux comités guesdistes l'emportent. Ils font voter
par le congrès une profession de foi marxiste et l'organisation d'une *Fédération des syndicats et groupes corporatifs
ouvriers de France*. — Statuts de la Fédération rédigés en
vue de maintenir l'influence guesdiste sur les syndicats. —
La Fédération n'est qu'une annexe du Parti ouvrier. — Son
développement est arrêté dans les étroites limites où les
patrons guesdistes veulent la renfermer. — Jugement porté
par le principal publiciste syndicaliste sur la première Fédération des syndicats.

En 1884, quand fut votée la loi Waldeck-Rousseau
qui permettait aux syndicats ouvriers de se placer

sur un terrain légal, les forces socialistes étaient divisées entre trois partis d'inégales forces.

Le parti guesdiste, le plus nombreux et le plus actif de tous ;

Le parti possibiliste ou broussiste, qui semblait limiter son ambition à la réalisation d'un socialisme municipal ;

Le parti blanquiste, qui n'existait que de nom, se composant seulement de quelques survivants de la Commune.

Ces trois fractions s'excommuniaient les unes les autres depuis plusieurs années. Entre elles, il y avait bien des points de doctrine communs, mais il y avait encore plus de conflits personnels, et de concurrences d'ambitions.

Dans cet état de déchirement, il n'y avait pas de parti socialiste ; il y avait trois états-majors qui se disputaient dans quelques régions les votes d'électeurs radicaux presque tous ignorants de ce qu'était le socialisme.

Le guesdisme, entre ces sectes, apparaissait comme doué de plus de vigueur que ses rivaux.

L'homme opiniâtre qui lui avait donné son nom l'avait aussi soumis à une sorte de discipline caporaliste. Le petit parti se dressait raide dans un cadre inflexible. Son irascible intransigeance, sa sécheresse doctrinale, ne lui avaient pas permis de faire beaucoup de recrues, mais ces recrues, une fois qu'elles avaient pris le pli de l'obéissance, faisaient des militants solides. Les chefs guesdistes savaient ce qu'ils voulaient. Leur programme pouvait passer pour irréalisable; eux-mêmes ne devaient pas espérer beaucoup qu'ils le réaliseraient; mais tel qu'il était, ils lui restaient fidèles comme des prêtres convaincus demeurent attachés à leur Dogme au milieu de l'incrédulité générale.

Le broussisme ou possibilisme faisait des rêves plus terre à terre que son concurrent guesdiste. Il essayait de pêcher des petits mandats, s'acoquinant, comme le lui reprochaient les autres sectes, avec les radicaux, acceptant de collaborer avec des bourgeois, faisant aussi peu que possible, même verbalement, la lutte de classe.

Pourtant, à l'aile gauche du Broussisme, on trouvait un groupe plus ardent, de tempérament plus révolutionnaire. C'était les amis de M. Allemane. Il n'y avait pas encore de parti allemaniste, (il ne devait se former qu'en 1890), mais il existait un état d'esprit allemaniste.

L'allemanisme était surtout le refuge des « militants instinctifs », ouvriers violents et frustes à qui le dogmatisme de Guesde et la cauteleuse politique des broussistes étaient également déplaisants. C'est chez les allemanistes qu'on rencontrait les éléments les plus turbulents et les plus irrités du Prolétariat.

Quant aux blanquistes, ils avaient importé en France, après l'amnistie, le comité révolutionnaire qu'ils avaient fondé à Londres, après 1871. C'était un comité : quelques candidats traînant derrière eux quelques jeunes gens que fascinait le nom de

Blanqui. Se considérant comme des personnages historiques, comme les dictateurs désignés par leur passé de la future révolution, les blanquistes dédaignaient le patient et ingrat travail de la formation des comités. Ils en avaient quelques-uns à Paris et çà et là dans les départements. Mais ils pensaient, à part eux, dans leur orgueil naïf, qu'ils seraient les bénéficiaires de tout le travail des guesdistes et des allemanistes, car le jour de la Révolution, c'est vers les grandes personnalités de Vaillant, du général Eudes, de Chauvière, et de leurs camarades que le Peuple ne manquerait pas d'accourir. Les blanquistes laissaient donc les autres sectes semer. Ils seraient là le jour de la récolte.

Entre ces trois partis, le premier qui se mit en mouvement pour absorber la force des syndicats, après le vote de la loi de 1884, fut le parti guesdiste.

En 1886, une conférence internationale ouvrière s'était réunie à Paris « pour organiser à la prochaine exposition universelle une section ouvrière ». Les délégués français délibérant à part décidèrent de convoquer à Lyon, au mois d'octobre suivant (1886), un congrès corporatif où le plus grand nombre possible de chambres syndicales seraient représentées.

A ce congrès, qui s'assembla le 11 octobre, se retrouvèrent beaucoup d'anciens coopératistes, de ces ouvriers modérés qui, dans les congrès antérieurs de Paris, de Marseille, du Havre, avaient été violemment bousculés par les guesdistes ([1]) et qui, s'étant séparés de M. Guesde aussitôt qu'ils l'avaient pu, avaient formé le noyau du parti de M. Brousse.

En grand nombre ces « Broussistes » marqués de l'étiquette collectiviste, étaient restés simplement des « syndicaux », qui enveloppaient dans la même suspicion tous les partis politiques.

Si nombreux qu'ils fussent, ces modérés, peut-être parce qu'ils manquaient d'audace, ne surent pas s'emparer de la majorité. Le congrès fut vite sous la domination des révolutionnaires.

La loi de 1884, si favorable aux syndicats et grâce à laquelle ils pouvaient s'assembler librement, fut vilipendée par eux comme « une mise en carte de la classe ouvrière ». M. Dumay, qui devait finir, beaucoup d'années plus tard, par accepter les fonctions de régisseur de la Bourse du travail de Paris, et par y veiller à l'exécution de la loi, s'exprimait ainsi : « Tout est piège dans cette loi, c'est pourquoi nous n'en voulons pas. On parle de la modifier. A quoi bon modifier ce qui est foncièrement mauvais? La loi de 1884 peut-elle rendre des services à la classe ouvrière? Je crois qu'elle ne peut rendre des services qu'au gouvernement. » Un autre délégué, M. Heppenheimer, qui a depuis été plusieurs fois candidat à la chambre des députés, disait : « Quand on a une vipère sous les pieds, il ne faut pas attendre qu'elle

1. Cf. *Le Socialisme. — Exposé du Pour et du Contre*, in-18 chez Ollendorff. Paris.

vous morde, il faut l'écraser. Les députés appartiennent à une classe privilégiée et ils sont forcément les ennemis des travailleurs. Comment pourraient-ils faire une loi libérale, eux dont les intérêts sont entièrement contraires à ceux des travailleurs (¹) ? »

Ces injustes attaques prévalurent contre la vérité ; les deux tiers de l'ensemble condamnèrent la loi sur les syndicats dont pourtant les ouvriers devaient tirer un si grand parti et déclarèrent qu'il n'y avait pas à se soumettre aux formalités si légères qu'elle imposait (déclaration des noms des fonctionnaires et du nombre des membres des syndicats).

Dans cette discussion, par ce vote et surtout par la création de la *Fédération des syndicats et groupes corporatifs ouvriers de France*, le Congrès manifesta l'esprit dont était animée dès 1886 l'élite militante du monde ouvrier : c'était un esprit révolutionnaire. La proposition de fédérer tous les syndicats fut combattue par les modérés. Ils objectaient que chaque corporation a des intérêts particuliers, que la fédération nationale de tous les syndicats d'un même métier pouvait avoir des avantages, mais qu'en raison de la non-connexité des intérêts des diverses corporations leur confédération ne présentait pas d'utilité.

Les opposants, au jugement des socialistes, n'en-

---

1. Cf. Léon Blum, *les Congrès ouvriers*; Léon de Seilhac, *Syndicats ouvriers*; Frédéric Pelloutier, *Histoire des Bourses du travail*.

tendaient rien à la lutte de classe. Malgré ces petits
bourgeois, contre eux fut votée une résolution qui
contenait une adhésion implicite du congrès à la
doctrine marxiste. En voici le texte :

« Considérant qu'en face de la puissante organisation
bourgeoise, faite sans et contre le prolétariat, il appartient non seulement à ce dernier, mais qu'il est de son
devoir de créer par tous les moyens possibles des
groupements et des organisations ouvrières, pour les
mettre en face de ceux de la bourgeoisie, à titre défensif,
et, nous l'espérons, bientôt offensif :
« Considérant que toute organisation ouvrière qui
n'est pas pénétrée du fait de la distinction de classe ne
peut être considérée comme faisant partie des diverses
armées ouvrières marchant à la conquête de leurs
droits :
« Il est créé une Fédération nationale des syndicats. »

Il est à remarquer que dans ce congrès, l'élément
politicien n'était pas représenté par ses chefs. Les
cercles d'études sociales que M. Guesde et ses disciples avaient fondés en grand nombre, avaient été
exclus par la commission d'organisation, parce
qu'ils n'étaient pas des organes corporatifs. Cette
commission n'avait admis que les délégués mandatés
par des syndicats ouvriers. Les votes du congrès
permettent de mesurer l'étendue et la profondeur de
l'œuvre de propagande menée dans les milieux de
travailleurs par les militants des cercles d'études
sociales. En 1876, dans ces milieux, on répudiait le

collectivisme comme une « utopie bourgeoise ». En 1886, on s'y ralliait. C'étaient les guesdistes, malgré l'absence de leurs docteurs, qui avaient été les meneurs du congrès de Lyon; ils y avaient pris l'ascendant, parce que leurs cercles d'études étaient plus nombreux que ceux des Broussistes et parce que presque chaque cercle d'études se doublait d'une chambre syndicale — la consigne guesdiste, comme nous l'avons déjà marqué, prescrivant à tout membre d'un comité politique de se faire inscrire au syndicat de sa profession et recommandant à tout syndiqué d'entrer dans le comité du Parti ouvrier. Il y avait donc eu une pénétration du collectivisme, du guesdisme, dans les groupements économiques de la classe ouvrière, aussi bien dans ceux qui avaient été formés depuis la loi de 1884, que dans ceux qui existaient, par tolérance, antérieurement à cette loi.

Vainqueur à Lyon et du vieux coopératisme et de son rival le Broussisme, le guesdisme prit des précautions pour conserver sa victoire. Il fut décidé que chaque année il se tiendrait un congrès corporatif dans une ville qu'aurait désignée le congrès précédent et que cette ville serait, pendant toute l'année et jusqu'au congrès suivant, le siège du conseil général de la fédération. L'impulsion que recevrait le mouvement corporatif, dépendrait donc pour beaucoup du choix de la ville où l'on s'assemblerait, puisque cette ville resterait la capitale du syndicalisme pendant une année.

Afin de s'assurer la prédominance dans la fédération sans s'y imposer ouvertement, les guesdistes firent désigner comme siège du congrès de 1887, Montluçon, qui était un centre à eux. Dans ce milieu favorable, ils resserrèrent l'étreinte dans laquelle ils voulaient tenir la Fédération.

Les statuts votés à Lyon avaient organisé au-dessous du Conseil général, des conseils régionaux (un par dix départements). Le congrès de Montluçon abolit les conseils régionaux qui auraient pu devenir des foyers de dissidence. Autre réforme que devrait servir l'autoritarisme guesdiste : la nomination du Conseil National fut réservée aux syndicats de la ville où ce Conseil devrait siéger pendant un an.

Après Montluçon, c'est Bordeaux, autre fief des guesdistes, qui fut choisi pour abriter le congrès de 1888. En 1889, le congrès national fut remplacé par un congrès international tenu à Paris où les guesdistes, les blanquistes et les syndicaux fédérés se rencontrèrent, mais auquel ne participèrent pas les broussistes, qui tinrent un congrès séparé. L'année suivante, c'est encore une ville guesdiste, Calais, qui devient le chef-lieu du syndicalisme. La subordination de la fédération des syndicats et groupes corporatifs de France au Parti ouvrier devenait de plus en plus visible. La fédération n'était qu'un appendice du Parti. La naissance des Bourses du travail et la question de la grève générale, dont il sera traité dans les chapitres suivants, vinrent enfin troubler le bon accord des syndicats et du Parti qui se les était subalternisés.

Un écrivain syndicaliste-libertaire, M. Frédéric Pelloutier, qui a pris une part prépondérante à la centralisation des syndicats et à l'organisation de leur indépendance, a caractérisé comme il convient l'action de la première fédération (¹). « Elle ne réalisa pas les espérances du monde ouvrier ni même de ses fondateurs. Et pourquoi? Parce qu'au lieu d'être une union corporative, elle fut, dès ses débuts, une machine de guerre, mise au service du parti ouvrier français pour aider au succès de l'action électorale engagée par cette école. Conçus et dirigés par des hommes qui visaient non pas à établir patiemment ni silencieusement une série d'institutions économiques socialistes ayant pour conséquence d'éliminer mécaniquement les institutions capitalistes correspondantes, mais à apporter au mouvement politique fléchissant un appoint considérable, elle se donna un programme rudimentaire : « Le but de la Fédération, dit sa déclaration, est d'arriver à l'affranchissement de tous ceux qui travaillent, de soutenir plus efficacement la lutte entre les intérêts opposés des employeurs et des producteurs, de relever l'énergie des travailleurs en présentant un plus large front de résistance ». C'était là une déclaration très vague; mais ce défaut avait moins pour cause l'ignorance économique des administrateurs de la Fédération (qui auraient pu, tout au moins paraphraser la partie économique du programme du Parti ouvrier) que

---

1. Cf. Frédéric Pelloutier, *Histoire des Bourses du travail.*

leur dédain de l'action corporative et leur désir exclusif de faire entrer par surprise dans le Parti l'armée réellement ouvrière.

« Les attributions de la Fédération ne furent pas mieux précises. Des trois commissions qui devaient former le conseil national, une, la commission de propagande, « chargée de tout ce qui pourrait faire connaître la Fédération et son but », ne fonctionna jamais. La deuxième avait pour mission d'édicter un bulletin mensuel ; ce bulletin ne publia jamais une statistique et ne présenta aucun plan d'organisation et d'action ; la troisième, dite commission de statistique, devait réunir tous les documents utiles sur la production de la France et de l'étranger, établir le prix de revient des matières brutes, indiquer le prix de revient des matières ouvrières et calculer, en tenant compte des prix de façon, les bénéfices prélevés par le capital ; comparer pour chaque localité le taux des salaires avec le taux des objets de consommation, des loyers, etc..., et faire connaître ainsi la différence entre le salaire reçu et le salaire nécessaire. Quels travaux accomplit cette commission ? Quelles enquêtes mena-t-elle à bonne fin ? Là-dessus nous confessons notre ignorance ; mais le fait est que, comme nous venons de le dire, le bulletin de la Fédération, principal instrument de publicité dont disposât le congrès fédéral, n'apporta jamais aux syndicats fédérés un renseignement économique. Au titre des grèves, enfin, les statuts disaient que chaque organisation adhérente était seule juge de l'opportunité d'une grève; elle était seulement invitée à informer le conseil national de sa décision, afin que, le cas échéant, celui-ci, « si la caisse le permettait », pût prendre les mesures nécessaires pour assurer le succès de l'action engagée. La caisse ne le permit jamais. La Fédération n'était pas seulement dépourvue de programme. Il lui manqua encore, pendant sa courte carrière, le mode d'organisation seul susceptible de suppléer à l'insuffisance de son mode de constitution; elle ne put jamais créer [1] entre elle et les syndicats dont elle se composait, d'unions locales et régionales qui, en rapports immédiats avec les syndicats et bien placés pour connaître et formuler les ressources et les besoins de la vie ouvrière locale, lui eussent préparé une partie de la besogne. Par suite, elle resta toujours sans moyens devant une tâche gigantesque et donna le spectacle d'un pouvoir central débile qui prétendrait administrer une nation sans l'aide d'assemblées intermédiaires. En fait, ces congrès n'introduisirent jamais dans l'organisation corporative le moindre progrès. D'une part, les unités syndicales, par leur isolement et le défaut de renseignements sur les services institués par chacune d'elles, étaient condamnées, sans mériter le moindre reproche, à piétiner toujours dans le même mode de revendications et à demander constamment l'étude de problèmes cent fois résolus; d'autre part, les membres des conseils nationaux suc-

1. En fait elle avait d'abord créé, mais ensuite elle supprima, les conseils généraux.

cessifs, ne croyant pas à l'efficacité de l'action syndicale, dédaignèrent jusqu'à la fin de rechercher ce qui pourrait être de nature à fortifier les syndicats. Enfin, les congrès de la fédération, organisés toujours dans le même lieu et à la même époque que les congrès politiques du Parti ouvrier, dirigés par les mêmes *leaders*, n'avaient d'autre objectif que d'augmenter le prestige de cette école. De là vient que les réunions fédérales annuelles ne s'entretinrent jamais que des questions déjà inscrites dans le programme du Parti ouvrier et se bornèrent à confirmer les solutions par trop simples qu'il en avait données. La Fédération était donc vouée à la disparition. »

Ce jugement, porté par un des protagonistes du syndicalisme, a été confirmé par les faits. La Fédération disparut par impuissance de vivre. Ses éléments devaient se retrouver et avec une singulière vitalité dans les Bourses du Travail et dans la Confédération Générale du travail, mais dans cette nouvelle concentration ils ne devaient pas remplir le magnifique programme exposé par M. Pelloutier. On n'a pas vu que les Bourses ni la Confédération se soient adonnées à la statistique que la Fédération guesdiste des syndicats avait eu le tort de négliger. La *Voix du Peuple*, qui est le bulletin du syndicalisme, fait beaucoup plus de polémique qu'elle ne contient de renseignements économiques. Elle encourrait donc le reproche que M. Pelloutier a adressé à l'organe de la défunte Fédération, mais elle l'encourrait plus justement. En effet, pour les guesdistes, les/syndicats étaient des organes de nature inférieure, qui n'avaient d'autre raison d'être que de concourir à l'action politique. Leur développement dans l'indépendance aurait été, aux yeux de M. Guesde et de ses amis, périlleux pour le socialisme, car il aurait pu le faire dévier de son but, qui est la conquête des pouvoirs publics. Ayant eu cette conception, les premiers patrons de la fédération des syndicats ont été parfaitement conséquents avec eux-mêmes, quand ils se sont efforcés de maintenir les syndicats à l'humble place qu'ils leur avaient assignée, quand ils se sont bien gardés de leur donner les moyens de s'éclairer, et d'agir par eux-mêmes. Au contraire, pour la Confédération Générale du Travail et pour son organe, la *Voix du Peuple*, les syndicats sont tout. Tout doit être sacrifié à leur instruction.

Or, dans le rôle d'instructeurs, par les enquêtes économiques et par la statistique, les rédacteurs de la *Voix du Peuple* ne se montrent pas supérieurs aux dirigeants de l'ancienne Fédération guesdiste.

CHAPITRE VII

Les Bourses du Travail

Impopularité du guesdisme à Paris. — Il est trop scientifique.
— Paris socialiste est blanquiste, possibiliste, allemaniste ou
libertaire. — Les éléments antiguesdistes s'entendent pour
former avec la Fédération des Bourses une organisation qui
fasse contre-poids à la Fédération des Syndicats. — Idée première de la Bourse du Travail. — La place de Grève. — Proposition faite à l'assemblée nationale en 1790 de substituer à
cet emplacement à ciel ouvert un local couvert. — Autres
propositions tendant au même but en 1848 et après 1871. —
Le vote de la loi sur les syndicats rend possible l'ouverture
d'une maison des syndicats à Paris. — M. Mesureur fait
affecter à la Bourse du Travail un immeuble de la rue Jean-
Jacques Rousseau. — L'exemple de Paris est suivi en province. — Les premières Bourses départementales. — Leurs
premiers congrès en 1892. — La Fédération des Bourses est
fondée. — Fusion avec la Fédération des syndicats souhaitée
au Congrès de Paris (1893) et votée au Congrès de Nantes
(1894). — Disparition de la Fédération guesdiste des syndicats.

Les guesdistes ayant mis la main sur les syndicats
en les fédérant, leurs rivaux des autres petits partis

socialistes devaient naturellement chercher à leur enlever cette clientèle et la force morale qu'ils en tiraient. C'est à Paris qu'ils commencèrent à manœuvrer.

Jamais les guesdistes n'avaient eu la majorité dans un quartier de Paris. L'ouvrier parisien bon enfant et blagueur trouvait profondément ennuyeux les savants raisonnements des doctrinaires du marxisme. Il trouvait certes que M. Guesde « causait bien », mais les démonstrations scientifiques de l'antagonisme des classes le touchaient assez peu. Paris ouvrier contenait des blanquistes parce que le blanquisme qui montrait parmi ses chefs un héros de 1871, le général Eudes, « un général ! » était auréolé par le souvenir de la Commune. On contait dans les ateliers que Versailles avait eu peur de Blanqui, « du Vieux ». Thiers avait refusé d'échanger cet incorrigible conspirateur contre les otages. C'est qu'il avait craint qu'avec Blanqui à sa tête, l'insurrection parisienne ne fût invincible. Cette légende, au fond de laquelle il y avait une parcelle de vérité, rattachait aux blanquistes quelques vétérans des barricades et attirait à eux quelques jeunes gens.

Paris contenait encore la grande masse des anciens coopératistes qui, par aversion pour M. Guesde, leur vainqueur au congrès de Marseille (1879), s'étaient alliés à MM. Brousse et Joffrin pour former le parti possibiliste. Pour la plupart, les possibilistes ou broussistes étaient des artisans, de tout petits bourgeois, mécontents, frondeurs, réformistes profondément radicaux plus que révolutionnaires. A l'extrémité gauche de ce parti bouillonnait l'allemanisme; c'étaient les plus frustes des socialistes, des ouvriers irrités, maussades, méfiants, pas du tout doctrinaires, peu familiarisés avec les livres, mais en qui se retrouvait une survivance du vieil esprit émeutier des faubourgs.

Ces trois partis (1) n'avaient pas laissé dans Paris de place au guesdisme qui s'était surtout implanté dans les départements du nord et du centre, dans les régions où les populations sont plus taciturnes et aussi plus disciplinables.

Quand, par la constitution que ses amis donnèrent à la fédération des syndicats au congrès de Lyon, M. Guesde se fut subordonné cette organisation; quand il parut que le syndicalisme allait tourner désormais dans l'orbite du parti ouvrier français et servir seulement à lui apporter un appoint d'électeurs, les broussistes et les allemanistes et les blanquistes s'inquiétèrent. C'est la création des Bourses du travail qui leur donna l'occasion et le moyen de disputer à M. Guesde les syndicats qu'il croyait bien avoir pour toujours annexés à son parti.

L'idée des Bourses du travail date de la révolution. M. Pelloutier cite un rapport d'un député à la

---

1. Bien que l'allemanisme ne se soit constitué en parti distinct qu'en 1890, sa tendance était tellement différente de celle du possibilisme qu'on peut dire que bien avant cette époque il avait une existence propre.

constituante, M. de Corcelles, qui, le 2 mars 1790 (¹), émettait la proposition d'ouvrir aux ouvriers un lieu où se ferait, par les patrons, le recrutement de la main-d'œuvre.

Ce député n'innovait rien. Il voulait seulement consacrer par la loi ce qui existait par l'usage à la place de Grève. Qu'était-ce que la place de Grève? C'était le terrain qui s'étendait de l'hôtel de ville de Paris jusqu'au bord de la Seine, et où s'assemblaient les ouvriers sans ouvrage. L'homme dont les bras n'étaient pas loués allait « en Grève », où il espérait trouver une embauche. Le chômeur involontaire prit le nom de gréviste, du nom de l'endroit où il avait coutume de se rendre. Plus tard, ce nom s'étendit à l'ouvrier qui volontairement quittait le travail, pour une raison ou pour une autre. Ce désœuvré s'en allait « en Grève » comme son confrère en quête de travail. Finalement, par métonymie diraient les grammairiens, la Grève se mit à désigner la rupture ou tout au moins l'interruption collective du contrat de travail.

M. de Corcelles proposait de remplacer le terrain à ciel ouvert où se faisait l'offre et l'acquisition du travail par un local couvert et plus confortable, où seraient centralisés les renseignements intéressant les demandeurs et offreurs d'ouvrage. L'assemblée constituante ayant le parti pris, qui devait éclater dans la loi de 1791, d'éparpiller la classe ouvrière,

---

1. Cf. Pelloutier. *Op. cit.*

l'idée de donner à cette classe un centre de réunion et de conciliabules ne pouvait pas être accueillie avec faveur. Le rapport de M. de Corcelles tomba donc dans les archives où il ne se retrouve même plus.

Cinquante-cinq ans plus tard, le rédacteur en chef du *Journal des Économistes*, M. de Molinari, reprit ou trouva de lui-même le projet de fonder une Bourse du travail. Ç'aurait été une entreprise capitaliste, une immense agence de statistique et de placement. Les ouvriers eurent de la méfiance et le projet dut être abandonné. Mais il en demeura quelque chose « en l'air ». Aussi, en 1848, le préfet de police, M. Ducoux, soumit-il au conseil municipal et plus tard, en 1851, à l'assemblée nationale dont il était devenu membre une proposition formelle de fonder des « bureaux municipaux de renseignements » (¹). Si ce *précurseur avait été écouté, beaucoup de*

1. Texte de la proposition Ducoux « tendant à faciliter les rapports entre les propriétaires, patrons et ouvriers ».

ARTICLE PREMIER. — Dans toutes les communes d'une population de 3.000 âmes et au-dessus il sera créé des bureaux de renseignements pour les propriétaires et les patrons qui désireront se procurer des ouvriers et pour les ouvriers qui désireront trouver du travail ; des bureaux semblables seront créés dans les communes d'une population inférieure à 3.000 âmes si les conseils municipaux le jugent utile à l'agriculture et aux classes ouvrières de la localité.

ART. 2. — Ces bureaux seront placés sous la surveillance de commissions spéciales nommées par les conseils municipaux et composées de citoyens notables dans le commerce, l'industrie et la propriété.

ART. 3. — Ces commissions pourvoiront à ce qu'il soit tenu dans la commune des registres sur lesquels on inscrira, par catégorie de profession, les demandes d'emploi, le nom et choses dont nous n'avons pas à nous féliciter ne se seraient pas accomplies. M. Ducoux voulait à Paris un « bureau de renseignements » par arrondissement et un bureau spécial pour chaque grande corporation. Tout en rendant aux ouvriers le service de les placer en rapports directs et gratuits avec les patrons il ne les accumulait pas, comme on devait le faire plus tard, tous les corps de métier pêle-mêle, dans un immense édifice qui beaucoup plus qu'un bureau de placement serait un club permanent. La proposition Ducoux ménageait les droits

l'adresse des ouvriers ou des serviteurs à gages, le nom et la demeure des propriétaires et l'emploi ou l'ouvrage offerts.

Art. 4. — Dans les villes d'une population de vingt mille âmes et au-dessus, elles nommeront un ou plusieurs employés, selon l'importance des villes, pour tenir les registres sous l'inspection d'un de leurs membres. Ces employés seront rétribués sur les fonds municipaux.

Art. 5. — Dans les villes d'une population au-dessous de 20.000 âmes, les registres seront tenus par les secrétaires des mairies, avec l'aide et la coopération des membres de la commission à tour de rôle.

Art. 6. — Dans les villes où il existe des conseils de prud'hommes, les membres de ces conseils feront de droit partie de la commission spéciale.

Art. 7. — A Paris il y aura une commission par arrondissement et des bureaux spéciaux pour les industries importantes.

Un état sommaire du nombre des inscriptions reçues sera transmis tous les quinze jours par les maires au préfet de la Seine, pour devenir, s'il y a lieu, l'objet de publications dans l'intérêt de l'industrie et des classes ouvrières.

Art. 8. — Les réglements faits par les commissions spéciales et adoptées par les conseils municipaux des villes d'une population de 100.000 âmes et au-dessus seront soumis à l'approbation du ministre de l'intérieur.

Art. 9. — Un réglement d'administration publique déterminera le mode de correspondance des bureaux de renseignements entre eux.

de l'autorité tout en rendant un grand service aux ouvriers. Ses bureaux de renseignements, fonctionnant sous la surveillance d'une administration ferme, auraient pu être, beaucoup mieux que ne le peut une Bourse centrale du travail, un organisme corporatif.

En 1875, vingt-quatre ans après M. Ducoux, son projet reparaissait timidement au conseil municipal de Paris. M. Delattre, qui appartenait au groupe « le plus avancé » de cette assemblée, demanda la construction, avenue Laumière et à l'entrée de la rue de Flandre, d'abris où les ouvriers pourraient attendre, à l'abri des intempéries, les offres de travail des entrepreneurs.

La proposition n'ayant reçu aucune suite fut reprise en 1878 par M. Viollet-Leduc, mais sans plus de succès. Rien n'était fait en juillet 1883 quand M. Manier, autre conseiller municipal, déposa un projet de résolution qu'une assemblée ouvrière, tenue au faubourg Saint-Antoine, avait voté quelques jours auparavant en faveur de la création d'une Bourse du travail (¹).

1. Texte du projet de résolution déposée par M. Manier :
« Considérant que la Bourse du travail aura au moins pour effet :
1° De supprimer les places de grève,
2° De faciliter le placement des travailleurs,
3° De supprimer les bureaux de placement,
4° De centraliser l'offre et la demande afin de mettre rapidement en rapport travailleurs et travaux,
5° D'établir des rapports directs entre les chambres syndicales ou groupes corporatifs ainsi qu'entre les travailleurs syndiqués ou non syndiqués,
« L'assemblée, après avoir entendu le développement du projet, invite le conseil municipal à voter ledit projet. »

L'initiative de M. Manier fut suivie six mois après par M. Engelhardt qui demandait que « l'une des Bourses du travail » fût édifiée dans le quartier qu'il représentait.

Il n'est pas étonnant que ces diverses propositions n'aient pas abouti : Elles constituaient pour leurs auteurs surtout des manifestations de leur sympathie pour les ouvriers. Leur acceptation par le conseil municipal n'aurait pas eu d'effet (excepté peut-être la première proposition Delattre), dans l'état de la législation. Quand la loi « tolérait » seulement les syndicats, comment eût-elle permis qu'ils se fédérassent dans une Bourse du travail ? Une telle autorisation eût équivalu à la reconnaissance de leur existence que la loi condamnait.

Après le vote de la loi Waldeck-Rousseau (mars 1884) la situation était changée. Les syndicats existaient en droit ; rien ne s'opposait plus à l'accomplissement des intentions bienveillantes à leur égard du conseil municipal de Paris. A peine la loi était-elle entrée en vigueur que les conseillers Amouroux, Braleret, Vauthier, Mesureur, Curé, Paul Viguier, de Bouteiller, Mathé, Michelin, Chautemps, Dreyfus, Darlot, Millerand, Chassaing, Jacques, Piperaud demandaient que les propositions tendant à la création d'une Bourse du travail déjà reçues par le conseil fussent renvoyées à une commission spéciale de huit membres. On leur accorda satisfaction ; mais la commission perdit son temps. C'est seulement en novembre 1886 que M. Mesureur faisait voter l'acquisition d'un immeuble situé rue Jean-Jacques-Rousseau, où se trouvait une salle de réunion publique, bien connue du personnel politique et électoral de Paris, et où devait enfin être établie provisoirement, en attendant la construction d'un édifice mieux approprié, la Bourse du travail parisienne, la première Bourse du travail de France.

Deux mois plus tard, M. Mesureur inaugurait solennellement cette maison du Peuple. Il traçait à la Bourse un programme presque aussi vaste que celui que M. Pelloutier aurait voulu voir plus tard exécuter par la première fédération des syndicats :

« La Bourse, disait l'orateur, mettra à la disposition de tous, sous une forme simple et pratique, les offres et demandes de travail et les documents relatifs à la statistique du travail ; elle donnera à cette statistique une publicité large, impartiale et régulière, en un mot, elle contiendra tous les organes nécessaires à son but ; si, pour le bon fonctionnement de tous ses services, des employés lui sont nécessaires, la Ville les lui donnera, sans qu'il puisse jamais résulter de leur présence une direction ou une tutelle administrative. (Bravos prolongés.)

« Lorsque le Conseil municipal aura constitué cette institution de toutes pièces et assuré son fonctionnement, sa tâche sera terminée ; mais pour cela il vous demande quelques mois encore de crédit. Rappelez-vous que le prolétariat a mis des siècles avant d'arriver à la liberté et à l'égalité politique ; vous aurez bientôt l'instrument qui vous permettra de rendre effective cette liberté dont il faut savoir se servir, et qui vous permettra de travailler à l'avènement de cette égalité sociale, bien lointaine encore, si nous en jugeons par l'état actuel, dans lequel les êtres trop jeunes, trop faibles ou trop vieux trouvent si difficilement leur place à ce qu'on a appelé le banquet de la vie.

« Rappelez-vous que cette idée même de la Bourse du travail a mis un siècle à germer.

Si ces conseils avaient été écoutés, si on les avait mis en pratique, si les Bourses du travail avaient su rester des organes purement économiques, établissant autant que possible l'équilibre entre les intérêts ouvriers et patronaux, mettant en mesure les travailleurs de mieux défendre leur salaire, si elles avaient en un mot rempli leurs fonctions naturelles, elles seraient sans reproches. Mais les révolutionnaires, qui dominaient dans les syndicats et à qui l'autorité déjà bien débile allait laisser le champ libre, allaient détourner de leur but les institutions bonnes en elles-mêmes dont Paris donnait l'exemple aux autres villes de France.

Cet exemple fut aussitôt suivi dans les départements. Dès l'année 1887, Nîmes inaugurait une Bourse du travail, puis il s'en ouvrait à Marseille, à Saint-Étienne, à Toulon (1888), à Béziers, Toulouse, Montpellier, Bordeaux (1889). Chacune de ces institutions, encouragées par les municipalités radicales-socialistes, était devenu un foyer de propagande syndicaliste dans la région où elle était établie. Les Bourses du travail attiraient les militants qui ensuite se répandaient dans les milieux ouvriers, y conseillant la formation de syndicats, prenant eux-mêmes l'initiative de ces formations. L'idée d'établir un lien entre les Bourses pour que leur action fût coordonnée devait naître. Elle naquit. Les guesdistes avaient les syndicats ; les anti-guesdistes voulurent avoir les Bourses qui étaient dans les départements les centres de ralliement des syndicats.

Sur l'invitation de la Bourse de Paris, où les éléments broussistes, allemanistes, blanquistes et libertaires avaient la majorité sur les guesdistes, la Bourse de Saint-Étienne convoqua les quatorze Bourses du travail qui existaient en 1892 à prendre part à un congrès qui se tiendrait au chef-lieu du département de la Loire. Dix Bourses se firent représenter à cette assemblée qui institua la « Fédération des Bourses » et décida l'organisation d'un congrès annuel et la création d'un secrétariat. La même année, la Fédération des syndicats tenait son congrès à Marseille et commençait à se soustraire à l'influence du parti guesdiste en acclamant l'idée de la grève générale que ce parti réprouvait ([1]). C'est cette idée qui devait, en se développant, amener la division du parti révolutionnaire en section économique (le syndicalisme) et section politique (le socialisme unifié).

Les rivaux de M. Jules Guesde, pourvus par la Fédération des Bourses d'un moyen d'action en-

___

1. Voir plus loin le chapitre : *La grève générale.*

core, faible mais plein de promesses de vigueur, se mirent en devoir de le perfectionner. Quatre Bourses nouvelles furent créées à la fin de 1892, onze en 1893 et cette année 1893 vit le congrès de Paris qui coïncida presque avec la fermeture de la Bourse du travail ordonnée par M. Charles Dupuy. Cet homme politique énergique était alors président du conseil des ministres. Des troubles ayant éclaté au quartier latin à la suite des poursuites exercées contre les auteurs du scandale des Quat-z-Arts, la police constata la part prise dans l'organisation de ces désordres par quelques hommes connus pour appartenir aux syndicats à qui la nouvelle Bourse du travail (celle du Château-d'Eau ouverte depuis 1892), offrait l'asile d'un édifice municipal. Une enquête fut ouverte alors sur la situation des syndicats dont ces individus étaient membres et fit reconnaître que la plupart étaient illégalement constitués, leurs bureaux n'ayant pas fait les déclarations exigées par la loi. M. Charles Dupuy fit mettre ces syndicats en demeure par le préfet de la Seine de remplir les formalités légales et, les intéressés s'y étant refusés, la Bourse du travail de Paris fut fermée d'autorité, sans plus de discussion.

Cet événement ne pouvait qu'échauffer les délégués au congrès des Bourses que la Bourse du travail avait convoquées à Paris (juillet 1893). Ils firent entendre des protestations violentes et, pour que fût opposée à la bourgeoisie la totalité de la force ouvrière, ils décidèrent qu'il y avait lieu de provoquer la fusion de la fédération des syndicats (guesdiste) et de la fédération des Bourses (antiguesdiste). Les Syndicats ayant précédemment confié à la Bourse du travail de Nantes le soin d'organiser en 1894 leur congrès, les Bourses demandèrent que « Nantes » leur rendît le même service.

Malgré la mauvaise humeur de la Fédération des syndicats « Nantes » accepta le double mandat. Les deux organisations rivales, ou, pour être plus exact, le guesdisme et ses adversaires représentés l'un par les « Syndicats », les autres par les « Bourses » se trouvèrent donc en champ clos à Nantes. Le guesdisme fut vaincu. Son influence se brisa contre l'engouement dont les ouvriers étaient possédés pour l'idée de la grève générale. M. Aristide Briand fit renouveler, en faveur de la grève générale, le vote qu'il avait déjà fait émettre à Marseille, en 1892, par les représentants de la fédération des syndicats.

Ce vote marquait la rupture des groupements économiques de la classe ouvrière avec l'élément politicien ; il est l'acte de naissance du syndicalisme. Sur un prétexte quelques délégués guesdistes se retirèrent et allèrent tenir une réunion dans un autre local. Après leur départ on décida la création d'un conseil fédéral composé pour moitié de représentants des Bourses et pour l'autre moitié des représentants des métiers.

C'était un coup fatal pour la vieille fédération créée à Lyon en 1886. La minorité restée fidèle au parti ouvrier guesdiste tint encore un congrès en

1895 à Troyes. Mais ce fut le dernier; ensuite elle disparut de la nomenclature des organisations ouvrières.

L'année même où elle mourait, naissait au congrès de Limoges (1895) la Confédération Générale du travail.

CHAPITRE VIII

L'Idée du compagnon Tortelier.

Le socialisme marxiste qui porte en France le nom de Guesdisme n'indique pas avec précision les moyens et les circonstances de la prochaine révolution sociale. — Il annonce une catastrophe, une insurrection, une révolte militaire ; il ne dit pas comment ces événements pourront se produire. — Il laisse ainsi le Prolétariat dans l'incertitude. — Les libertaires syndicalistes disent que la catastrophe sera la grève générale. — Charme séducteur de cette idée. — Elle plaît aux esprits les plus simples. — Un Congrès de syndicats guesdistes, en l'absence des docteurs l'adopte. — Le premier partisan de la grève générale avait été le compagnon anarchiste, Tortelier. — Ses prédications sont entendues par les allemanistes, les plus violents des socialistes. — Les allemanistes deviennent « grèvegénéralistes » parce que les guesdistes ne le sont pas. — Au Congrès de Marseille (1892) et au Congrès de Nantes, l'idée du compagnon Tortelier soutenue par M. Briand est définitivement adoptée par les syndicats. — La grève générale est la cause finale du syndicalisme.

Le marxisme, si précis dans sa partie négative, si abondant quand il s'agit seulement de critiquer, est aussi nuageux que bref quand il se mêle de vouloir annoncer comment se fera la révolution libératrice du Prolétariat.

Il annonce la catastrophe. Quelle catastrophe? Il n'en sait rien. Ce sera celle-ci ou celle-là, à moins que ce n'en soit une autre. A la faveur de ce salutaire cataclysme social, les docteurs et les militants s'empareront du pouvoir et se mettront à exercer au nom des prolétaires une dictature bienfaisante. M. Guesde qui est la personnification du marxisme, qui est le marxisme parlant français, ne croit pas que la catastrophe viendra chercher son parti pour lui faire selon les règles du Protocole la transmission des pouvoirs. Elle aidera, la catastrophe tombée du ciel ou montée des enfers, elle aidera certes le Parti, dont elle simplifiera la besogne, mais il faudra, par réciprocité, aider cette maternelle catastrophe à se produire. Pour M. Guesde, « tout cela finira par des coups de fusil », non les coups de fusil tirés contre l'armée, mais par les coups de fusil tirés par l'armée.

Les soldats, un beau ou un triste jour, passeront du côté du « Peuple », et, grâce à eux, la catastrophe accouchera de la nouvelle société. Il y aura donc un « fameux chambard » le grand soir. On se battra. L'insurrection sera la phase dernière de la propagande. C'est évidemment ce que Marx entendait quand il disait que la force était la sage-femme des révolutions.

Ces prophéties charment les auditoires ouvriers,

mais elles ne les font pas sortir de l'incertitude.
Après le meeting où la révolte des soldats et l'insurrection victorieuse ont été annoncées comme
des fatalités auxquelles la société bourgeoise
n'échappera pas, le prolétaire se demande : comment toutes ces belles choses arriveront-elles ? Certainement, pense-t-il, on ne peut pas en douter, les
soldats se révolteront, et l'insurrection éclatera
la suite de laquelle tous les moyens de production
seront nationalisés ; mais pourquoi les soldats se
révolteront-ils ? Qu'est-ce qui les fera passer en
masse de notre côté ? Pour qu'ils fassent ce pronun-
ciamiento, il faudra des circonstances ? Quelles circonstances ? Il faudra que les soldats se trouven
tout d'un coup et à peu près tous ensemble en face
du peuple. C'est donc que l'insurrection populaire
aura précédé celle de l'armée. Mais à l'occasion de
quoi ce soulèvement ? La guerre ?

Les ouvriers français n'escomptent pas cet événement qui serait aussi terrible pour eux que pour la
bourgeoisie, qui, si la Patrie était abandonnée par
la fortune, écraserait toutes les classes sous les
mêmes décombres et qui, si au contraire la Fortune
nous souriait, ajournerait la catastrophe sociale à
une époque lointaine, très lointaine, si lointaine que
pendant longtemps on n'aurait plus à s'en préoccuper. Car la victoire et la gloire sont conservatrices.

La guerre étant écartée, parce qu'elle n'est pas
désirée, du nombre des causes qui peuvent amener
l'effondrement du vieux monde, on en cherche vai-

nement une autre : la famine? Il n'y a plus de famine possible avec les facilités de communications et l'unification du marché mondial. Le pire qu'on puisse envisager, c'est une période passagère de gêne, le prix du pain s'élevant vers cinquante ou cinquante-cinq centimes le kilog. Le mécontentement causé par une diminution momentanée du bien-être ne serait pas tellement grand qu'une insurrection pût en résulter. Il est vrai que les ventres affamés égarent les esprits les plus réfléchis. Mais les ventres, des millions de ventres — ce qu'il en faut pour qu'un tumulte populaire tourne en révolution — ne peuvent plus être affamés en notre temps. Il ne pourrait leur arriver rien de plus que d'avoir à se serrer un peu, encore pas beaucoup et pas longtemps.

Est-ce donc une crise économique qui mettra en présence les ouvriers et les soldats et déterminera ceux-ci à passer à l'émeute? Mais les crises économiques peuvent frapper une corporation, une localité, une région. Dans l'état présent des choses de la terre, on ne peut pas prévoir une crise généralisée, sévissant à la fois, avec une égale intensité sur toutes les industries et sur tout le territoire. Ainsi, après la période de production intensive que nous traversons, il est permis de prévoir que l'activité industrielle se ralentira. Mais ce ralentissement n'affectera pas tous les métiers à la fois. On pourra, pendant quelques années, construire moins de machines. Les métallurgistes auront alors un peu moins d'ouvrage. Si les automobiles se mettaient à causer encore plus d'accidents qu'ils n'en occasionnent, si des lois fiscales mal conçues incitaient les riches à ne pas acheter de ces splendides voitures qui sont un signe d'opulence, sans doute alors les ouvriers constructeurs de moteurs et les carrossiers d'automobiles seraient moins recherchés. Toutefois cette crise serait particulière; elle affecterait directement certains ouvriers qui auraient moins d'ouvrage et indirectement leurs fournisseurs. Mais ses ravages seraient circonscrits, limités. Pour qu'une crise économique pût faire descendre des multitudes dans la rue et les pousser à l'assaut brutal de la société, il faudrait que la plupart des métiers fussent soudain frappés de paralysie. Et on ne voit pas quelle cause serait susceptible de produire un si grand effet. Avec le nombre immense de consommateurs qui réclament la satisfaction de besoins de jour en jour plus grands, la production ne peut pas s'arrêter complètement, ni même partiellement dans une mesure assez large pour occasionner la crise économique, la crise de misère, prélude d'un soulèvement.

Quelque éventualité qu'on envisage, on ne voit pas comment la prophétie marxiste pourra se réaliser. Les socialistes comptent sur un événement que l'on a le droit de taxer de chimérique, puisque toutes les causes qu'on peut assigner à cet événement s'évanouissent au souffle de la critique.

Ce que les socialistes des partis politiques n'ont

pas su trouver, n'ont pas su dire, les libertaires syndicalistes l'ont trouvé et l'ont dit.

Ils ont dit : la catastrophe sera causée par la grève générale. C'est la grève générale qui sera la catastrophe.

Cette catastrophe se distingue de celles qu'attendent les marxistes, les politiciens socialistes, en ce qu'elle ne se produira pas par hasard ; elle surgira quand les ouvriers le voudront. Le syndicalisme discipline la catastrophe que les socialistes attendent avec un fatalisme de marabouts.

Cette idée de la grève générale séduisit les masses ouvrières par ce qu'elle est simple. Rien ne paraît plus facile à première vue que de dire : on cessera de travailler et la bourgeoisie en mourra d'inanition. Nous verrons plus loin toutes les complications qui se cachent sous cette simplicité et cette facilité apparentes. Commençons par rechercher comment et où la grève générale fit son apparition.

C'est dans un congrès guesdiste qu'elle fit du bruit pour la première fois. Ayant fait de la première fédération des syndicats fondés à Lyon en 1886 une annexe de leur parti politique, les guesdistes avaient pris la précaution de fixer le siège des congrès de cette Fédération dans des villes où la majorité des groupes socialistes leur étaient acquis. Bordeaux étant une de ces villes, ils y avaient fait convoquer le congrès des syndicats de l'année 1888.

Cette assemblée, qui ne put pas se tenir à Bordeaux d'où la police l'expulsa, se réfugia au Bouscat, dont le maire socialiste lui offrit l'hospitalité. Les docteurs du guesdisme tenaient pour si peu de chose le syndicalisme sur lequel ils avaient mis la main beaucoup moins pour l'importance qu'ils ne lui accordaient pas, que pour empêcher une secte rivale de s'en emparer; ces intellectuels orgueilleux croyaient tellement bien établi leur ascendant sur la fédération syndicale qu'ils s'abstinrent de paraître au Bouscat.

Dans ce congrès, il n'y avait presque rien que des ouvriers. On ne sait qui, car les comptes rendus furent très sommaires, proposa la grève générale et, presque sans débat, « d'enthousiasme », dit l'historiographe des congrès, M. Léon Blum, la résolution suivante fut adoptée :

« Considérant que la monopolisation des instruments et des capitaux entre les mains patronales donne aux patrons une puissance qui diminue d'autant celle que la grève partielle mettait aux mains des travailleurs;

« Que le capital n'est rien, s'il n'est mis en mouvement;

« Qu'alors en refusant le travail, les ouvriers anéantissent d'un seul coup la puissance de leurs maîtres;

« Considérant que la grève partielle ne peut être qu'un moyen d'agitation et d'organisation;

« Le congrès déclare :

« Que seule la grève générale, c'est-à-dire la cessation complète de tout travail, ou la révolution, peut entraîner les travailleurs dans leur émancipation. ».

On ne prêta pas grande attention à ce vote, non plus qu'à celui par lequel le congrès du Bouscat invitait les syndicats constitués ou en voie de constitution à ne s'inféoder à aucun parti politique, « quel qu'il soit », et à séparer la cause des travailleurs de celle de tous les politiciens.

Pour les guesdistes, il n'y avait dans ces motions que des écarts de militants instinctifs, d'hommes irréfléchis que l'on ramènerait dans le droit chemin, à la première occasion.

D'ailleurs, le second vote, celui qui répudiait l'alliance des syndicats avec les partis politiques, ne visait, croyaient-ils, que les « partis bourgeois »; il ne pouvait pas viser le Parti ouvrier, le parti politique du prolétariat. Dire aux syndicats de s'écarter de ce parti, c'était dire à la classe ouvrière de s'éloigner d'elle-même. Une telle pensée n'avait pas pu être celle du congrès du Bouscat. Ainsi, du moins, le croyaient les dirigeants du parti guesdiste.

Cette belle confiance n'allait pas tarder à les abandonner.

Le premier propagateur de l'idée de grève générale avait été un ouvrier anarchiste parisien, nommé Tortelier. Ce compagnon menuisier était un homme de taille courte, d'encolure puissante, aux gestes brusques, à la voix rauque, toujours débraillé dans son costume. Peut-être pas méchant, il avait l'air rude et même un peu effrayant. Quand on voyait cet illuminé farouche on pensait tout de suite à ces sectionnaires de la Révolution qui promenaient des têtes coupées au bout de leurs piques, faisaient cortège au divin Marat et exécutaient à la porte des prisons, en septembre 1792, les arrêts sommaires de la justice du Peuple (1). Après « avoir beaucoup causé de son idée » dans les meetings des faubourgs, M. Tortelier était allé la proposer au congrès de Londres, tenu en 1888, quelque temps avant le congrès guesdiste de Bordeaux. A Londres, l'apôtre de la grève générale n'avait eu qu'un faible succès. On n'avait pas pris au sérieux ce militant illettré.

Dans les milieux ouvriers parisiens il eut meilleure fortune. Nous avons déjà signalé l'existence dans le monde ouvrier d'un groupe à tendances plus avancées que les autres, dont le membre le plus connu était M. Allemane, ancien déporté de la Commune et aujourd'hui député de Paris. Les militants « allemanistes » se trouvant à l'extrême gauche du parti broussiste rencontraient sur leurs frontières les anarchistes qui, eux, n'appartenaient à aucune organisation. Quelques sentiments communs les portaient sinon à fraterniser, au moins à se tolérer. Le guesdisme est un compartiment où l'on obéit. L'allemanisme, au contraire, se vantait d'être le refuge de l'indépendance socialiste, le parti des

1. Cf. *La grève générale et le socialisme. — Enquête internationale,* par HUBERT LAGARDELLE, in-18, Cornély, éditeur, Paris. L'article qui nous fournit ce renseignement sur l'initiative de M. Tortelier est de M. Pouget, secrétaire général de la *Voix du Peuple,* et « l'intellectuel » le plus marquant de la Confédération générale du travail.

indociles. Son organisation était chaotique ; l'indiscipline qui y régnait, disait-on, plaisait aux anarchistes comme l'image du groupement le moins éloigné de leur idéal.

Dans le voisinage des compagnons libertaires, les citoyens allemanistes entendirent parler de la grève générale. Tout de suite ils s'engouèrent de l'idée. Elle était nouvelle, et, bien qu'elle eût été adoptée dans un congrès guesdiste, elle déplaisait aux docteurs détestés du groupe intellectuel et autoritaire du socialisme.

Les militants instinctifs de la faction allemaniste (Parti ouvrier socialiste révolutionnaire) furent donc tout de suite grève-généralistes.

Les guesdistes, voyant cheminer ainsi dans les milieux où ils recrutaient l'idée dont ils n'étaient pas les pères bien qu'elle eût été mise à la mode par leur fédération des syndicats, s'inquiétèrent.

N'osant pas répudier le mot de grève générale, en qui ils reconnaissaient un grand pouvoir de séduction, ils biaisèrent.

Un congrès de mineurs tenu à Jolimont en 1890 avait adopté « le principe de la grève générale pour assurer le triomphe de la journée de huit heures ».

Le Parti ouvrier guesdiste se rallia au « principe » d'une « grève générale corporative ». Voici la résolution qu'il adopta en son congrès de Lille (octobre 1890) :

« Considérant que la grève générale proprement dite,

c'est-à-dire le refus consenti et simultané du travail par tous les travailleurs, suppose et exige, pour aboutir, un état d'esprit socialiste et d'organisation ouvrière auquel n'est pas arrivé le prolétariat; que la seule grève qui, dans ces conditions, ne soit pas illusoire et prématurée, est celle des mineurs de tous les pays, le congrès décide d'appuyer la grève générale des mineurs au cas où elle serait votée. »

Cette hostilité des guesdistes à la grève générale ne pouvait qu'en rendre l'idée plus chère à leurs rivaux allemanistes. Ceux-ci, dans leur congrès tenu à Paris en mars 1891, votèrent une résolution disant que les « groupements corporatifs devaient se généraliser dans un intérêt commun et que, cette entente étant réalisée, la grève générale nationale et internationale devrait être décrétée (¹). »

Au congrès de l'année suivante (1892, Saint-Quentin), les allemanistes renouvelèrent le vote dans des termes encore plus explicites, indiquant « la grève générale comme le but final des groupements syndicaux et politiques ».

Cette même année, à Tours, M. Frédéric Pelloutier faisait prendre en considération, dans un congrès broussiste, la « tactique de grève générale », et à Marseille, au congrès de la Fédération des syndicats, M. Aristide Briand, malgré la présence de MM. Guesde, Lafargue et de presque tout l'état-major du Parti ouvrier, enlevait un vote en faveur de l'idée nouvelle.

1. Cf. Léon Blum, *Op. cit.*

Le guesdisme anti-grève généraliste était donc mis en minorité dans son propre milieu : ses chefs étaient battus en personne par leurs propres troupes syndicales.

Les vainqueurs poussèrent leurs avantages au congrès de Paris, qui fut tenu au lendemain de la fermeture de la Bourse du travail par M. Charles Dupuy ; ils élirent une « commission d'organisation de la grève générale », qui n'organisa d'ailleurs rien du tout ; enfin, au congrès de Nantes (commun à la Fédération des syndicats et à la Fédération des Bourses), ils gagnèrent définitivement la bataille. Les guesdistes furent abandonnés par les neuf dixièmes des syndicalistes. C'est encore M. Briand, leur heureux adversaire du Congrès de Marseille, qu'ils retrouvèrent à la tribune, recommandant la la grève générale avec cette prenante éloquence qu'il a employée depuis, avec tant de succès, au service d'autres causes :

« La grève générale, dit l'orateur syndicaliste, a été votée à Marseille, par esprit d'enthousiasme. Aujourd'hui on vous propose de la rejeter. Mais vous donne-t-on de nouveaux arguments ? Non, on attaque la formule de la grève générale parce qu'on ne considère que le résultat des grèves partielles qui elles-mêmes auraient mieux réussi, si elles avaient été généralisées. La grève générale n'en est pas moins un principe qui, par sa vertu propre, a accéléré la propagande, qui a fortifié la solidarité ouvrière. On la considère comme utopique. Mais n'est-il pas tout aussi utopique d'espérer conquérir des pouvoirs publics par le bulletin de vote qu'on peut supprimer demain? En tous cas deux armes valent mieux qu'une. Je ne demande pas de voter d'application immédiate de la grève générale ; mais pourquoi vous refuser à en voter la formule? En avez-vous peur? Par le principe de la grève générale, on a détruit l'égoïsme chez l'ouvrier qui considère la grève non plus comme la lutte contre le patron mais comme une arme sociale.

« Dans six ans on va faire l'Exposition universelle : supposez que quatre mois avant vous mettiez le gouvernement en demeure de voter des lois sur les Trois-Huit, la caisse des retraites, le repos hebdomadaire, vous le forceriez par la grève générale car il serait bien embarrassé pour faire son Exposition. »

Le porte-parole des guesdistes contre M. Briand fut un militant de Bordeaux, le citoyen Lavigne. Il parla avec courage, car la majorité lui était visiblement hostile et avec emportement, car le guesdisme autoritaire n'apporte pas de modération dans ses controverses :

« Les grèves partielles, dit-il, ont un but précis : celui de résister aux exigences patronales, tandis que la grève générale n'a qu'un but vague. Elle ressemble à un voyage qu'on entreprend sans connaître le but vers lequel on se dirige. On ne peut pas prendre comme exemple d'une grève générale, celle de Belgique (¹).

---

1. Allusion à la grève faite en Belgque en 1892 pour l'obtention du suffrage universel et qui avait eu pour conséquence l'institution du vote plural.

Les grévistes n'étaient pas seuls. Il s'agissait de réclamer le bulletin de vote et les ouvriers avaient avec eux les partis politiques, les petits commerçants et les journaux. Et cela est un argument contre la thèse de M. Briand. Si on supprimait les droits de vote, il n'y aurait pas que l'ouvrier à réclamer; il y aurait la bourgeoisie, le petit commerce, qui se placeraient sur le même terrain et qui agiraient. On croit les guesdistes bien bêtes en soutenant qu'ils rêvent d'arriver à la Révolution par la République parlementaire! Est-ce qu'on peut prévoir, quand une révolution arrive? Elle arrivera et alors si nous avons assez de députés à la Chambre, assez de conseillers municipaux, nous pourrons la diriger. C'est au moment où l'on recherche l'alliance de la France industrielle et agricole (¹) que l'on vient proposer des utopies bonnes à diviser. C'est un crime. Vous nous menez tout droit à la provocation d'une révolution avortée d'avance. Vous soulèveriez les fourches et les faulx! » (²)

Tous les efforts de M. Lavigne, au milieu du tumulte des vociférations, furent en pure perte. Par 65 voix contre 37 et 9 abstentions, le congrès de Nantes adopta le principe de la grève générale qui devint la plate-forme du syndicalisme, par opposition à « la conquête des pouvoirs publics par les voies électorales » qui demeura celle du socialisme

---

1. Allusion au projet de commencer la propagande socialiste dans les milieux ruraux dont les congrès avaient commencé à s'occuper.

2. Cf. LÉON DE SEILHAC. *Op. cit.* et *les Congrès ouvriers*, in-18. A. Colin, éditeur, Paris.

politique. L'idée propagée d'abord par le pauvre compagnon Tortelier, accueillie, dans un mouvement d'enthousiasme irréfléchi, par les syndicats guesdistes en 1888, répudiée tout de suite après par les docteurs et recommandé par cette répudiation à la sympathie des allemanistes, cette idée devenait la directrice du mouvement ouvrier (1). Sa réalisation

1. Si on voulait faire un historique complet de l'idée de grève générale, il faudrait remonter jusqu'à Mirabeau qui, dans une phrase fameuse, parlait « de ce peuple dont la seule immobilité serait formidable; » et jusqu'à l'Internationale.

Dans son congrès de Bruxelles, en 1868, cette association marxiste avait voté que « le corps social ne saurait vivre si la production reste arrêtée pendant un certain temps ; qu'il suffirait donc aux producteurs de cesser de produire, pour rendre impossible les entreprises des gouvernements personnels et despotiques... En mars 1869, l'organe de l'association internationale des travailleurs disait : « Lorsque les grèves s'étendent, se communiquent de proche en proche, c'est qu'elles sont bien près de devenir une grève générale, et une grève générale, avec les idées d'affranchissement qui règnent aujourd'hui, ne peut aboutir qu'à un grand cataclysme qui ferait faire peau neuve à la société. » En 1873, la section belge de l'Internationale invitait les autres sections « à tout préparer pour la grève universelle, en renonçant aux grèves partielles sauf dans le cas de légitime défense. » Enfin, en 1873, le congrès de Genève examina en comité secret la question de la grève générale et il adopta cet ordre du jour : « Le congrès, considérant que dans l'état actuel de l'Internationale il ne peut être donné à la question de la grève générale une solution complète, recommande aux travailleurs d'une façon pressante, l'organisation internationale des corps de métier. »

Ces votes et ces écrits n'étaient que paroles inconsistantes et sans doute le compagnon Tortelier, qui était le type de ces « militants instinctifs » tant dédaignés par les docteurs du socialisme, ne les connaissait pas. Ce révolté avait peut-être entendu le mot grève générale et, comme plus tard devait l'être le congrès ouvrier guesdiste de 1888, il en avait été fasciné.

est aujourd'hui le but vers lequel marche laConfédération générale du travail dont une des commissions permanentes porte le nom de « comité de la grève générale. »

CHAPITRE IX

La Grève générale.

Dans sa conception initiale la grève générale consistait en une paisible cessation du travail. — Au lieu d'aller à l'atelier le prolétaire serait allé déjeuner aux fortifications et il aurait tranquillement attendu la capitulation des patrons. — Conceptions nouvelles des intellectuels socialistes et libertaires. — Grève générale ayant un but politique. — Grève corporative généralisée. — Grève générale proprement dite. — Les socialistes doctrinaires ne sont pas irréductiblement opposés aux deux premières formes de cette grève. — Dans la grève politique qui a pour objet d'imposer une réforme et dans la grève corporative généralisée le dernier mot devrait être dit par les pouvoirs politiques dont ils font partie. — Les socialistes doctrinaires condamnent la grève générale qui, ayant la prétention d'être la Révolution même, ne ferait nul appel aux pouvoirs politiques. — Des diverses conditions nécessaires pour que la grève politique et la grève corporative généralisée puissent être tentées avec quelque chance de succès. — Tableau de la grève générale telle que la conçoivent les anarchistes. — C'est un rêve néronien.

Qui a raison des partisans et des adversaires de la grève générale?

L'examen de cette question nous amène tout d'abord à exposer les diverses conceptions des grève-généralistes.

La première conception, la conception rudimentaire, celle du compagnon Tortelier et des premiers adhérents qu'il recruta, celle des syndiqués du congrès de Bordeaux, est d'un romantisme puéril. C'est parce qu'elle est romantique qu'elle fut si séduisante. Les habitués de meetings étaient excédés par les savantasses leçons des docteurs du marxisme et plus encore par les disputes personnelles auxquelles ils se livraient entre eux. Si pour faire la révolution il fallait commencer par s'encombrer l'esprit de tout l'enseignement si prodigieusement ennuyeux des scholiastes collectivistes... Ah! non! alors, pensaient beaucoup d'ouvriers. Il y avait bien quelques militants plus réfléchis qui s'ingurgitaient la médecine de la théorie de la valeur, de la plus-value de la guerre des classes, du capital constant et du capital variable (¹) et qui la digéraient mal. Mais pour le plus grand nombre la potion était imbuvable. Les premiers prêcheurs de la grève générale devaient être les bienvenus quand ils dirent que toute cette savanterie était inutile, qu'il n'y avait pas besoin de

---

1. Dans la langue socialiste, le capital constant c'est l'ensemble de l'outillage matériel de la production, les bâtiments et les machines ; le capital variable c'est la main-d'œuvre ouvrière. L'outillage est dit « constant » parce que, quelle que soit l'intensité de l'exploitation, il demeure le même, égal à lui-même. Acheté par l'exploiteur il demeure, qu'il soit utilisé ou inutilisé. La main-d'œuvre est « capital variable » parce qu'on ne l'achète qu'au fur et à mesure des besoins.

se matagraboliser l'entendement pour faire la révolu-tion, que la révolution, certes, ne se ferait pas toute seule, mais que le meilleur moyen de la faire, c'était de ne rien faire du tout.

Un jour on resterait chez soi : on n'irait pas à l'atelier. Le bourgeois qui s'engraisse de la sueur du peuple dépérirait parce que le peuple cesserait de suer, ce serait la grève des bras croisés ; on ne descendrait pas dans la rue, en foules tumultueuses, ou ne s'exposerait pas aux brutalités de la police et aux fusils de la soldatesque. On irait se promener en famille, déjeuner aux fortifications, au bois de Vincennes, au bois de Boulogne et même plus loin, dans les banlieues riantes où les exploiteurs ont leurs maisons de campagne. Cette méthode ne valait-elle pas mieux que celle des politiciens socialistes qui recommandaient d'abord de voter pour eux-mêmes, leur succès électoral devant être la première étape vers la victoire définitive, et qui, une fois élus, ne songeaient plus qu'à leur réélection ? La grève générale, ce serait la révolution faite dans une immense « rigolade. » On s'amuserait de la mine de jour en jour plus déconfite des exploiteurs. On les verrait pâlir, jaunir, se décomposer et leur rage serait impuissante contre les braves prolétaires qui use-raient tout simplement du droit à la paresse, — un droit de l'homme, un droit naturel et sacré dont la bourgeoisie a eu si longtemps l'égoïsme de jouir toute seule.

Quand elle en aurait assez, la classe-sangsue, elle

demanderait à capituler. Le prolétariat dicterait ses conditions : « Rends-moi ce que tu m'as volé, c'est-à-dire rends-moi tout, et nous redevenons bons amis. Je rentre à l'atelier non plus pour y travailler en exploité à ton profit, mais pour y travailler comme un libre producteur social. » Et la bourgeoisie ne pouvant faire autrement souscrirait ce traité.

Cette première conception idyllique de la grève générale que l'on retrouverait encore chez quelques prolétaires naïfs ne pouvait pas résister à l'examen.

Le croisement des bras, l'arrêt de toute production qui aurait pour résultat d'affamer les capitalistes, affamerait bien plus sûrement les non-capitalistes. Le bourgeois a des approvisionnements, des épargnes et le prolétaire n'en a pas. Le bourgeois consommerait les réserves de sa cave et de son garde-manger. A l'aide de l'or volé au prolétaire, il acquerrait chez les commerçants les denrées alimentaires suffisantes à son entretien. Il pourrait être vexé, le bourgeois, mais il n'en mourrait pas, du moins il n'en mourrait pas tout de suite. Au contraire, le travailleur n'ayant « rien de côté » se trouverait dès les premiers jours en la plus lamentable détresse. Il aurait voulu prendre le bourgeois par la famine et c'est lui qui aurait faim le premier.

Alors qu'est-ce qu'il fera, le prolétaire, dans cette cruelle extrémité ? Il sera forcé de rentrer vaincu à l'usine, disent les socialistes guesdistes. Et il y trouvera des conditions plus dures que celles qu'il subissait déjà avec impatience, la veille de la grève.

Battu, il paiera l'amende. La grève générale est donc un moyen tactique qu'il faut condamner avant de s'en servir.

Cette réfutation ne pouvait pas plus suffire à tuer l'idée de grève générale que les illusions naïves de ses premiers propagateurs et de leurs premiers adhérents ne pouvaient suffire à la rendre viable.

Partisans et adversaires de la grève générale se mirent à la besogne. Et ces travaux des intellecteuls, syndicalistes-libertaires et politiciens socialistes, ont produit une triple théorie, chacune répondant à une conception particulière de l'utilisation de la grève.

Ces trois conceptions sont :

1° La grève politique ;

2° La grève corporative généralisée ;

3° La grève générale proprement dite.

La grève politique est un moyen de pression pour obtenir du gouvernement bourgeois une réforme déterminée ou un moyen de protestation pour empêcher l'adoption d'une mesure de réaction.

Les socialistes concèdent que cette grève peut avoir de bonnes conséquences. Mais ils s'empressent d'ajouter qu'en France ils ne croient pas qu'elle ait pour le moment sa raison d'être.

D'abord, pour qu'une grève politique éclate, il faut qu'il y ait une émotion profonde dans les multitudes populaires, et cette émotion ne peut être causée que par le désir, que par la volonté invincible d'obtenir quelque amélioration essentielle ou encore par la menace de quelque grand danger, par quelque provocation intolérable et qui soit également ressentie par tous. La chose à obtenir ou la chose à écarter, pour exciter l'enthousiasme ou la réprobation quasi-unanime, doit être simple. Il importe que chacun comprenne bien ce qui va être en jeu dans la bataille; et il importe encore, car les masses obéissent plus à des impulsions idéalistes qu'aux suggestions de la raison, que la revendication poursuivie à travers la grève politique ne soit pas trop abstraite, qu'elle ébranle la sentimentalité au moins autant que l'intelligence, plus même que l'intelligence. Il y a plus de variété dans les conceptions de l'esprit qu'il n'y en a dans les émotions de la sensibilité. C'est pourquoi les agitations à point de départ sentimental rallient beaucoup plus facilement les multitudes que les agitations à point de départ intellectuel. La grève politique, pour avoir chance de réussir, doit donc avoir pour objectif non une conquête d'ordre purement utilitaire, mais une conquête d'ordre moral, car sur ce terrain moral il est beaucoup plus facile que sur le terrain des intérêts matériels de concentrer les masses, et, sur ce terrain-là, la classe ouvrière qui fournit les bataillons de la grève politique peut trouver des alliés qui se refuseraient sur l'autre.

Si la grève politique doit avoir pour but d'appuyer une de ces revendications ou d'accentuer une de ces protestations qui trouvent l'unanimité ou la quasi-unanimité dès qu'elles se produisent; puisque la grève politique doit remplir cette condition de liguer, en vue d'un même résultat à obtenir, les deux forces si souvent divergentes de la raison et du sentiment, cette grève politique ne peut être déclarée que dans des circonstances rares, parce qu'elle ne peut avoir que des objectifs peu nombreux et exceptionnels.

Les socialistes admettent que les Belges n'ont pas eu tort quand ils ont fait la grève politique (en 1892) pour obtenir le suffrage universel ; ils admettent que les Allemands auraient raison de recourir à la grève politique si le gouvernement impérial tentait de leur retirer le suffrage universel. Ils consentent encore que la grève politique pourrait avoir une raison d'être si en France on voulait retirer aux syndicats ouvriers le droit d'exister.

Pour obtenir le suffrage universel là où il n'existe pas, pour le conserver ailleurs, pour sauver les libertés syndicales ouvrières, le terrain de bataille serait bon, ou assez bon. Pour la livrer on n'aurait pas à en appeler seulement à des intérêts matériels ; on aurait aussi à mobiliser les passions de l'âme. Les ouvriers voient dans le droit de suffrage un agrandissement de leur personnalité. Ceux qui n'en jouissent pas le réclament comme une reconnaissance de leur dignité, ceux qui en jouissent, si on le leur ôtait, se sentiraient comme frappés de déchéance. Pour le suffrage universel on peut donc tenter la grève générale. On le peut d'autant mieux que cette idée simple de la participation de tous au gouvernement de la société par le bulletin de vote n'est pas une idée de classe ouvrière. Il y a beaucoup de grands bourgeois démocrates et presque tous les moindres bourgeois le sont. Dans les couches inférieures de la classe moyenne, chez les petits boutiquiers, les petits patrons, les petits employés, on tient unanimement avec ferveur au suffrage universel.

Une lutte entreprise pour sa conquête ou pour sa sauvegarde s'engagerait donc dans un milieu favorable. Or, pour le succès de toute grève, surtout de la grève politique, les dispositions du milieu ont une importance prépondérante. Ce sont ces dispositions — c'est l'opinion publique ambiante — qui finit par décider de la victoire.

Cette nécessité, si on ne veut pas être battu dans la grève politique, d'avoir pour soi l'opinion rendrait plus incertain le succès d'une tentative de pression faite sur le gouvernement pour l'empêcher de diminuer, s'il en avait le dessein, les libertés syndicales.

Il y a quelques années les petits bourgeois étaient tous favorables à ces libertés. Mais depuis que, dans l'application de la loi du repos hebdomadaire, ils ont eu à souffrir des vexations des syndicats ; depuis qu'ils se sont aperçus que les syndicats n'avaient pas seulement pour objectif la grande industrie et le grand commerce, mais qu'ils prétendaient faire aussi la loi aux petits patrons ; depuis ce moment, les sentiments de la petite bourgeoisie industrielle et commerçante se sont modifiés.

Si on voulait «attenter» aux libertés syndicales ces

petites gens n'encourageraient peut-être pas bruyam-
ment le gouvernement ; mais l'adhésion silencieuse
de beaucoup d'entre eux lui donnerait une grande
force d'opinion. Une grève politique pour la défense
des syndicats s'engagerait donc dans un milieu
moins favorable qu'une grève politique pour le suffrage universel. L'ambiance serait plutôt hostile aux
grévistes qui ne défendraient qu'un intérêt de classe.
Pourtant, comme la suppression ou la diminution des
libertés syndicales pourrait être représentée aux
ouvriers comme un attentat à leur dignité, comme
elle soulèverait en eux une de ces agitations idéalistes, sans lesquelles aucun mouvement n'a de con-
sistance, la grève générale politique déclarée en
vue du maintien intégral du droit de se syndiquer
pourrait jeter dans la rue d'assez nombreuses multitudes pour que le pouvoir impressionné reculât.

Sans une conviction bien ferme, les socialistes
accordent donc que la grève générale peut parfois
être de bonne tactique. Ce qui diminue leur résistance à cette forme atténuée de la grève générale
c'est que, dans la grève politique, les ouvriers n'ont
pas la prétention de faire chaotiquement la révolution ; c'est que cette grève n'est pas révolutionnaire,
dans son principe ; c'est qu'elle demeure « légalitaire ». Non que les socialistes affichent un respect
immodéré de la légalité. Mais ils n'aiment pas que
la légalité soit violée sans eux. S'il y a un attentat,
ils veulent en être. Ils veulent même qu'il porte leur
signature. Or, la grève générale politique leur per-

mettrait de prendre devant les pouvoirs publics le rôle de porte-parole du Peuple. C'est en son nom qu'ils exigeraient la réforme ou combattraient la réaction que les grévistes se seraient proposés de faire réaliser ou d'arrêter.

La grève politique ne diminuerait pas, elle ne déposséderait pas le parti socialiste du commandement qu'il s'est attribué à lui-même des forces ouvrières ; elle le confirmerait même dans ce commandement. Elle serait un appel violent aux pouvoirs politiques ; par conséquent, aux élus de la classe ouvrière qui siègent dans les assemblées.

Et c'est pourquoi, la grève politique trouve demi-grâce, sinon grâce entière, devant les guesdistes qui sont l'élite doctrinaire du socialisme. Ils s'y résigneraient comme à un moindre mal. Plutôt que de voir le prolétariat poursuivre hors de lui et contre lui « la chimère de la grève générale », le socialisme politicien aime mieux lui mettre en tête l'idée de la grève politique limitée à une revendication déterminée dont il s'empresserait, lui, le socialisme, de se faire l'interprète, et qui, lui donnant l'occasion d'accroître sa popularité, d'étendre le rayon de sa propagande, lui laisserait le rôle qu'il s'est choisi d'homme d'affaires du Prolétariat.

Le second mode atténué de la grève générale, c'est la grève corporative généralisée.

Celle-là encore, les socialistes n'y répugnent pas absolument. Ils disent seulement qu'ils n'en veulent pas prendre la responsabilité. C'est aux syndicats

— et là ils sont dans leur rôle — à décider s'ils doivent et quand ils doivent déclarer la grève.

Cette grève doit se distinguer de la grève politique par le caractère de la revendication initiale. Dans la grève politique il faut que cette revendication présente un intérêt moral, une utilité générale susceptible d'attirer aux grévistes des sympathies en dehors de leur classe.

La grève corporative généralisée doit, au contraire, procéder d'une revendication économique professionnelle. Elle sera une grève défensive du salaire ou de tout autre droit déjà reconnu aux ouvriers ou une grève offensive en vue d'obtenir une amélioration nouvelle. Ce caractère de grève économique, elle pourra le perdre, pour prendre une allure révolutionnaire, si les circonstances s'y prêtent, à mesure qu'elle se développera, mais il importe qu'elle l'ait au début.

Une sentence de M. Waldeck-Rousseau a institué au Creusot une commission ouvrière dont la direction s'est engagée à prendre les avis dans certains cas. Si cette direction refusait de réunir la commission aux époques fixées ou si elle montrait un parti pris évident de ne pas tenir compte de ses avis, les ouvriers du Creusot pourraient être fondés à déclarer la grève pour faire respecter un droit acquis. Si, par solidarité avec les travailleurs du Creusot, ceux des autres fonderies et des autres ateliers de construction de machines abandonnaient à leur tour le travail, on aurait une grève généralisée de la corporation métallurgique.

Les ouvriers mineurs ont longtemps réclamé la limitation à huit heures par jour de la durée du travail qu'un vote de la Chambre leur a dernièrement accordée. Si la promesse qu'on leur avait faite n'avait pas été tenue, ils auraient pu, pour en imposer l'exécution, déclarer une grève générale qui n'aurait pas été dépourvue de chances de succès, car le mineur, à cause des conditions physiques au milieu desquelles il travaille, excite à priori la sympathie.

Les ouvriers et employés des chemins de fer, les déchargeurs de navires, que l'on appelle les Dockers, pourraient, eux aussi, faire une grève généralisée en vue d'obtenir des conditions plus favorables ; pareille facilité appartient aux ouvriers du textile, à ceux de la cordonnerie, mais n'appartient pas à toutes les corporations.

Pour qu'une grève corporative se généralise, il importe, en effet, que la corporation soit groupée, car la discipline ne peut s'étendre sur une multitude dispersée. La concentration est donc une condition essentielle du succès, concentration non sur un point unique, mais en masses sur plusieurs points, dans de grandes usines, de vastes chantiers. Quand des ouvriers ne se sentent pas les coudes, quand ils ne peuvent pas se communiquer les uns aux autres la fièvre gréviste, ils sont facilement déprimés. L'état du travail étant l'état normal ils y retournent quand ils sont livrés à eux-mêmes, quand ils ne sont pas tenus en main par quelques chefs et quelques militants résolus. La dispersion non seulement rend plus facile la capitulation individuelle, elle favorise encore le recrutement des remplaçants, l'embauchage de ceux que les socialistes et les syndicalistes, unis dans la même aversion pour les ouvriers qui ne veulent pas leur obéir, appellent les renégats, les traîtres, les jaunes.

Une grève corporative peut donc être tentée, mais sans grande chance de succès dans les industries ou dans les commerces décentralisés.

On en a eu la preuve dans les différentes grèves de l'alimentation. Malgré toute leur audace, les meneurs n'ont pas pu arrêter le travail dans les boulangeries; ils ont pu causer une grève momentanée dans certains restaurants; ils n'en ont réduit aucun à la fermeture.

Ces deux conditions : une revendication initiale d'ordre économique et le groupement des ouvriers en masses qu'il est facile d'encadrer et que l'on tient en état d'échauffement continuel par les meetings, par les repas pris en commun (soupes communistes), ne sont pas les seuls que doit remplir une grève économique corporative : il est d'une grande importance que la revendication d'où procède la grève soit claire et ne soit pas antipathique, et il est d'une importance encore plus grande que l'industrie réduite à l'inactivité soit une industrie de première nécessité.

Quelles sont les revendications les plus susceptibles d'être soutenues par l'opinion publique? Ce sont les demandes d'augmentation de salaire, beaucoup plus que les demandes de concessions qui intéressent seulement « la dignité » ou l'amour-propre des ou-vriers.

Quand, lors de la dernière grève du Textile, dans la vallée de la Lys, on a publié les feuilles de paie des ouvriers, quand on a vu que beaucoup d'entre eux gagnaient des salaires inférieurs à quatre-vingts francs par mois, l'opinion a été émue de pitié. Ces gains semblaient insuffisants, et le relèvement paraissait s'imposer. Aussi n'y eut-il pas contre les grévistes de ces récriminations comme il s'en pro-duit quand la grève est faite par des ouvriers gagnant largement leur vie. Il n'est personne qui n'eût appris avec satisfaction que les pauvres tis-seurs avaient obtenu une augmentation.

Si donc leur grève s'était étendue de la vallée de la Lys aux autres régions, si elle s'était généralisée, si elle était devenue la grève de toute la corporation, elle aurait eu quelques chances de réussir parce que l'opinion publique avait été bien impressionnée par la revendication initiale.

L'effet produit par une revendication déplaisante, même quand cette revendication engendre une grève généralisée à toute une corporation, frappe ordinai-rement cette grève d'impuissance.

Les revendications déplaisantes sont celles d'une satisfaction d'amour-propre, d'une concession, par exemple, qui devrait avoir pour résultat de faire passer l'autorité dans l'industrie là où n'est pas la responsabilité.

Ainsi, les ouvriers du Creusot, dans le cas où la direction n'exécuterait pas la sentence de M. Waldeck-Rousseau, ne trouveraient pas l'opinion publique, ni même peut-être l'opinion ouvrière dans les centres métallurgiques, très favorable, s'ils abandonnaient le travail pour contraindre la compagnie à réunir et à consulter les délégués des ateliers.

C'est que cette revendication aurait un caractère abstrait, et que si elle était accueillie, elle ne profiterait (du moins le gros bon sens public en jugerait sans doute ainsi) qu'aux ouvriers qui seraient nommés délégués. On ne considérerait pas avec bienveillance une grève excitée seulement par le dépit de quelques meneurs, qui aurait pour cause un dessein d'empiéter sur les droits que, seuls responsables, les patrons semblent devoir être seuls à exercer.

Lorsque M. Rivelli, inscrit maritime, et M. Manot, docker, arrêtèrent, il y a quelques années, le travail sur les bateaux et sur les quais de Marseille, ils se heurtèrent à l'indifférence de leurs camarades dans les autres ports et à l'hostilité de tout le public indépendant. Seuls les socialistes et quelques politiciens populaciers leur furent ou firent semblant de leur être favorables. C'est que M. Rivelli et M. Manot avaient des exigences qui parurent inacceptables et qui l'étaient. Ils prétendaient, l'un, que sur les bateaux, l'autre, que dans chaque équipe de portefaix, il y eût une représentant du syndicat et que cet agent irresponsable pût légitimement tenir en échec l'autorité des capitaines et des contre maîtres. Quand ces officiers ou ces délégués du patron auraient donné un ordre, le représentant du syndicat aurait pu s'opposer, au nom des réglements syndicaux, à son exécution. Les matelots et les dockers égarés par MM. Rivelli et Manot demandaient donc un déplacement d'autorité qui heurtait toutes les idées.

A la fin ils furent vaincus, à la satisfaction générale, car leur prétention était injustifiable.

Il faut donc, avant de prendre en main l'arme de la grève corporative généralisée, être très circonspect et n'engager le conflit qu'après s'être assuré autant que possible de toutes les conditions favorables.

Les partisans de la grève corporative généralisée n'en attendent pas seulement une amélioration du sort d'une corporation. Pour eux cette grève n'aura des effets sociaux que si le trouble qu'elle cause dépasse le cadre de l'industrie où elle est déclarée, si ce trouble se répercute hors de ce cadre, s'il occasionne une désorganisation générale partielle et plus ou moins longue de la machine économique.

Il y a des industries dont la paralysie ne peut pas avoir de ces effets généraux, il en est d'autres, au contraire, dont l'arrêt peut suspendre le fonctionnement de la vie sociale.

Ainsi une grève générale des porcelainiers ou des cordonniers ou même des tisseurs ne causerait pas une gêne intolérable. Il y a de grands stocks d'assiettes, de chaussures et de tissus; quand ces stocks seraient épuisés, l'étranger les renouvellerait. La grève ferait seulement renchérir le prix de certains objets. Ceux qui ne voudraient pas subir la hausse en seraient quittes pour porter un peu plus longtemps leurs vieux habits, pour faire ressemeler leurs souliers au lieu d'en acheter des neufs ou pour manger dans de la vaisselle ébréchée.

Toutes autres peuvent être les conséquences d'une grève dans les industries organiques, celles de la production de la houille, des transports par exemple.

Sans charbon de terre, toutes les usines sont condamnées à l'inactivité. Une grève de mineurs peut avoir une répercussion sociale énorme, une répercussion si douloureuse que pour y mettre fin les pouvoirs publics se verraient obligés d'accorder ou de faire pression sur les compagnies pour qu'elles accordassent aux ouvriers l'objet de leurs revendications.

•Toutefois une grève de tous les charbonnages français ne pourrait être effective que si la frontière et la côte étaient interdites aux houilles étrangères. Les mineurs, pour n'être pas tournés, frappés dans le dos et pour amener le pouvoir ou les compagnies à capitulation, auraient donc besoin de l'aide des déchargeurs de bateaux et des employés de transports.

Si on suppose que ces corporations, celles des dockers et celle des agents de chemins de fer, soit pour une revendication particulière n'intéressant qu'elles-mêmes, soit par solidarité avec les mineurs grévistes, refusent le travail, la société est soudain frappée de paralysie générale.

Les approvisionnements n'arrivent plus. Pourtant

il faut vivre. Le pouvoir politique ne peut pas se désintéresser d'un conflit qui ne met pas seulement aux prises des intérêts privés d'un nombre plus ou moins grand de patrons et d'ouvriers, qui ne cause pas seulement des perturbations dans un compartiment de l'économie sociale, mais qui affecte les intérêts de toute la population, qui fait le vide dans les ateliers, jette des multitudes oisives et mécontentes dans la rue. Alors ce pouvoir intervient, parce qu'il ne peut pas faire autrement.

La grève générale corporative peut donc amener un profond ébranlement politique et social. Elle doit aboutir à des votes de lois, à des mesures gouvernementales. De même que la grève politique, faite en vue d'obtenir une réforme générale, elle finit par monter de la compétence des syndicats à celle du parti socialiste. C'est pourquoi ce parti ne l'envisage pas avec trop de malveillance. Cette grève-là, pas plus que la grève politique, ne le dépouillerait de la tutelle qu'il s'est arrogée sur la classe ouvrière, elle lui donnerait même l'occasion de l'exercer avec éclat.

Cependant, malgré les avantages qu'il pourrait en retirer et qu'il ne méconnaît pas, le parti socialiste est méfiant. Il dit aux ouvriers : « Ce moyen d'agitation et d'action par la grève est aléatoire. Vous ne serez libérés du salariat, de l'esclavage économique que par la conquête des pouvoirs publics. Cette voie mène au but par le plus court chemin, qui est la ligne droite. Vos tumultes grévistes sont pleins de dangers; il peut s'y produire des surprises douloureuses.

« Telle corporation sur laquelle vous comptez peut se dérober aux devoirs de la solidarité et vous livrer sans défense, vous corporation, aux représailles patronales. Le concert étroit et indissoluble des corporations ouvrières ne pourra exister avec efficacité qu'entre des syndicats puissants. Recrutez. Le nombre et la discipline sont indispensables au succès de l'action gréviste corporative. Devenez donc nombreux et disciplinez-vous, avant de tenter un grand mouvement d'ensemble. Les bénéfices à recueillir ne sont pas en proportion avec les risques que vous courrez quand vous entreprendrez les grandes grèves corporatives, car ce bénéfice ne peut être qu'une amélioration de votre situation de salariés et ne peut être l'abolition du salariat.

« Si malgré tout vous vous lancez dans cette aventure de grèves de corporations solidaires, vous pouvez compter sur nous; notre concours vous est acquis.

A quoi les syndicalistes libertaires répondent :

« La majorité, nous la méprisons. Nous ne comptons que sur la minorité. Vous êtes des parlementaires et des endormeurs. Vous parlez toujours de révolution et vous n'utilisez que des moyens légaux. Il vous faut toujours la consécration de quelque légalité. Nous pensons autrement. Révolutionnaires, nous faisons de la révolution à jet continu, tandis que vous faites, vous, de la conservation, quoi que vous en disiez, en entretenant dans le cerveau du prolétaire le fétichisme de la loi et de l'État. Vous acceptez, bien à contre-cœur, la grève politique et la grève corporative économique, parce qu'elles sont des grèves défensives et que le dernier mot, dans ces grandes disputes du prolétariat et du patronat, vous semble devoir être dit par les puissances politiques auxquelles le suffrage universel vous a incorporés.

« Vous repoussez la grève générale tout court, parce qu'elle est l'arme mise aux mains du prolétariat pour faire sa révolution sans vous ; parce que, grâce à elle, les serfs du salariat pourront se passer de vous. La tactique d'action directe et son aboutissement, la grève générale, qui sera l'action directe, totale et définitive, vous retirent toute raison d'être.

« C'est pourquoi vous n'en voulez pas et c'est pourquoi nous en voulons. »

Les libertaires syndicalistes de la Confédération générale du travail qui tiennent ce langage acceptent tous les modes de grève, la petite grève partielle, la grève politique, la grande grève corporative. Pour eux, ces petites et moyennes batailles sont des manœuvres préparatoires nécessaires à l'entraînement des militants. Ce sont des répétitions avant la grande première du drame de la grève générale révolutionnaire.

Cette grève qui mettra fin au vieux monde ne sera pas seulement, comme la grève politique, une sommation au pouvoir, et ne sera pas, comme la grève corporative, une mise en demeure à certains patrons d'avoir à faire telle ou telle concession, ce sera la prise de possession par les syndicats des moyens de production.

On a objecté aux grève-généralistes que leur tactique aurait pour premier effet d'affamer le prolétariat, les anarchistes syndicalistes répètent que le prolétariat ne sera pas affamé, qu'il ne manquera de rien, au temps de la grève générale, attendu que cette grève aura une singularité déconcertante, ce sera une grève pendant laquelle on travaillera. Seulement on ne travaillera plus pour les exploiteurs. Partout les syndicats s'établiront dans les usines, dans les magasins et ils continueront, sous l'impulsion de la Bourse du travail locale ou régionale, l'œuvre de la production.

Qu'est-ce que feront pendant ce temps-là les patrons et les forces gouvernementales, armée, police, justice, parlement ? Ils ne feront rien, parce qu'ils seront frappés de stupeur et de terreur. On ne leur demandera pas leur avis ; on ne discutera pas avec eux, on expropriera les exploiteurs et voilà tout.

Ces choses merveilleuses ne seront pas improvisées. Les syndicalistes prévoient que la grève générale révolutionnaire sera précédée d'une série de grèves corporatives qui paralyseront momentanément les grandes industries de production et de circulation et prépareront les esprits à quelque grand changement. Le grand changement s'opérera par l'envahissement soudain, sur tous les points du territoire, des usines et des magasins. Cette « généralisation » de la révolution frappera d'impuissance les forces gouvernementales bourgeoises.

Contre une tentative de révolution centralisée comme serait celle des socialistes qui visent à l'occupation du pouvoir central, à Paris, qui, comme tous les vieux émeutiers classiques chercheraient à s'emparer des ministères pour, de là, envoyer leurs ordres à la France; contre une telle révolution, le gouvernement est « paré. » Il dispose de la police de Paris qui a conservé tant de discipline, tant de vigueur, un si bon esprit de corps; il dispose des régiments de cavalerie et peut-être de quelques régiments d'infanterie (les libertaires comme les socialistes d'ailleurs pensent que la propagande anti-militariste est moins efficace dans les troupes à cheval que dans l'arme démocratique de l'infanterie de ligne). Avec ces moyens de répression, il arrêterait net la tentative insurrectionnelle des socialistes politiciens à Paris; et sa victoire lui vaudrait immédiatement l'adhésion de la petite bourgeoisie et des masses passives qui aiment la force et le succès.

Combien plus difficile serait de résister à un mouvement révolutionnaire éclatant à la fois partout où il y aurait un syndicat. Rien à faire contre cette révolution décentralisée, présentant un front immense. L'armée appelée, réclamée partout à la fois, ne suffirait pas à la tâche. Derrière ses colonnes surmenées, la révolte éclaterait, comme poussent en une nuit les champignons après l'orage.

Éparpillés sur un immense territoire, n'en ayant jamais fini, elle s'épuiserait; la force morale serait d'autant plus brisée en elle qu'elle se trouverait isolée, sans communication avec le gouvernement ni entre ses propres détachements. Les fils télégraphiques et téléphoniques seraient coupés; on ne laisserait pas circuler les trains de soldats, — les compagnons employés de chemins de fer les arrêteraient et arracheraient les rails plutôt que de permettre qu'ils servissent de véhicules à la contre-révolution. Alors cette armée se rendrait ou tournerait à la sédition; ses fusils viendraient augmenter la puissance d'action directe du prolétariat.

Les socialistes haussent les épaules, devant cet exposé d'un plan dont la réalisation suppose un concours de circonstances impossible à concevoir.

D'abord, le pouvoir central, au milieu de la révolte généralisée, conservera l'autorité et des moyens d'action à Paris. Car si Paris comme on le leur objecte ne pourrait pas être emporté par les socialistes le jour où ils voudraient faire la Révolution, il ne pourrait pas plus l'être par les libertaires le jour où il leur plairait de proclamer la grève générale. La police et l'armée, et aussi le prestige des pouvoirs légaux, empêcheraient la capitale de tomber aux mains de la Confédération générale du travail. Or la possession de Paris est encore pour un régime, quel qu'il soit, le signe de sa légitimité.

Les libertaires répondent qu'ils contraindront Paris en l'affamant. Ce qu'ils feraient en détail pour les administrateurs particuliers des départements et pour les commandants de la force armée, ils le

feraient en gros contre Paris. Plus de ravitaille-
ments. Les trains n'apporteraient plus aux halles les
objets d'alimentation. Leur circulation serait rendue
impossible.

La population parisienne se retournerait alors
avec fureur contre le gouvernement, cause de sa misère, cause de l'arrêt de tout travail, cause de la famine. — Elle se retournerait contre le gouvernement, à moins qu'elle ne se retournât contre les
révolutionnaires. — Cette dernière perspective ne
déconcerte pas les partisans de la révolution par la
grève générale. Les Parisiens se battraient entre eux ;
eh bien ! les affaires n'en iraient que mieux. Tout ce
qui rendrait la mêlée plus ardente serait un avantage. Aussi bien, des violences exercées contre les
syndicalistes parisiens ne rétabliraient pas les communications de la grande ville avec ses fournisseurs
et ne remédieraient pas à ses maux.

Autre objection : si Paris est réduit à la faim, la
province ou, du moins, les départements où la révolution grève-généraliste aurait réussi, ne seraient pas
préservés du fléau des privations. Les voies de chemins de fer détériorées pour approvisionner Paris
le seraient aussi pour approvisionner la province.
Le charbon et les matières premières n'arriveraient
pas aux usines socialisées par les syndicats. Ces
établissements ne pourraient pas travailler ; ils ne
pourraient pas fournir aux demandes pourtant bien
réduites de la consommation. Est-ce que les populations des départements supporteraient un état de

choses si pénible? Seraient-elles consentantes? Il faudrait qu'elles fussent plus que consentantes, qu'elles fussent résolument favorables à la révolution, qu'elles fussent délibérément acquises au soulèvement, qu'elles fussent complices.

Cette nécessité du consentement général, de la complicité pleinement volontaire de la majorité, les syndicalistes ne la reconnaissent pas; ils la nient. Ils frapperont d'abord de stupeur les foules inconscientes et indécises, puis ils les entraîneront derrière eux. Leur minorité suffira à lancer le mouvement. Seules les minorités sont énergiques, ont de la volonté. Les socialistes, pervertis par la pratique du suffrage universel, par la « superstition majoritaire », croient au nombre. C'est une illusion. Le nombre est méprisable, parce qu'il est stupide et mou. La foule est un outil dans la main d'hommes qui savent ce qu'ils veulent; la foule, elle, ne veut jamais rien que ce qu'on lui suggère. C'est un monstre impulsif. On lui donnera les impulsions voulues; si on n'arrive pas à l'enthousiasmer, on la terrorisera. Par quelque manière que ce soit, on la fera obéir. Qu'est-ce que l'État, qu'il s'agit non d'occuper, mais de renverser? La défense organisée des privilèges d'une minorité. A cette minorité s'opposera une autre minorité révolutionnaire. Pour dompter la foule et la faire servir à leurs fins, les révoltés n'auront qu'à montrer plus d'audace que la minorité capitaliste.

Le peuple dégradé par la servitude ira, dans la révolution, du côté où il verra les plus hardis. Et les plus hardis ce seront les syndicalistes, les militants de la classe ouvrière, enfiévrés par la haine de classe, animés par le sentiment du danger qu'ils courraient et auquel ils n'échapperaient pas s'ils laissaient la bourgeoisie prendre l'avantage, dont le courage serait élevé à une hauteur surhumaine par la volonté de délivrer enfin l'humanité de ses servitudes séculaires.

Si on met les choses au pire, le gouvernement central n'est pas emporté. Il réprime ; il refait la conquête de la France. Mais avant de sortir des usines, des magasins, les syndicalistes sabotent tout le matériel ; ils le rendent inutilisable ; ils incendient, ils détruisent, ils saccagent. L'ordre régnera sur un pays qui ne pourra plus travailler, parce que les instruments de production auront été anéantis. Le « sabotage » général empêchera de rouvrir les ateliers. Les ouvriers qui n'auront pas voulu s'associer à la grève générale révolutionnaire seront, après son avortement, condamnés à la grève forcée. La situation sera désespérante pour la bourgeoisie dans sa victoire. Il n'y aura plus de crédit dans un pays qui viendra de traverser une crise aussi formidable et où de nouvelles secousses sociales seront toujours à craindre.

On ne trouvera plus d'argent pour relever les ruines, acheter des machines et occuper les masses ouvrières. La misère, génératrice de colères, conseillère de révolte, sévira plus cruellement après l'écrasement de la révolution et ne tardera pas à en susciter une nouvelle.

La conception initiale du compagnon Tortelier, celle de la bataille « les bras croisés », était romantique et enfantine, celle des théoriciens libertaires du syndicalisme n'est pas moins romantique, mais dans leur rêve néronien ce qu'ils aperçoivent, ce ne sont plus les joyeuses « balades » d'un populaire bon enfant, c'est une série de scènes atroces, des incendies, des ruines, des meurtres, la terreur non par le pouvoir mais par la populace, non par les commissaires de la Convention mais par les chemineaux, par les braconniers, par les maraudeurs, la terreur montant des bas-fonds, et finissant dans une mêlée affreuse.

Il est impossible, quand on analyse l'idée de grève générale, quand on considère l'ensemble des circonstances dont la réunion serait nécessaire pour qu'un tel soulèvement fût seulement tenté, de ne pas trouver que M. Guesde a raison de dénoncer « le grève-généralisme » comme un danger terrible pour le socialisme.

D'autres socialistes n'ont pas la clairvoyance du vieux docteur marxiste, ou, s'ils l'ont, n'osent pas exprimer aussi hautement que lui leur réprobation. C'est que, malgré que les libertaires leur conseillent l'abstentionnisme électoral, beaucoup de syndicalistes partisans de la grève générale exercent leurs droits électoraux. Ils votent. Et il serait dangereux de les mécontenter.

M. Jaurès (¹), M. Vaillant, et tous les démagogues du socialisme, ceux qui ont peur de se laisser « dépasser », disent : « Laissons voir à la bourgeoisie l'abîme de la grève générale. L'épouvante que répand la vision du gouffre est propre à donner à la classe exploiteuse une notion plus exacte de la Majesté du Travail. Ne décourageons pas les ouvriers qui croient sincèrement que c'est par la grève générale que se fera la révolution. Si c'est une illusion, elle est productrice d'énergie militante. Ne la lui ôtons pas. »

M. Guesde, ce raisonneur, répond que le devoir est de montrer au Prolétariat dans quelle impasse on le mène, de l'avertir qu'en le détournant de l'action politique on le détourne de la victoire. Et sa voix aiguë, aux accents sarcastiques, s'épuise, dans un corps affaibli, en véhémentes invectives contre « la poignée d'anarchistes » qui, en faisant dévier le mouvement ouvrier de son but, sont les suprêmes espoirs de la Bourgeoisie.

1. Voir à l'appendice les extraits des discours prononcés dans les congrès pour et contre la grève générale.

CHAPITRE X

L'Action directe.

La grève générale, nous l'avons déjà dit, doit être, dans la pensée des syndicalistes, une action directe totalisée, s'exerçant au même moment sur tous les points du territoire pour la reprise, par la classe ouvrière, des usines, chantiers et en général de tous les moyens de production. Les syndicalistes disent qu'ils n'attendront pas que l'État conquis par les socialistes les invite à prendre. Pour être plus vite et mieux servis, ils se serviront eux-mêmes.

La formidable explosion de révolte que serait la grève générale demande à être préparée. Il importe de disposer partout des mines qui éclateront au choc de l'étincelle.

Les syndicats sont les mines ainsi creusées par les libertaires dans le sous-sol social.

Nous verrons, dans un autre chapitre, quel est le nombre et quelle est la force des syndicats dont l'organisme central est maintenant dans la Confédération générale du travail. Pour l'instant nous voulons seulement nous rendre compte de la conception que les syndicalistes-libertaires se font du syndicat et du rôle qu'ils lui assignent et de la besogne qu'ils lui font faire.

Si les socialistes ont trouvé l'heureuse formule de la guerre des classes, les syndicalistes ont imaginé de dire que le syndicat c'est le Prolétariat sur le pied de guerre et livrant sa bataille avec la tactique de l'action directe.

Il y a des actions directes individuelles; de celles-là le syndicalisme ne se préoccupe pas. Un Ravachol, un Émile Henry sont des individualités exceptionnelles qui n'ont pas besoin de stimulants pour agir. Solitaires, ils se décident en pleine spontanéité. Il n'y a ni à les prévoir, ni à les encadrer. Ils sont hors de pair.

L'action directe que les syndicalistes ont en vue est l'action directe collective, celle à laquelle on s'entraîne mutuellement, par l'influence réciproque des camarades les uns sur les autres. Le syndicat a justement pour objet de faire naître ces camaraderies, d'établir le contact entre les individualités en qui l'esprit de révolte est déjà parvenu à son entier développement et d'autres individualités en qui subsiste encore le vieil esprit de résignation. Le syndicat, selon la conception des libertaires-syndicalistes, est donc l'école de la révolution ; non par l'école primaire comme le prétendent les socialistes, mais l'école parfaite, la seule école où l'homme peut recevoir l'enseignement révolutionnaire intégral.

Les groupements syndicaux se répartissent en deux catégories. Il y a le groupement corporatif dont la tendance est d'absorber tous ceux qui exercent la profession ; et le groupement à étiquette corporative qui, en droit, est ouvert à tous les compagnons du métier, mais qui, en fait, ne cherche pas à devenir assez large pour les contenir tous. Les syndicats libertaires dont l'agglomération forme la majorité à la Confédération générale du travail appartiennent surtout à cette dernière catégorie. Nous allons voir pourquoi.

Les grandes corporations, telles que celles des mineurs, des typographes, des employés de chemins de fer, celles dans lesquelles le nombre, la concentration ou encore le degré plus élevé de culture des professionnels permet de réunir au syndicat des milliers d'adhérents, ces puissantes associations ouvrières ont assez de poids par elles-mêmes pour obliger le Patronat et même le gouvernement à compter avec elles. Importantes, redoutées, pouvant par la mise en mouvement de leur seule force obtenir des satisfactions, en ayant obtenu déjà à plusieurs reprises, elles sont moins accessibles que les associations faibles, à l'influence révolutionnaire. Elle ne renoncent pas toujours à la phraséologie violente, menaçante, mais sous ces apparences il subsiste en elles, parce qu'elles sont riches, ayant beaucoup de cotisants, et parce qu'elles se sentent respectées, une *grosse* réserve d'esprit conservateur, dans le sens social du mot.

Les grands syndicats corporatifs ont beau adhérer à la Confédération générale du travail, ils n'en ont pas la « mentalité », ou, s'ils l'ont, elle est en eux très atténuée. Ils y représentent le parti de droite, un parti assez réfractaire aux directions du comité confédéral.

Ce fait étant avéré, les libertaires préfèrent les syndicats moins puissants, les syndicats à effectif réduit. Sur un petit groupe d'hommes il est plus facile de conserver l'ascendant que sur une grande masse. En effet, si docile, si maniable que soit une foule de syndiqués et justement parce qu'elle est maniable, sa malléabilité peut suggérer à quelque ambitieux le projet de la dominer. Un socialiste doué de bons poumons et actif peut disputer victorieusement — cela s'est vu — à ses meneurs libertaires un syndicat composé d'une cohue presque toujours inconsciente. Au contraire, si on est entre soi, dans le syndicat, entre militants, moins grands sont les dangers des compétitions et de l'opposition.

Les syndicalistes qui poussent de toutes leurs forces à la multiplication des syndicats ne tiennent donc pas beaucoup à ce que le personnel y devienne trop nombreux.

Ils ont une théorie qui est celle-ci : Le syndicat, quel que soit le nombre de ses membres, représente tout le corps de métier. Il le représente parce qu'il est la minorité. En effet, il n'y a de vigueur que dans les minorités. Le suffrage universel est frappé de stérilité révolutionnaire, aussi bien dans le domaine politique que dans le domaine économique. Ce que veut, ce que vote la foule, la majorité, n'est jamais consciemment dans le sens de l'émancipation. Son abêtissement héréditaire lui fait préférer l'immobilité au mouvement. Si on devait tenir compte de la majorité dans le syndicalisme, on devrait ne rien faire du tout car le nombre des non-syndiqués est presque toujours huit ou dix fois plus considérable que celui des syndiqués, et on peut interpréter leur abstention de l'action syndicale comme une désapprobation de cette action. Mais il serait souverainement injuste de demander aux meilleurs, qui sont naturellement les révoltés, de se résigner éternellement à subir l'oppression parce que la majorité n'a pas le courage d'en secouer le joug.

Les conscients, les militants, ceux qu'anime l'esprit de révolte ont donc le droit et seuls ils ont le droit de parler au nom de la classe ouvrière. Par conséquent, si peu nombreux que soit un syndicat, il est qualifié pour parler, négocier, agir au nom de tous les compagnons. C'est en vain qu'on lui opposerait même une résolution votée par la majorité ; son devoir serait de la considérer comme inexistante, car la majorité ne sait pas ce qu'elle fait. On doit, pour la protéger contre sa propre faiblesse, la traiter en être négligeable quand elle se mêle de faire prévaloir ses bas penchants de soumission contre les tendances élevées, nobles, généreuses des hommes conscients, des militants.

Cette multitude n'est utilisable, comme un outil, que dans l'action.

Puisqu'elle est entraînable, cette foule, les militants l'entraîneront au moment décisif. Ils ne lui demanderont pas ce qu'elle pense ni ce qu'elle veut, ses pensées et ses volontés étant également indifférentes, mais ils l'associeront en toutes les occasions propices aux exercices de l'action directe.

L'action tumultueuse, l'action en foule, la masse sans initiative et sans réflexion en est capable, mais elle n'est pas capable d'autre chose. Le syndicalisme serait donc comme le cavalier, et la classe ouvrière, distribuée dans ses corporations, serait comme la monture qui va où on la pousse sous la piqûre de l'éperon. Il y a peut-être quelque vérité dans cette conception aristocratique. Mais combien il est surprenant de la voir exposée par des anarchistes! les théocraties et les monarchies absolues, tout comme les intellectuels libertaires de la confédération générale du travail, plaident, contre la démocratie, en faveur de leur légitimité, l'incapacité du peuple à se conduire lui-même, son inintelligence, sa passivité.

L'action directe, que les syndicalistes ne peuvent exercer efficacement qu'avec le concours de la foule non syndiquée c'est la guérilla de tous les jours contre le patronat exploiteur.

Cette guérilla a un triple objet :

1º Améliorer, si c'est possible, la situation des travailleurs ;

2º Diminuer l'autorité patronale ;

3º Accoutumer les ouvriers non syndiqués à recevoir les impulsions du syndicat et les rendre aptes, par de petites manœuvres, à la grande opération de la grève générale révolutionnaire.

L'amélioration des conditions du travail, du sort des ouvriers, c'est à quoi les socialistes-marxistes voudraient réduire l'action des syndicats.

Pour un certain nombre de syndiqués, surtout dans les grandes corporations riches et puissantes, les réformes du régime du salariat sont presque l'unique objectif — la révolution étant une éventualité tellement lointaine, tellement incertaine qu'il est oiseux de s'en préoccuper dès maintenant. Quand elle arrivera, pensent ces hommes sages, on s'arrangera pour en retenir le bénéfice. Mais, en attendant, contentons-nous d'accumuler les petits profits.

Les libertaires-syndicalistes incriminent chez les socialistes des desseins ambitieux : « Ils veulent, ces socialistes, domestiquer la classe ouvrière pour la faire servir à leurs ambitions. Dans leur orgueil, ils se considèrent comme le cerveau du corps social dont les travailleurs ne seraient que les membres inférieurs. C'est pourquoi ils prétendent renfermer les syndicats dans un cercle d'attributions égoïstes et mesquines. »

Les ouvriers qui s'attachent surtout à poursuivre des améliorations immédiates ne sont guère mieux traités que les socialistes. On ne les appelle pas « traîtres ni jaunes », car ils ne poussent pas le cynisme jusqu'à nier la lutte des classes et car, du bout des lèvres, ils reconnaissent la légitimité de la révolution sociale, de « l'abolition du salariat et du patronat, » Mais on les marque de l'épithète dédaigneuse de « réformistes. » Pour obtenir des réformes ils quémandent auprès des pouvoirs publics, ils intriguent auprès des politiciens. Bon gré, mal gré par l'appel aux lois et aux législateurs, ils sont des légalistes et des parlementaires. C'est dire qu'ils sont tout à l'opposé du type idéal du syndicaliste, lequel est par définition un homme délivré de tout respect superstitieux pour l'autorité, qui s'assied sur les lois chaque fois qu'il le peut, en attendant qu'il ait l'occasion de les écraser sous ses pieds; qui déteste en tout élu et suspecte en tout candidat un faiseur de dupes, un suppôt de l'État exploiteur ; qui enfin ne veut voir dans les réformes de l'État et dans les concessions arrachées au patronat que de dérisoires acomptes.

Le syndicalisme libertaire ne pourrait pas, sans se mettre au ban de la classe ouvrière, s'opposer aux réformes qu'il dénigre ; s'y opposer, ce serait faire l'aveu que la révolution sociale veut être une spéculation sur la misère.

Mais la conquête d'une réforme, si importante qu'elle soit, n'est qu'une étape vers une autre revendication. Jamais un syndicaliste, jamais le syndicaliste ne doit être content. Réduit-on la journée de travail ? Cette réduction n'a qu'un intérêt : c'est de donner plus de temps aux ouvriers pour se concerter, pour s'initier les uns aux autres à l'iniquité dont leur classe est la victime. Une diminution du nombre des heures de travail ne fait pas disparaître l'oppression ; elle en atténue plus ou moins l'intensité, laissant subsister intact le principe d'après lequel le patron fait travailler les salariés à son profit. Avec un moins long emprisonnement quotidien à l'atelier, le travailleur est un peu moins volé, voilà tout. Au fond, rien n'est changé : le vol continue.

L'augmentation de salaire ne doit pas être accueillie avec plus de reconnaissance : En donnant à l'ouvrier plus de bien-être, en diminuant ses soucis, elle lui fournit un surcroît de liberté qu'il a le devoir d'employer à la propagande anti-capitaliste.

Il n'y a que les sans-caractère qui puissent se

déclarer satisfaits définitivement par une augmentation du prix du travail. Les militants, les conscients savent et ne manquent pas de dire à leurs camarades que cette augmentation n'est qu'une restitution partielle du vol que le patron commet journellement. L'importance du larcin patronal est un peu réduite; mais, les bénéfices de l'employeur n'étant que du travail non payé, doit-on de la reconnaissance à ce vampire parce qu'il veut bien sucer un peu moins de substance ouvrière? Après une augmentation, il faut donc en exiger une autre, comme, après un abaissement de la durée du travail, il est parfaitement légitime d'en réclamer un nouveau.

Toute l'action directe syndicaliste, quand elle a pour objet apparent d'obtenir une amélioration, tend seulement à fortifier la position de guerre du salariat en face du patronat. Les concessions arrachées au patron, sont des avantages dont se fortifie l'armée ouvrière, dont elle s'arme pour pousser plus loin son attaque.

Ce n'est pas seulement à la caisse patronale qu'on doit s'en prendre; ce ne sont pas seulement des profits matériels (diminution de la journée, augmentation du salaire), qui sont dignes d'occuper l'activité du prolétaire conscient. Qu'il s'en prenne aussi à l'autorité du chef d'industrie, qu'il s'efforce par tous les moyens de la réduire!

Le patron n'est pas seulement le voleur; il est le maître, il n'est même voleur que parce qu'il est maître. C'est lui qui embauche ou qui refuse les ouvriers à la porte de l'atelier ou du chantier, c'est lui qui fixe le salaire ; c'est lui qui édicte les règlements du travail. Le syndicalisme se propose de diminuer ces prérogatives d'autorité. L'embauchage, la fixation des prix, la réglementation doivent être matières à délibération non entre l'ouvrier isolé et le patron, mais entre le syndicat et le patron. Avec une inlassable patience, il faut réclamer la substitution au contrat individuel du contrat syndical. Les bourgeois radicaux disent « contrat collectif. » C'est encore une ruse pour duper le prolétariat, en permettant de conclure avec des jaunes, ou avec la masse inconsciente et soigneusement épurée des travailleurs embauchés dans un établissement. Seul le syndicat, l'élite du Peuple, a qualité pour contracter au nom de la tourbe. Dans toute grève, on exigera que le patron traite avec le syndicat. Le syndicat, même s'il ne contient qu'une très petite partie des ouvriers grévistes, est pourtant, dans la pensée syndicaliste, leur représentant obligatoire. Quelles conséquences on peut attendre du traité de travail passé par le chef d'industrie avec le syndicat, avec une puissance extérieure, rivale de la puissance qui gouverne à l'intérieur de l'usine! Une des plus importantes sera de conférer au syndicat un droit de surveillance : il ne pourra pas se désintéresser de l'exécution des clauses du contrat qu'il aura souscrit. Alors comment lui refuserait-on d'avoir à l'atelier des contrôleurs qui tiendront en échec l'autorité

des contremaîtres et de la direction ? Cette main-mise
sur l'autorité patronale ne tardera pas à engendrer
l'asservissement complet au syndicat de la population où se recruteront les ouvriers de l'usine. Le
syndicat deviendra le maître de l'embauche, le
recruteur de la main-d'œuvre, l'unique fournisseur
de bras. Lui seul dispensant le travail, ouvriers et
patrons lui seront assujettis.

Le syndicaliste ne cache pas que tel est le but de
son action directe immédiate. Il veut, sous prétexte
qu'il est l'élite pensante et progressive parce que
révoltée, se subordonner les masses qu'il méprise à
cause de leur passivité et en qui il n'estime que la
brutalité à laquelle un jour il fera appel. Il veut
encore, sous prétexte de faire disparaître l'inégalité intolérable qui existe entre l'employeur et l'employé, faire passer d'abord une partie, puis une
autre, puis encore une autre, de la puissance directrice, du cabinet du patron au bureau du syndicat.
Son objectif est de faire aux chefs d'industrie des
conditions de vie insupportables.

Dans beaucoup de métiers, la marge des bénéfices
est réduite à l'extrême étroitesse. Un sacrifice de
plus et le capital ne serait plus rémunéré ou même
devrait être entamé. Les usines n'auraient plus
qu'à fermer. Cette perspective n'effraie pas les syndicalistes : si les usines patronales ferment, on sera
obligé de les rouvrir comme usines sociales. C'est
là une de leurs illusions, dans lesquelles leur vieil
ennemi Jules Guesde les a fortifiés en proposant à

la Chambre une loi tendant à faire continuer le travail par le personnel dans les établissements où, pour une cause ou une autre, les patrons l'auraient arrêté.

Jusqu'à présent on n'a pas vu se réaliser cette substitution d'un groupe producteur ouvrier à une direction capitaliste. Il est vrai qu'on a rarement vu encore des industriels fermer leur porte. Malgré toutes les difficultés, ils ont continué et ils continuent l'œuvre de la production qui n'a pas cessé d'être en général rémunératrice. Les syndicalistes tirent argument de cette « continuation de l'exploitation. » Ils disent aux ouvriers : « Vous pouvez encore beaucoup exiger, puisque les patrons trouvent encore intérêt à vous exploiter. Marchez donc hardiment. Soyez inlassables, dans vos exigences. »

Sans merci pour les patrons, l'action directe, est sans pitié pour les ouvriers. Les violences, les voies de fait, que répriment les articles 414 et 415 du Code pénal, sont élevées par eux à la hauteur de moyens de propagande légitimes. Toute la pensée syndicaliste a été dévoilée, sur ce point, par M. Merrheim, un des propagandistes des plus en vue de la Confédération générale du travail. Dans un article publié par un journal bourgeois, le *Matin*, il a revendiqué pour les ouvriers en grève le droit à l'attentat contre les « rénégats », les « traîtres », qui ne font pas acte de solidarité avec les chômeurs. Si on se place au point de vue syndicaliste et même au point de vue socialiste-marxiste, qui n'est pas le point de vue de la loi, il faut reconnaître que M. Merrheim a raison. Puisque les classes sont en état de guerre latente, quand cette guerre est déclarée sur un point, les réfractaires et surtout ceux qui passent à l'ennemi méritent d'être traités selon les lois de la guerre. C'est une conception militariste, digne d'un président de cour prévôtale. La logique devait la faire entrer dans les cerveaux syndicalistes.

L'ouvrier en grève exerce donc un droit absolu quand il maltraite le camarade qui veut continuer à travailler. Ce camarade objecte qu'il n'a pas été consulté pour la grève. Qu'importe ? La grève a été déclarée par le syndicat qui est le mandataire naturel des travailleurs. Contrarier l'action du syndicat, c'est trahir, et pour empêcher la trahison, toute contrainte est légitime. Elle est d'autant plus légitime que l'ouvrier non gréviste qui sera mal traité, violenté dans sa liberté et dans sa personne, le sera pour son bien. En effet, le syndicalisme n'est pas égoïste. L'égoïsme est un sentiment bourgeois que les capitalistes entretiennent avec un soin jaloux comme un élément de division de la classe ouvrière. La morale bourgeoise enseigne que les individus sont en concurrence les uns avec les autres, que chacun doit « tirer comme il le peut son épingle du jeu », ce qui ne se fait pas sans piquer et déchirer les doigts des autres. « Chacun pour soi » est un principe bourgeois. Les premières associations ouvrières en furent elles-mêmes contaminées. Avant que la « conscience de classe » ne se fût éveillée, les travailleurs, dans leurs sociétés de secours mutuels et même dans leurs sociétés de résistance, ne se préoccupaient que de leurs adhérents secrets ou déclarés. Ils demandaient de petites garanties, de petites améliorations particulières. Leur vision n'embrassait pas, comme le fait celle des syndicalistes, tout le champ de la bataille sociale. Ils n'en apercevaient que le petit coin où ils se débattaient.

Combien plus étendue, et plus généreuse, est l'action du syndicalisme! Avec le syndicalisme, « l'altruisme », le sentiment noble de la solidarité, a fait place dans les âmes ouvrières au sordide égoïsme de la morale bourgeoise.

Le syndicat a beau ne se composer que d'une poignée de militants; c'est au nom de tous et pour tous qu'il combat; c'est pour tous qu'il stipule, quand il est vainqueur. Pour ses membres il ne réclame rien qui ne doive être accordé à tous les ouvriers de l'atelier, de l'industrie ou de la corporation. Il travaille pour les jaunes, pour les rénégats, pour les inconscients aussi bien que pour les braves militants.

Par conséquent il défend les lâches contre eux-mêmes en les empêchant de céder à l'impulsion détestable qui les pousse à l'atelier quand leurs vaillants camarades s'en éloignent.

Si, grâce à la trahison des rénégats, le patron gagne la bataille de la grève, il n'y aura pas d'améliorations pour les grévistes, mais il n'y en aura pas davantage pour les non-grévistes. Ceux-ci auront donc livré leur classe à l'ennemi pour rien. Qu'ils ne se plaignent pas, si on les détourne, même un peu brutalement, de commettre une infamie de nul rapport !

Au contraire, si les rénégats, retenus chez eux par la terreur, ne peuvent pas aider le patron à repousser l'assaut du syndicat, ils seront, tout comme les assaillants, les co-partageants du bénéfice de la victoire. Ils devraient donc se féliciter quand on les assomme, puisqu'on ne le fait que pour diminuer l'exploitation dont, au même titre que leurs camarades « conscients et révoltés », ils sont les victimes misérables.

Dans cette forme d'action directe qui s'appelle le boycottage et que le code qualifie d'atteinte à la liberté du travail, les syndicalistes croient exercer cette espèce de droit supérieur, qu'ils réclament pour les minorités révoltées c'est-à-dire pour eux-mêmes.

Ces alertes dans lesquelles on tient continuellement le patronat ; ces empiètements tentés sur son autorité, ces sacrifices nouveaux qu'on lui impose à chaque grève, ces violences contre les ouvriers non-grévistes, les socialistes contemplent tous ces épisodes de la lutte des classes avec une bienveillance qu'ils ne dissimulent pas.

L'action directe qui est un si bon ferment de haine sociale ferait parfaitement leurs affaires, si, comme il a déjà été dit, les syndicalistes venaient leur en rendre hommage en sollicitant l'appui des

« Elus ». Il n'y aurait pas un reproche à faire aux syndicalistes pour leurs manœuvres de guerre anticapitaliste, s'ils réservaient aux socialistes l'honneur d'intervenir dans la conclusion des traités de paix. « Tous les avantages que vous poursuivez, vous les sauvegarderiez après les avoir obtenus, si vous vouliez vous entendre avec nous pour vous les faire reconnaître par la loi. »

C'est à peu près le langage que tiennent les socialistes aux syndicalistes qui s'esclaffent :

« La loi ! Faites-la si vous voulez. Nous vous obligerons même à la faire, et quand vous l'aurez faite, nous ne vous en aurons, soyez avertis, aucune gratitude. Qu'est-ce que c'est que la loi ? C'est la consécration d'un usage, d'une coutume. La loi ne crée pas le droit — elle le fixe, en le restreignant. Quand de certains intérêts, de certains besoins, sont nés et qu'en vivant ils ont prouvé leur vitalité, la société est contrainte de les reconnaître. Elle leur donne alors un état civil qui s'appelle la loi. Votre rôle, à vous, députés, est de dresser ces actes d'état-civil ; le nôtre, à nous, syndicats, c'est de faire entrer dans la pratique ces usages, ces coutumes auxquels l'État se mêle, indûment, de donner une consécration dont nous nous passerions fort bien. Légiférez, tant qu'il vous plaira. L'action directe a pour but de faire apparaître les besoins, de créer les intérêts sur lesquels vous appliquerez, si bon vous semble, ensuite votre minutie de coupeurs de cheveux en quatre ! »

Ainsi réplique au socialisme, son irrespectueux

fils le syndicalisme. Dans leur querelle, ils ont raison l'un et l'autre, chacun à son tour. Il est vrai qu'on n'a pas eu besoin de députés socialistes pour faire abroger en 1864 les articles du code pénal qui interdisaient les coalitions et qui n'ont maintenu que la prohibition des manœuvres frauduleuses dont les coalisés se rendraient coupables. C'est sous un régime monarchiste, alors qu'il n'y avait pas un seul socialiste dans les pouvoirs publics, que cette grande et juste concession de droit a été faite aux ouvriers.

Comment, dans des circonstances en apparence si défavorables, la classe ouvrière a-t-elle pu remporter une si grande victoire? Parce que, disent les libertaires syndicalistes, cette classe n'avait pas attendu la permission de la loi pour se coaliser. La coalition était un fait spontané devenu, en se perpétuant, inéluctable. L'État ne pouvant pas l'anéantir l'a légalisé. Les ouvriers s'étaient créé dans la coalition un organe nécessaire de défense, que le législateur, à moins de fermer les yeux à l'évidence, ne pouvait pas ignorer.

Il en a été de même de la loi de 1884 sur les syndicats professionnels. Dans la Chambre opportuniste qui vota cette loi, il n'y avait pas de socialiste. Elle fut une œuvre bourgeoise, une concession de la bourgeoisie. Mais avant que cette concession ne fût consentie, les ouvriers avaient formé des syndicats. L'association ouvrière était à son tour, comme auparavant la coalition, passée à l'état de fait social. La politique — non le socialisme — régularisa ce fait illégal que sa spontanéité et sa persistance rendaient très difficilement destructible.

Plus récemment, l'action directe a obtenu l'inscription dans la loi d'une mesure qui ne se justifiait pas, aussi complètement que la reconnaissance du droit de se coaliser et que celle du droit de se syndiquer. Quand les agitateurs de la corporation de l'Alimentation demandèrent la suppression des bureaux de placement, ils émettaient un désir qui n'était pas inspiré par un besoin naturel et irrésistible, comme l'est à des hommes celui de s'entendre sur leurs intérêts communs et de se réunir pour en discuter.

Malgré son impopularité, une impopularité qui se forme spontanément contre les commerces où l'on trafique directement de la personne humaine, à quelque titre que ce soit; malgré cette impopularité qui faisait autour de lui une atmosphère malveillante, le bureau de placement rendait des services. Les syndiqués de l'Alimentation, conduits par un tumultueux méridional, M. Bousquet, en voulaient cependant la disparition. A la Chambre, où il y avait des socialistes, les réclamants obtinrent satisfaction et les socialistes purent réclamer une part dans cette victoire de la corporation alimentaire sur « les marchands d'hommes ». Mais le Sénat résistait. L'action directe exerça pression sur lui par des sommations, des menaces, des manifestations violentes dans la rue, et sous cette pression la Haute

Assemblée, imbue pourtant, comme le lui reproche M. Jaurès, d'un esprit de « réaction sociale », céda. Comme il n'y avait pas de socialistes au Sénat, les syndicalistes ne manquent pas d'attribuer à leur méthode, à leur tactique, la suppression des bureaux de placement.

Ils demandent aux ouvriers de méditer sur ces résultats de l'action directe et d'y voir la démonstration que l'action parlementaire et politique est au moins inutile. Alors à quoi bon politiquer? Pourquoi dépenser son énergie pour tenter cette chimère : la conquête de la majorité? L'appel aux électeurs, l'appel à la démocratie ne peut pas être entendu — excepté en quelques circonscriptions — parce que les instincts, les préjugés, les habitudes de la masse l'ont rendue contre-révolutionnaire. Jamais en France, ni ailleurs, un suffrage universel ne consentira à donner à ses élus un mandat précis de révolution. M. Griffuelhes, qui est une grande autorité à la Confédération générale du Travail, a écrit ironiquement que le parti socialiste pourrait peut-être avoir la majorité au Parlement en l'an 5o.ooo!

Le Prolétariat peut-il mettre 48.000 ans de patience et de résignation, au service de sa classe? Non. Il convient donc de renoncer à la méthode parlementaire, à la conquête des pouvoirs publics. Cette conquête n'a été indiquée par Karl Marx que comme un moyen tactique. Or, selon le temps, les tactiques changent. Les fondateurs de l'Internationale ne pouvaient pas prévoir que le syndicalisme prendrait un si grand développement en étendue et en profondeur, qu'il finirait par absorber la plus vigoureuse partie du prolétariat. De leur temps, le seul instrument mis aux mains des ouvriers était, en quelques pays, le suffrage universel. Tout naturellement, l'Internationale devait recommander l'usage de cette arme, malgré ses imperfections, malgré la lenteur et la médiocrité des résultats qu'elle est susceptible de donner.

Maintenant que le syndicalisme est né, qu'il a dressé la classe ouvrière sur le pied de guerre contre la classe bourgeoise, qu'il a fait sortir la lutte des classes de l'ordre des abstractions idéologiques pour en faire une chose concrète que les moins clairvoyants sont obligés de voir; maintenant que le prolétariat est en possession de l'arme formidable des syndicats, la tactique doit se modifier, comme elle s'est modifiée successivement sur les champs de bataille des armées, d'abord après la découverte des armes à feu, ensuite après celle des armes se chargeant par la culasse, enfin après l'invention des armes à répétition et des explosifs.

Le suffrage universel c'est quelque chose de démodé et d'inoffensif comme le fusil à pierre. Il est à courte portée, il est lourd, et opère lentement.

Pendant de longues années, les ouvriers qui croient encore à la panacée politique, préparent des élections. Le jour, le grand jour de la souveraineté, arrive. Cette souveraineté, elle s'exerce pendant les quelques secondes que l'électeur passe devant l'urne. Et quel usage peut-il faire de sa toute puissance, ce fier citoyen? Il ne peut en faire un autre que l'abdication. Il a élu un député qui pendant quatre années sera, lui, véritablement souverain, qui pourra ne tenir aucun compte de la volonté de ses électeurs et qui, même s'il reste fidèle à son mandat, sera impuissant pour la révolution, perdu qu'il sera dans une majorité d'intérêts et d'instincts capitalistes.

Au lieu de perdre leur temps en exercices dérisoires d'une souveraineté purement nominale, les travailleurs doivent se cantonner sur le terrain économique, qui est le terrain social, le terrain sur lequel les institutions politiques ne sont qu'une végétation parasitaire et malsaine. Dans leurs syndicats ils seront eux-mêmes à la besogne, combattant par eux-mêmes, non par des mandataires, arrachant chaque jour par l'action directe ce que le Parlementarisme, la loi sont incapables de leur procurer.

— Pas aussi incapables que vous le dites, ripostent les socialistes, parvenus ou candidats aux pouvoirs publics. Et ils énumèrent les « lois sociales » (¹) que les Parlements ont votées sur l'insistance des députés socialistes.

— Vous vous parez des plumes du paon. Ce n'est pas à votre éloquence que les parlementaires bourgeois se sont rendus; c'est la peur que nous leur

---

1. *Cf. Le Socialisme, exposé du Pour et du Contre.* Paris, Ollendorff, éditeur. Dans cet ouvrage on trouvera la longue liste des lois faites depuis trente ans en faveur des ouvriers.

inspirons qui les incline à des concessions. Notre audace triomphe seul de leur égoïsme. Ce que vous attribuez au Parlementarisme, parce que vous en êtes; ce que vous réclamez pour le socialisme, parce que vous en êtes encore, n'appartient qu'à l'action prolétarienne directe. Par cette méthode patiemment suivie, le peuple a la satisfaction de voir que sa souveraineté n'est pas un vain mot, ses maîtres économiques se courbent devant lui. Il lui concèdent ce qu'ils ne peuvent plus défendre, ce qu'il a préalablement occupé, ou ce qu'ils voient qu'il occupera demain.

On trouvera à l'appendice les documents relatifs à cette querelle.

Dès maintenant on peut en indiquer les résultats. Les socialistes ont perdu une des grosses racines ouvrières de leur parti. Entre le Prolétariat militant dont une bonne partie refuse de les employer comme commissionnaires et les partis bourgeois dont ils se sont exclus, ils sont comme suspendus. Rien ne les retient en haut et ils commencent à ne plus trouver de soutien en bas. Les anarchistes dénoncés par M. Jules Guesde, depuis tant d'années, comme les pires ennemis du socialisme ont justifié l'anathème du vieux Pontife clairvoyant. Pour se consoler, M. Guesde peut montrer à ses camarades du Parti socialiste unifié une minorité de syndicalistes, qui résistent encore au joug libertaire. Ces syndicalistes restés fidèles à la doctrine de la conquête des pouvoirs publics, au suffrage universel, au socialisme, sont

justement ceux des régions où domine le guesdisme.
Partout où le rigide caporalisme de M. Jules Guesde
étouffa ses rivaux, la majorité des syndicats demande que la Confédération générale du travail, sans
se subordonner au Parti socialiste, consente pourtant
à collaborer avec lui, tout au moins à délibérer en
commun.

« Nous n'avons rien à dire en particulier, répondent les syndicalistes-libertaires. Ce que veut le prolétariat est assez connu. Pour le savoir on n'a qu'à
regarder et à écouter et si on est avec le peuple on
n'a qu'à nous suivre. Pour cela il n'est pas besoin de
parlottes dans lesquelles on nous demanderait naturellement de consentir à d'inacceptables compromis. »

Avoir jeté la suspicion sur le parti socialiste dans
les milieux de son recrutement, avoir enlevé à ce
parti une fraction si considérable de sa force d'opinion, c'est une belle revanche prise par les libertaires, par les fils de Bakounine sur les disciples du
marxisme autoritaire. Ils ont fait mieux ou pire. En
prêchant le mépris de l'État, de ses lois, de ses
agents, en le prêchant non par la parole, mais par
l'action, en montrant, grâce à la débilité des gouvernements qui n'osaient pas réprimer leurs excès,
que l'autorité peut être bafouée comme elle le mérite,
ils ont fait surgir au milieu de la plèbe des individualités viriles, d'une vigueur bienfaisante ou mal-
faisante, selon le point de vue d'où on les juge,
mais d'une vigueur indéniable. Il n'est pas un fau-

bourg, pas un centre industriel où on ne rencontre quelques militants solides, qui, au milieu de la multitude des résignés, font autour d'eux une fermentation de révolte.

Fonctionnaires des syndicats ou leurs délégués dans les usines, ces militants prennent l'habitude du commandement des hommes. Les petits coups de main de l'action directe les initient, par l'expérience qu'ils acquièrent, à l'art de manœuvrer les foules.

On doit au syndicalisme une véritable génération spontanée de révolutionnaires chez qui l'instinct d'insoumission s'est en quelque sorte plié aux règles d'un métier.

En face de la minorité des gouvernants, qui s'est tant abandonnée en ces dernières années, il y a maintenant une minorité en état d'insurrection morale, prête et apte à profiter de toutes les occasions.

Les tumultes populaires qu'un événement pourrait provoquer trouveraient maintenant dans les syndicats des chefs capables de les discipliner.

CHAPITRE XI

La Confédération Générale du Travail.

La Confédération, fondée en 1895, végète jusqu'en 1902. — Cette année-là, la Fédération des syndicats et la Fédération des Bourses du Travail se concilient définitivement. — Statuts de la Confédération générale du Travail. — Organisation d'une forte autorité invisible. — Les secrétaires. — Ils sont tous libertaires. — Comment ils se perpétuent dans leurs fonctions. — Les délégués au Comité confédéral et les délégations pour la propagande en province. — Périodicité biennale et composition des Congrès. — Les majorités personnelles, et les majorités de mandats. — Les libertaires forment des majorités faites avec les syndicats faibles. — Exemple : 27 syndiqués ont autant de suffrages que 100.000. — Discipline des « majorités de papier ». — Vote au dernier congrès sur les comptes de la *Voix du Peuple*, sur l'antimilitarisme et sur les rapports de la Confédération avec le Parti socialiste. — Défaite des socialistes par les libertaires.

La Confédération générale du travail fut fondée, comme nous l'avons vu, à Limoges en 1895, par les représentants des syndicats ouvriers de la première fédération ou du moins par ceux d'entre eux (et c'était de beaucoup les plus nombreux) qui, au Congrès de Nantes l'année précédente, s'étaient émancipés de la tutelle guesdiste. Jusqu'en 1902 la nouvelle organisation n'avança que d'un vol lourd. Sa première constitution lui permettait de recevoir non seulement les fédérations des métiers, mais encore les syndicats qui volontairement restaient en dehors de ces fédérations; elle lui permettait encore de s'ouvrir aux bourses du travail qui refusaient d'adhérer à la « Fédération des Bourses. »

Les auteurs de cette constitution avaient eu véritablement le projet de faire de la Confédération générale du travail une maison commune où toutes les associations ouvrières se trouveraient également chez elles, quels que fussent au dehors leurs dissentiments. Cette large conception de ce que doit être un organisme central ne pouvait pas être partagée par la Fédération des Bourses du travail qui ne reconnaissait, elle, que les Bourses dont elle avait reçu l'adhésion et qui bannissait les syndicats isolés. Or, sans les Bourses du travail, la Confédération générale du travail ne pouvait pas remplir l'ambitieux programme que résumait si heureusement son titre; elle n'était que la continuation sous un nouveau nom de cette ancienne fédération des Syndicats dont l'œuvre avait été si stérile.

La Confédération et la Fédération des Bourses s'observèrent pendant plusieurs années. Elles tenaient l'une après l'autre leur congrès dans les mêmes villes ; le personnel était à peu près le même dans l'une et dans l'autre. Elles se cherchaient ; elles finirent par se rencontrer au congrès de Montpellier en 1902.

La Confédération accepta de ne s'ouvrir qu'aux Fédérations nationales d'industries et aux Bourses fédérées. Tenant compte de ces concessions, la Fédération des Bourses consentit alors à se confédérer.

Voici les statuts communs que se donnèrent les deux grandes organisations ouvrières dont le rôle a pris tant d'ampleur depuis qu'elles se sont unies :

ARTICLE PREMIER. — La Confédération générale du travail, régie par les présents statuts, a pour but :

1° Le groupement des salariés pour la défense des intérêts moraux et matériels, économiques et professionnels ;

2° Elle groupe, en dehors de toute école politique, tous les travailleurs conscients de la lutte à mener pour la disparition du salariat et du patronat.

ART. 2. — La Confédération générale du travail est constituée par :

1° Les fédérations nationales, *à leur défaut* les fédérations régionales d'industrie, de métier et les syndicats nationaux ;

2° Les Bourses du travail considérées comme unions locales ou départementales ou régionales de corporations diverses et sans qu'il y ait superfétation.

ART. 3. — Nul syndicat ne pourra faire partie de la confédération s'il n'est fédéré nationalement et adhérent à une bourse du travail ou union de syndicats locale ou départementale ou régionale de corporations diverses.

Art. 4. — Chaque organisation adhérente à la Confédération générale du travail sera représentée par un délégué.

L'ensemble de ces délégués forme le comité fédéral.

Art. 5. — La Confédération générale du Travail se divise en deux sections autonomes :

La première prend le titre de section des fédérations d'industrie, de métiers et des syndicats isolés.

La deuxième prend le titre de section de la Fédération des Bourses du travail.

L'article 6 institue des commissions permanentes : celle du journal, (*la Voix du Peuple*, qui avait commencé à paraître en 1900); celle des grèves et de la grève générale; celle du contrôle.

Les articles 7 et 10 déterminent comme il suit les attributions des deux sections :

Art. 7. — La section des Fédérations d'industrie, de métiers et des syndicats isolés a pour objet d'entretenir des relations entre les Fédérations d'industrie et de métiers pour coordonner l'action de ces organisations, et de prendre toutes mesures nécessaires pour soutenir l'action syndicale sur le terrain de la lutte économique; de créer et de provoquer la création de Fédération d'industrie et de métiers, et de grouper en branches d'industrie ou de métiers les syndicats de même profession ou de même industrie pour lesquels il n'existe aucune Fédération.

Elle décide à adhérer aux Bourses du travail les syndicats de ces organisations qui en sont en dehors.

Art. 10. — La section des Bourses du Travail a pour

objet d'entrenir des relations entre toutes les Bourses, dans le but de coordonner et de simplifier le travail de ces organisations ; de créer et de provoquer la création de nouvelles Bourses ou union des syndicats divers dans les centres, villes ou régions qui en sont dépourvus ; de décider les syndicats de ses organisations non fédérés par métier ou par industrie, à adhérer à leur fédération respective.

Elle adresse périodiquement, avec les renseignements fournis par les Bourses du travail, ou toute autre organisation syndicale, des statistiques de la production en France, de la consommation, du chômage, des statistiques comparées du salaire et du coût des vivres par région, ainsi que du placement gratuit qu'elle généralise aux travailleurs des deux sexes et de tout corps d'état.

Elle surveille avec attention la marche de la juridiction ouvrière pour en signaler les avantages et les inconvénients aux organisations confédérées.

Elle s'occupe de tout ce qui a trait à l'administration syndicale et à l'éducation morale des travailleurs.

Passons les articles qui concernent les détails d'administration :

Art. 21. — Le comité confédéral est formé par la réunion des deux sections. Il se réunit tous les trois mois pour permettre à chaque section d'exposer les observations qu'elle pourrait avoir à présenter et les modifications qu'elle pourrait proposer, dans l'intérêt supérieur du prolétariat organisé. Il peut se réunir extraordinairement en cas de besoin et d'urgence sur la décision du bureau. Il est l'exécuteur des décisions des congrès nationaux ; il intervient dans tous les événements de la classe ouvrière et prononce sur tous les points d'ordre général.

Art. 22. — Étant donné que tous les éléments qui constituent la Confédération générale du Travail doivent se tenir en dehors de toute école politique, les discussions, conférences, causeries organisées par le comité confédéral ne peuvent porter que sur des points d'ordre économique ou d'éducation syndicale et scientifique.

Un autre article institue le bureau confédéral composé « des secrétaires et des secrétaires adjoints des deux sections, du secrétaire de chaque commission permanente (il y a trois de ces commissions) et confère le titre de secrétaire général de la confédération au secrétaire de la Fédération des industries. Ce poste est occupé par M. Griffuelhes, qui a un assistant dans la personne de M. Emile Pouget, secrétaire adjoint. Le secrétaire de la Fédération des Bourses est M. Yvetot, l'auteur du *Manuel du Soldat*.

Tous ces secrétaires appointés et toute la propagande à laquelle ils se livrent, occasionnent des dépenses. Il y est pourvu par l'article 27 :

Art. 27. — Pour permettre à la Confédération d'assurer ses divers services, les organisations sont tenues de verser des cotisations comme suit :

1º Les Bourses du Travail ou unions de syndicats divers : 0 fr. 35 par syndicat les constituant et par mois;

2º Les Fédérations d'industrie, de métiers, et les syndicats nationaux : 0 fr. 40 par cent membres ou par fraction de cent membres et par mois; les syndicats isolés, 0 fr. 05 par membre et par mois. (¹)

Chacune des sections encaisse et administre les cotisations des groupements dont elle est formée. Elles ont un trésorier-comptable commun qui tient aussi les comptes de la *Voix du Peuple*. Ce trésorier est M. Albert Lévy.

Une mention doit être faite encore de la partie des statuts qui institue sous le nom de *Label* (étiquette), une marque confédérale. C'est un timbre au centre duquel est figurée une sphère terrestre sur laquelle deux mains se rejoignent dans une étreinte amicale. En exergue sont tracées la devise : *Bien-être et Liberté*, et le nom de la Confédération générale du Travail.

Seuls les syndicats adhérents ont le droit de se servir du Label et tous les syndicats, ou unions, ou Fédérations confédérées ont le devoir d'en marquer leur correspondance et leurs communications officielles.

Ces statuts de la Confédération du Travail font honneur au législateur inconnu qui les a conçus. Le problème à résoudre pour lui consistait à unir des contraires, à mettre de l'autorité sous les apparences de l'anarchie libertaire, de l'autonomie sans bornes.

---

1. Pour qu'un syndicat soit légitimement « isolé » il faut qu'il soit seul à représenter son métier. Chaque fois qu'un métier compte au moins deux syndicats, ils doivent se fédérer nationalement.

Il faut reconnaître qu'il n'a pas manqué son ouvrage.

Comme le fait remarquer M. Pouget qui est, avec M. Delesalle, le principal publiciste de la confédération, l'organisation confédérale est une série de cercles concentriques surperposés. A la base il y a la grande circonférence où pullulent les syndicats. Ils se groupent en masse plus dense, sur la circonférence de moindre développement des unions syndicales ou Fédérations d'industrie. Au-dessus, le cercle s'étant encore rétréci, apparaissent les Bourses du travail auxquelles obligatoirement les Fédérations doivent s'affilier.

Encore plus haut, au centre, voici le comité confédéral dont le siège est à Paris, qui se réunit tous les trois mois ; enfin le Bureau confédéral, fait en lui la condensation des pouvoirs du comité confédéral. Sous le nom modeste qu'on lui a choisi, le Bureau constitue une autorité exécutive forte à laquelle ne participent que sept secrétaires : deux pour la section des Fédérations, un pour la section des Bourses, un pour chacune des trois commissions permanentes (journal, grèves, contrôle), et le trésorier.

Le Bureau confédéral se fait le plus humble qu'il peut. Ses membres, en toute occasion, ne manquent pas de répéter qu'ils ne sont que les exécuteurs des décisions des congrès, que leur réunion constitue une simple office de correspondance, un organe de transmission. D'après eux, l'impulsion part d'en bas, des syndicats qui la transmettent à leurs Fédérations nationales et à leurs Bourses locales. La

Confédération générale et son Bureau ne sont mis en branle qu'en dernier lieu. Mais alors leur devoir est de faire converger sur le point désigné par les organisations autonomes tout l'effort de la puissance confédérale.

En apparence, les « secrétaires » du bureau n'ont aucune initiative. En réalité, toute initiative vient d'eux. C'est eux en effet qui désignent les « délégués », qui sillonnent la France ; c'est eux qui disposent du journal.

Mais cette grande puissance n'est pas visible. Ceux qui en sont investis ont eu la grande habileté de dissoudre leur responsabilité dans une série de comités et de commissions où ils font adopter assez facilement tout ce qui est conforme à leurs vues. Ils suggèrent, par un délégué, l'idée de telle initiative qui part d'un point quelconque et dont la proposition leur revient pour qu'ils aient à en assurer le succès. Les libertaires, en se gardant bien de prendre les airs et le langage de l'autorité, sont parvenus à enserrer les syndicats dans un réseau de fils imperceptibles. Ils tiennent la classe ouvrière — du moins la partie de la classe ouvrière qui s'est enrôlée dans « l'organisation économique » — bien plus solidement que les guesdistes eux-mêmes, avec leur ton impérieux, leur manière tranchante, n'ont jamais tenu leurs comités et leurs cercles d'études sociales.

La Confédération générale du Travail est donc, en somme, constituée comme un état bourgeois où le pouvoir finit par se concentrer. Dans son intérieur, toujours comme à l'intérieur d'un état capitaliste et exploiteur, les maîtres du pouvoir rencontrent une opposition. Celle dont les libertaires syndicalistes ont à se préoccuper est double : c'est d'abord l'opposition des ouvriers affiliés au parti socialiste ; c'est ensuite celle des ouvriers qui, n'appartenant à aucun parti et prenant au sérieux la déclaration de neutralité des statuts, « poursuivent l'abolition du salariat en dehors de toute école politicienne ».

A ces adversaires, les libertaires opposent des moyens que ne désavouerait pas le parlementaire le plus familiarisé avec les roueries en honneur dans les couloirs des Chambres. Ces révolutionnaires, ennemis de toute loi, réclament le respect pour la législation confédérale et afin que cette législation ne soit pas changée ils ne reculent pas devant des petites manœuvres, que sans doute ils réprouveraient si elles étaient employées contre eux et qui, au contraire, parce que c'est eux qui s'en servent, leur apparaissent comme absolument irréprochables. Tant il est vrai, même pour des anarchistes, que le pouvoir change le point de vue.

L'organe exécutif, le bureau confédéral, est occupé par MM. Griffuelhes, Pouget, Yvetot, Delesalle, Lévy, qui sont tous des Libertaires.

Le comité confédéral, composé des délégués des Fédérations, pourrait remplacer les membres du bureau qui ne doivent leur délégation qu'à leur qualité de secrétaires ou de fonctionnaires des deux sections (Bourses et Fédérations). Il importe donc, pour que le Bureau dirigeant demeure anarchiste, que le comité dont il émane reste, lui aussi, anarchiste, en majorité.

Voici le procédé par lequel les secrétaires des deux sections s'assurent une majorité qui leur conserve leurs emplois, leur influence et ne leur suscite pas trop d'embarras.

Le siège du comité confédéral étant établi à demeure fixe à Paris, 33, rue Grange-aux-Belles (¹), de toute nécessité, il faut que les représentants des Bourses du Travail et des Fédérations au comité soient en résidence à Paris.

Mais comment choisit-on ces représentants et où les prend-on; où est-il tout indiqué qu'on les prenne? Dans le personnel des militants connus de la Confédération générale du travail. Pourquoi ces militants ont-ils plus de notoriété que leurs camarades? Quelques-uns peuvent être des individualités énergiques qui se sont signalés dans le syndicalisme comme ils auraient pu le faire, grâce à leurs dons naturels, dans tout autre milieu où le hasard les aurait placés. Mais la plupart ne doivent leur renommée qu'aux délégations dont ils sont chargés, délégations qui leur donnent des auditoires dans toute la France et qui leur font à la longue une clientèle. Or, qui donne les délégations? Les bureaux des sections (bourses et fédé-

---

1. En 1905, la Préfecture de la Seine retira à la Confédération générale du Travail, les locaux qu'elle occupait à la Bourse du Travail de Paris, et la Confédération se transporta rue Grange-aux-Belles où elle siège actuellement.

rations) et le bureau confédéral. Naturellement, les anarchistes qui composent ces bureaux, choisissent pour les charger de missions, de préférence à tous autres, les hommes dont les opinions se rapprochent des leurs, dont le tempérament leur offre des garanties.

Ces émissaires, ces voyageurs, qui sont continuellement en route, dont les journaux signalent l'activité inlassable sur tant de points de la France à la fois, sont en rapports continuels avec les Syndicats et les Bourses des départements. Ils prennent part, conformément aux statuts, à la création d'Unions de métier et d'Unions de syndicats ; ils nouent des relations de camaraderie avec les militants, à qui en impose leur titre de « délégués confédéraux ».

Qu'arrive-t-il alors, quand une ancienne Fédération ou une ancienne Bourse doit remplacer son représentant au Comité confédéral, ou quand une Bourse ou une Fédération de nouvelle création doit élire son premier représentant à ce comité ?

Il arrive que les militants provinciaux s'adressent soit directement à la Confédération, c'est-à-dire à ses secrétaires, qui sont libertaires ; soit aux délégués qu'ils ont connus au cours de quelque pérégrination, qu'ils ont vus à l'œuvre dans une grève, qu'ils ont entendus dans une réunion corporative, à la Bourse du travail ou dans quelque autre meeting. Or, ces délégués sont presque tous libertaires, et s'ils ne l'étaient pas au fond, ils voudraient le paraître pour ne pas encourir la disgrâce des dispensateurs de missions.

Qu'une bourse du travail ou une fédération demande donc à qui elle pourrait bien confier le mandat de la représenter au Comité confédéral, aussitôt, c'est, neuf fois sur dix, un libertaire qui lui est recommandé. Dans la pratique, le Comité confédéral ne désigne pas un seul militant susceptible d'accepter et capable de remplir le mandat. C'est une liste qu'il envoie. Mais sur cette liste il a soin de ne porter que des noms amis, des noms de camarades éprouvés.

Ainsi le Comité confédéral s'est peuplé de libertaires et il fournit un support solide aux secrétaires, qui constituent, eux, le Bureau confédéral, qui sont le vrai pouvoir exécutif.

Mais la prédominance dans le Comité ne donnerait au Bureau qu'une autorité instable, s'il ne s'assurait pas l'appui du Congrès.

Le Congrès, après avoir été une assemblée annuelle jusqu'en 1902, ne se tient plus maintenant que tous les deux ans. En 1902, il eut lieu à Montpellier; en 1904, à Bourges; en 1906, c'est à Amiens qu'il s'est tenu et c'est seulement en 1908 qu'il se réunira à Marseille. Cette périodicité espacée permet d'entreprendre des œuvres de plus d'étendue et de les conduire jusqu'à un point satisfaisant de développement pendant les longues intersessions. Mais elle est aussi fort agréable aux organes du pouvoir exécutif. Pour être libertaire, on peut encore avoir les mêmes sentiments qu'un ministre bourgeois. « Les hommes d'État », quand ils sont en fonction, aiment mieux, si parlementaires qu'ils soient, les parlements en vacances que les parlements en session. Les syndicalistes de la Confédération générale du travail ont la même préférence. Les congrès leur font toujours passer des moments désagréables. Ils trouvant que c'en est assez si ces moments reviennent tous les deux ans. Une fois par an, ce serait trop.

Pour que ces instants d'épreuve, où on se trouve en présence de l'opposition socialiste et réformiste soient plus courts, les libertaires profitent avec habileté du règlement électoral de la Confédération.

Chaque syndicat a droit à un mandat, quel que soit le nombre de ses membres. Cette disposition a excité au Congrès de Bourges (1904) les vives protestations des grands syndicats. Leur proposition, de proportionner le nombre des suffrages au nombre des syndiqués, ne fut pas acceptée. Mais autour de cette question de la représentation proportionnelle, l'agitation se continue et les prochains congrès auront certainement encore à en discuter.

Il y a eu dans la *Voix du Peuple*, entre M. Émile Pouget et un autre militant, M. Marius Donzel, une polémique bien propre à édifier sur la valeur des majorités sur lesquelles s'appuient les syndicalistes libertaires dans leurs congrès.

M. Donzel avait dressé ce tableau de six organisations « fortes » et de six organisations « faibles ».

Fortes.

	Adhérents.
Syndicat des Mineurs, Pas-de-Calais.	27.000
— — Loire..	3.000
Chambre Syndicale des Employés, Paris.	11.701
Chambre Syndicale Textile, Loire. .	6.235
— Métallurgistes du Creusot.	5.200
Chambre Syndicale Nationale des chemins de fer.	37.321
TOTAL.	90.457

Faibles.

	Adhérents.
Syndicat des Briquetiers de Seine-et-Oise..	2
Syndicat des Chapeliers Réunis du Mans.	2
Syndicat des Tapissiers en literie, Paris.	8
Syndicat des Tonneliers de Tours.	7
— Scieurs de long de Saumur..	5
Syndicats des Typo-Litho de Parthenay.	3
TOTAL.	27

Est-il juste, demandait l'auteur de cette comparaison, que 27 syndiqués aient autant de voix que 90,000 ; que moins de 3o hommes exercent sur les affaires de la Confédération une influence aussi grande que celle qui est accordée à près de 100,000 de nos camarades ?

A quoi M. Pouget répondait par l'exposé d'une théorie que nous avons déjà fait connaître, celle du droit supérieur des minorités :

« L'action syndicale, a écrit M. Pouget, est la négation du système des majorités. Si on veut tenir compte de la majorité, il ne faut pas tenir oublier la masse des non-syndiqués. C'est elle qui est la majorité !

« Par conséquent, en vertu du droit des majorités, les syndiqués n'ont qu'à suivre les veules, les pieds-plats, toujours contents de l'exploitation.

« Au contraire, si on est conscient, on s'aperçoit que, dans la Société, n'ont de valeur que les *êtres de volonté*, ceux qui ne subissent pas l'ambiance majoritarde : les révoltés.

« Et tous les syndiqués sont, plus ou moins, des révoltés !

« Dans le syndicat, il en est de même que dans la Société ; seuls comptent les actifs, ceux qui s'occupent du Syndicat, qui font de la propagande ; quant aux syndiqués moutonnants qui se bornent à payer leur cotisation, en rechignant plus ou moins, sous la pression du collecteur, ils ne peuvent espérer avoir dans le Syndicat l'influence qu'ils refusent d'avoir.

« Cependant, qu'arrive une occasion et cette minorité féconde, qui paraît infime, par sa force rayonnante, vivifie les syndiqués moutonnants et entraîne aussi la masse inconsciente restée complètement hors du syndicat.

« Ainsi se manifeste la puissance d'action des minorités...

« Les Syndicats ne se trouvent en contact que dans les Congrès. Là, ils sont des *universités syndicales* et le nombre des adhérents n'est pas en question.

« Les cultivateurs sont la masse fédérale la plus considérable. Qu'en un temps proche ils soient groupés, et alors, la Confédération générale du travail, grâce à la représentation nationale, risquerait de n'être qu'un groupement exprimant les intérêts des cultivateurs, toutes les autres corporations seraient noyées sous son nombre... Et alors, grâce à la représentation proportionnelle reparaîtrait l'antagonisme entre paysans et ouvriers !

« Je me résume et je conclus cette longue réponse : Je suis contre la représentation proportionnelle, non pas parce qu'elle favorise les organisations fortes, au détriment des organisations faibles, mais bien parce qu'elle est, sur le terrain économique, un procédé pour entraver la marche en avant. »

M. Émile Pouget est certainement sincère dans le mépris qu'il témoigne aux majorités. Depuis qu'il a commencé à écrire et à militer pour la cause anarchiste, il a toujours été tout autant l'adversaire de la démocratie, qui est le régime où les majorités font la loi, que de toutes les autres « craties » ou « archies », quel que fût leur fondement métaphysique. Mais il est impossible de ne pas remarquer que le dédain des majorités vraies conduit dans la pratique à des « truquages » assez peu élégants pour se constituer des majorités factices. Annuler les votes de 100,000 syndiqués dont le modérantisme est inquiétant par ceux de 27 gaillards dont le farouche libertairisme rassure est une de ces opérations qu'on peut admirer en curieux, en amateur, en sportmann, comme un tour bien joué. Mais ce n'est qu'un tour, et s'il est amusant pour la galerie, il ne l'est pas pour tous les intéressés.

Pourtant les syndicalistes, socialistes et réformistes, tout en bougonnant, supportent que les libertaires opposent à leur nombre la théorie fallacieuse de l'équivalence en droit des unités et des dizaines de mille.

Cette théorie originale étant admise, les secrétaires dirigeants et les délégués ordinaires de la Confédération générale du travail se font confier, à eux-mêmes ou font remettre à leurs amis, par les syndicats faibles, par les syndicats trop pauvres pour payer le voyage d'un représentant au congrès, des mandats dont la multitude vaine prime, dans les votes, les volontés de la vraie majorité ouvrière.

Au dernier congrès d'Amiens (septembre 1906), 55 fédérations étaient représentées par un total de 1.040 mandats. Sur ce nombre 387 étaient aux mains d'une soixantaine de militants, tous, ou à peu près tous, membres du bureau confédéral ou fonctionnaires des Bourses.

Sur ces 387 mandats 300 au moins avaient pour porteurs les intéressés mêmes, ceux dont le congrès devait juger l'œuvre, ou des hommes en parfaite communauté d'idées ou d'intérêts avec eux. Il existait donc dans l'assemblée syndicaliste un groupe compact de 300 votes disciplinés qui devaient exercer et exercèrent l'attraction de la pesanteur sur les mandats des délégués dispersés.

L'opposition, socialiste et réformiste, se compta surtout dans le vote approbatif des comptes de la *Voix du Peuple*. Ce journal, qui devrait être un simple bulletin confédéral et dont la neutralité en matière doctrinale devrait être absolue, est devenu, sous la direction de M. Pouget, l'instrument de propagande des libertaires qui en tirent une grande force. D'où un vif mécontentement chez les adeptes des autres écoles révolutionnaires. Au scrutin, ces opposants ne réunirent que 311 mandats contre 586 qui conservèrent à M. Pouget la confiance des syndicats fédérés, et la possession du journal dont la tendance est si ouvertement hostile au socialisme politique et réformiste.

A ce même congrès d'Amiens, deux autres votes furent émis qui caractérisent bien l'esprit dominant dans les milieux syndicaux. Le premier eut lieu sur l'antimilitarisme.

M. Yvetot, qui vient d'être condamné par la cour d'assises de la Loire-Inférieure à quatre ans de prison pour excitation « à l'action directe » et qui s'était fait depuis longtemps une spécialité de la propagande contre l'idée de patrie, et contre l'armée sans laquelle une Patrie ne peut pas vivre, avait déposé l'ordre du jour suivant :

« Le congrès, tenant compte de la majorité significative qui s'est affirmée sur l'adoption des rapports du comité confédéral, de la section des fédérations, de la section des Bourses et de la *Voix du Peuple* (1) comprend que les ouvriers organisés en France ont suffisamment démontré leur approbation de la propagande anti-militariste et anti-patriotique ;

« Cependant le congrès affirme que la propagande anti-militariste et anti-patriotique doit devenir toujours plus intense et toujours plus audacieuse :

« Dans chaque grève, l'armée est pour le Patronat ; dans chaque conflit européen, dans chaque guerre entre nations ou coloniales, la classe ouvrière est dupe et sacrifiée au profit de la classe patronale, parasitaire et bourgeoise ;

« C'est pourquoi le congrès approuve et préconise toute action de propagande anti-militariste et anti-patriotique qui peut seule compromettre la situation des arrivés et des arrivistes de toutes classes et de toutes écoles politiques. »

A cet ordre du jour violent, les modérés (socialiste et réformistes) en opposèrent un autre qui fut signé par M. Guérard, le président du syndicat des chemins de fer, et par M. Rousseau, mandataire du syndicat des Employés. En voici le texte :

« Les syndicats doivent s'élever contre l'intervention de l'armée dans les grèves et approuver toute propagande faite auprès des soldats pour que, dans les con-

---

1. Le rapport du comité confédéral et celui de la section des Fédérations, œuvre de M. Griffuelhes, avaient été approuvés par 815 voix contre 106 ; le rapport de la section des Bourses l'avait été par 677 voix contre 213. Nous avons donné dans le texte le scrutin sur les comptes de la *Voix du Peuple.*

12

flits du travail et du capital, ils ne consentent pas à être les instruments passifs de la Bourgeoisie au profit du capitalisme. Mais la lutte contre le militarisme en vûe de sa suppression est encore du domaine politique ou doctrinal et les syndicats ne peuvent entrer sur ce terrain. »

La priorité fut accordée à l'ordre du jour Yvetot qui fut ensuite adoptée par 414 voix contre 300. On voit que le nombre des opposants modérés ne varie guère. Ils étaient 311 contre la *Voix du Peuple*; ils sont onze de moins contre l'anti-militarisme absolu. Eux aussi font bloc, mais leur bloc est moins gros que le bloc libertaire et, malgré la théorie de M. Pouget que la direction des masses doit être exercée par les minorités, en raison de leur excellence, dans les congrès syndicalistes c'est la majorité qui fait la loi — non il est vrai la majorité humaine des syndiqués mais la majorité de papier des mandats !

L'autre vote caractéristique du congrès eut lieu sur une proposition d'établir une entente entre la confédération générale du travail et le Parti Socialiste Unifié.

Cette proposition fut apportée et défendue au nom de la fédération guesdiste du Textile, par M. Renard. Elle était ainsi formulée :

« Considérant qu'il y a lieu de ne pas se désintéresser des lois ayant pour but d'établir une législation protectrice du travail qui améliorerait la condition sociale du prolétariat et perfectionnerait les moyens de lutte contre la classe capitaliste ;

« Le congrès invite les syndiqués à user des moyens qui sont à leur disposition en dehors de l'action syndicale afin d'empêcher d'arriver au pouvoir législatif les adversaires d'une législation sociale protectrice des travailleurs.

« Considérant que les élus du parti socialiste ont toujours proposé et voté les lois ayant pour objectif l'amélioration de la condition de la classe ouvrière ainsi que son affranchissement définitif ; que tout en poursuivant l'amélioration et l'affranchissement du Prolétariat sur les différents terrains, il y a intérêt à ce que des relations s'établissent entre le comité confédéral et le conseil national du parti socialiste, par exemple, pour la lutte à mener en faveur de la journée de huit heures, de l'extension du droit syndical aux douaniers, facteurs, instituteurs et autres fonctionnaires de l'Etat, pour provoquer l'entente entre les nations et leurs gouvernements par la réduction des heures de travail, l'interdiction du travail de nuit des travailleurs de tout sexe et de tout âge ; pour établir le minimum de salaire, etc., etc...

Le Congrès décide :

« Le comité confédéral est invité à s'entendre, toutes les fois que les circonstances l'exigeront, par des délégations intermittentes ou permanentes, avec le conseil national du parti socialiste pour faire plus facilement triompher les principales réformes ouvrières. »

La proposition de la Fédération du textile offrait enfin l'occasion de s'expliquer sur le différend existant entre les libertaires et les socialistes depuis que le congrès de Montpellier avait adopté l'article Ier des statuts de la confédération, lequel article dispose, ainsi qu'on l'a lu plus haut, que : « la confédération groupe, en dehors de toute école politique, tous les travailleurs conscients de la lutte à mener pour la disparition du salariat et du patronat. »

« Toute école politique » s'appliquait-il à « l'école socialiste » autant qu'aux autres ?

La discussion sur la motion du Textile fut longue. On y reproduisit les deux thèses syndicaliste-libertaire et syndicaliste socialiste que nous avons précédemment exposées (1). M. Bousquet, qui s'est rendu célèbre comme agitateur de la corporation des boulangers parisiens, et M. Antourville, autre militant bien connu, exprimèrent la tendance anti-socialiste des syndicalistes dans un ordre du jour qu'il faut reproduire.

« Considérant que tous les partis politiques, même le Parti socialiste unifié, ne sont, avant tout, que des groupements d'opinions ayant un but primordial, celui de faire élire des membres au Parlement, que dans ces groupes d'affinités la lutte de classe, base fondamentale du syndicalisme révolutionnaire, s'y trouve anéantie par le fait que des patrons millionnaires et les prolétaires affamés s'y rencontrent (2);

____

1. Voir en appendice des extraits des discours prononcés au cours de cette discussion.

2. M. Bousquet qui se montre intransigeant sur le principe de la lutte des classes et contre les « groupements d'affinités » s'est fait dernièrement affilier à la Franc-maçonnerie. Cette

« Tandis que le syndicat, groupement exclusivement d'intérêts, ne réunit que les éléments d'une même classe en vue d'une transformation économique, primant toute opinion philosophique et qui supprimera la classe exploitrice et dirigeante ;

« Attendu qu'il découle clairement de ces constatations qu'il existe un antagonisme profond qui s'oppose à toute relation, à toute entente réciproque entre le syndicat ouvrier révolutionnaire et le parti politique ;

« Le congrès, vu les articles fondamentaux de la Confédération générale du travail et la neutralité politique que doit conserver tout syndicat confédéré, se prononce catégoriquement contre tout rapprochement, ou rapports quels qu'ils soient, entre la confédération et un parti politique quelconque. »

Entre les deux opinions contraires de la Fédération du textile et de MM. Bousquet et Antourville, il y avait place pour une transaction. Elle fut proposée par M. Griffuelhes dans un ordre du jour où on croit reconnaître la plume experte de son camarade M. Pouget.

Texte de la motion Griffuelhes :

« Le congrès d'Amiens confirme l'article 2, constitutif de la C. G. T. : « La C. G. T. groupe, en dehors de toute école politique, les travailleurs conscients de la lutte à mener pour la disparition du salariat et du patronat. »

association n'a pourtant pas le moindre caractère ouvrier. Plus encore que dans le Parti unifié on y rencontre des patrons et des bourgeois riches ; par contre, « les prolétaires affamés » y sont certainement à l'état de curiosité.

12.

« Le congrès considère que cette déclaration est une reconnaissance de la lutte de classe qui oppose, sur le terrain économique, les travailleurs en révolte contre toutes les formes d'exploitation et d'oppression, tant matérielles que morales, mises en œuvre par la classe capitaliste contre la classe ouvrière.

« Le congrès précise, par les points suivants, cette affirmation théorique :

Dans l'œuvre revendicatrice quotidienne, le syndicalisme poursuit la coordination des efforts ouvriers, l'accroissement du mieux être des travailleurs par la réalisation d'améliorations immédiates, telles que la diminution des heures de travail, l'augmentation des salaires, etc...

« Mais cette besogne n'est qu'un côté de l'œuvre du syndicalisme ; il prépare l'émancipation intégrale, qui ne peut se réaliser que par l'expropriation capitaliste ; il préconise comme moyen d'action la grève générale et il considère que le syndicat, aujourd'hui groupement de résistances, sera dans l'avenir le groupement de production et de répartition, base de réorganisation sociale ;

« Le congrès déclare que cette double besogne quotidienne et d'avenir, découle de la situation des salariés qui pèse sur la classe ouvrière et qui fait à tous les travailleurs, quelles que soient leurs opinions ou leurs tendances politiques ou philosophiques, un devoir d'appartenir au groupement essentiel qui est le syndicat ;

« Comme conséquence, en ce qui concerne les individus, le congrès affirme l'entière liberté pour le syndiqué, de participer, en dehors du groupement corporatif, à telles formes de lutte correspondant à sa conception philosophique ou politique, se bornant à lui demander, en réciprocité, de ne pas introduire dans le syndicat les opinions qu'il professe au dehors;

« En ce qui concerne les organisations, le congrès décide qu'afin que le syndicat atteigne son maximum d'effet, l'action économique doit s'exercer directement contre le patronat, les organisations économiques n'ayant pas, en tant que groupements syndicaux, à se préoccuper des partis et des sectes qui, en dehors et à côté, peuvent poursuivre en toute liberté la transformation sociale. »

Cette habile phraséologie ne donnait pas satisfaction aux partisans de la « secte » socialiste. Non seulement elle refusait l'adhésion de la Confédération à la proposition de nouer des rapports avec le comité du Parti Unifié, mais encore elle exprimait la défense aux syndicats de se fédérer en tant que syndicats avec les comités politiques, quels qu'ils fussent. Elle respectait seulement le droit des individus de faire au dehors du syndicat ce que bon leur semblerait.

Il y avait là de quoi rebuter les socialistes; mais le commentaire donné à l'article premier des statuts de la Confédération, commentaire qui reconnaissait explicitement la lutte de classe, venait à propos panser la blessure de leur amour-propre. La proposition Griffuelhes, à laquelle les libertaires ne pouvaient trouver aucun défaut et qui enveloppait dans des formules polies la fin de non recevoir opposée aux socialistes, fut adoptée à la presque unanimité, par 83o voix contre 8. Ces huit braves furent : le syndicat des employés du Havre ; deux syndicats de typographes de Lille et de Bordeaux ; le syndicat du cartonnage de Paris ; et quatre syndicats du textile, ceux de Commines, de Lisieux, d'Amiens, et de Saint-Maurice-sur-Moselle.

Ce débat terminé par une victoire du syndicalisme-libertaire sur le socialisme eut une vive répercussion au congrès tenu à Limoges en novembre 1906 par le parti unifié.

Après de longs discours dont on trouvera des extraits en l'appendice, deux propositions furent déposées. L'une d'inspiration guesdiste était en contradiction formelle avec l'ordre du jour Griffuelhes. Elle disait :

« Considérant que c'est la même classe, le même prolétariat qui s'organise et agit, qui doit s'organiser et agir en Syndicats ici, sur le terrain corporatif, en parti socialiste là, sur le terrain politique ;

« Que si ces deux modes d'organisation et d'action de la même classe ne sauraient être confondus, distincts qu'ils sont et doivent rester de but et de moyens, ils ne sauraient s'ignorer, s'éviter, à plus forte raison s'opposer sans diviser mortellement le prolétariat contre lui-même et le rendre incapable d'affranchissement ;

« Le Congrès déclare :

« Il y a lieu de pourvoir à ce que, selon les circonstances, l'action syndicale et l'action politique des travailleurs puissent se concerter et se combiner.

« L'autre proposition soumise au congrès socialiste de Limoges, par M. Jaurès, était ainsi conçue :

« Le Congrès, convaincu que la classe ouvrière ne pourra s'affranchir pleinement que par la force combinée de l'action politique et de l'action syndicale, par le syndicalisme allant jusqu'à la grève générale et par la conquête de tout le pouvoir politique en vue de l'expropriation générale du capitalisme ;

« Convaincu que cette double action sera d'autant plus efficace que l'organisme politique et l'organisme économique auront leur pleine autonomie ;

« Prenant acte de la résolution du Congrès d'Amiens, qui affirme l'indépendance du syndicalisme à l'égard de tout parti politique et qui assigne en même temps au syndicalisme un but que le socialisme seul, comme parti politique, reconnaît et poursuit ;

« Considérant que cette concordance fondamentale de l'action politique et de l'action économique du prolétariat amènera nécessairement, sans confusion, ni subordination, ni défiance, une libre coopération entre les deux organismes ;

« Invite tous les militants à travailler de leur mieux à dissiper tout malentendu entre la Confédération du Travail et le Parti socialiste. »

Par 148 voix contre 130 cette motion résignée, dont les auteurs faisaient si visiblement bon visage à mauvais jeu, fut votée (1).

1. Au congrès des socialistes tenu à Nancy (août 1907) la motion de Limoges fut encore adoptée, malgré l'opposition des guesdistes. Ceux-ci, il est vrai, obtinrent un vote contraire au congrès international de Stuttgart. Mais les syndicalistes de la

Le Syndicalisme parvenu à un point important de son développement, devenu un facteur de la politique contemporaine avec lequel on est obligé de compter, reste donc en face du Socialisme dans une attitude de neutralité malveillante.

S'il est vrai que chaque syndiqué est libre de militer politiquement dans le sens qui lui convient, le syndicat n'est ouvert, lui, qu'à la propagande d'une seule doctrine, la doctrine anti-parlementaire, « anti-majoritaire », « anti-votarde », c'est-à-dire que, ayant atteint un point élevé de croissance, le syndicalisme continue à saper la base populaire du parti socialiste.

confédération n'ont pas été impressionnés par la décision du concile socialiste. La puissance qu'ils ont créée, ils entendent bien s'en conserver à eux seuls le maniement. — Voir à l'appendice la motion adoptée à Stuttgart.

CHAPITRE XII

La vraie force syndicaliste.

Nombre des Syndicats ouvriers en France. — C'est à peine si 50 pour 100 adhèrent à la Confédération. — Sur 800.000 membres des syndicats, 200.000 seulement appartiennent à des syndicats confédérés. — Sur l'ensemble des ouvriers français 5 pour 100 seulement se sont jusqu'ici laissé inscrire sur les listes du Parti Syndicaliste. — Progression en nombre des Syndicats et des Bourses du Travail depuis 1902. — Pauvreté financière de la Confédération. — Les taxes confédérales ne sont pas intégralement acquittées, malgré leur modicité. — La *Voix du Peuple* est boycottée par la plupart des syndicats riches. — La souscription pour la grève générale et la souscription permanente pour les grèves. — Chaque syndiqué en deux ans ne s'impose pour les camarades en chômage qu'un sacrifice de 17 centimes. — Grandeur du travail accompli avec les faibles ressources de la Confédération. — Désintéressement de ses fonctionnaires et de ses délégués. — Les comptes de leurs frais. — Vigueur du syndicalisme. — Sa puissance de nuire et son impuissance à réaliser son programme. — Les lois existantes suffisent à la défense sociale, à la seule condition qu'on les applique.

La Confédération générale du Travail dont les « secrétaires » et les militants nourrissent des vastes ambitions ; qui veut faire, par la grève générale, la Révolution sociale ; qui entend la faire par ses propres moyens, sans l'aide des pouvoirs publics que le socialisme se propose de conquérir ; qui, en attendant de tuer le vieux monde, prétend lui rendre, par « l'action directe », les derniers moments douloureux et la mort désirable ; cette association est-elle assez forte pour qu'on prenne ses menaces au tragique ? Nous avons montré la façade, le moment est venu de voir ce qu'il y a derrière.

Le bulletin de l'*Office du Travail* d'octobre dernier donne, sur le développement des syndicats en France au 1er janvier 1906, les chiffres suivants :

Nombre de syndicats ouvriers. . . 4.857
Nombre de syndiqués 836.134

Reportons-nous maintenant à une publication dont les syndicalistes ne contesteront pas la sincérité puisqu'elle est leur œuvre, puisqu'elle est signée de M. Victor Griffuelhes, « secrétaire confédéral ».

C'est le rapport fait au congrès d'Amiens (octobre 1906) au nom de la « section des Fédérations. »

D'après ce document (pages 25 et 26) le nombre des syndicats adhérents à ces fédérations, qui sont elles-mêmes les membres de la Confédération générale du Travail, s'élevait au 1er juillet 1906 à 2.399 et leur effectif, d'après un tableau annexe dressé par M. Lévy, trésorier, dans son rapport sur les finances de la Confédération, présentait un total de 203.273 syndiqués.

Procédons maintenant à deux soustractions :

Nombre total des syndicats. 4.857
Nombre des syndicats adhérents à la
   Confédération générale. 2.399
           DIFFÉRENCE. 2.458

Nombre total des ouvriers syndiqués. 836.134
Nombre total des syndiqués adhérents à la Confédération générale.   203.273
           DIFFÉRENCE. 633.061

De l'examen de ces chiffres il résulte :

1° Que les syndicats ouvriers confédérés ne représentent même pas 5o pour 1oo de l'ensemble des syndicats français;

2° Que les ouvriers syndiqués confédérés, sous la tutelle libertaire, représentent à peine 25 pour 1oo de l'ensemble des ouvriers qui ont mis à profit la liberté syndicale.

Le dernier *Annuaire statistique* donne sur la population ouvrière dans l'industrie les chiffres suivants (nous laissons, à dessein, de côté la population ouvrière agricole).

	Hommes
Industrie extractive.	266.351
Industrie de transformation. . .	5.819.855
TOTAL.	6.086.206

De cette immense armée industrielle, il faut défalquer environ un million de patrons, directeurs, contremaîtres, (il existe 658.000 établissements où la matière première subit des transformations). Le nombre des ouvriers de l'industrie en France doit donc être ramené à cinq millions.

Retournons à l'arithmétique :

Ouvriers.	5.000.000
Ouvriers syndiqués	836.000
DIFFÉRENCE.	4.264.000

Ainsi quatre millions et quart d'ouvriers n'appartiennent à aucun syndicat.

Sur l'ensemble des travailleurs français 16 pour 100 seulement sont syndiqués.

Cette proportion s'abaisse des trois quarts pour les syndiqués confédérés.

Ils sont 266.351 seulement sur 5 millions. La proportion tombe donc pour eux à 5 pour 100, si on veut bien ne pas tenir compte d'une infime fraction.

Donc, sur cent ouvriers français, il y en a quatre-vingt-quinze qui ignorent la Confédération et cinq seulement qu'elle revendique (c'est dans le rapport de son secrétaire que nous prenons nos chiffres) comme ses adhérents.

Cette minorité tend-elle à s'accroître? Oui, si on prend ces chiffres du rapport présenté par M. Griffuelhes au congrès d'Amiens.

En 1902, l'année du congrès de Montpellier où se

fit le rapprochement des Fédérations de métiers et de la Fédération des Bourses, il n'y avait que trente industries constituées en Fédérations nationales.

En 1904, l'année du Congrès de Bourges, ce nombre était porté à cinquante-trois.

En 1906, au congrès d'Amiens, le rapport en mentionnait soixante-et-un.

Le nombre des Fédérations a donc doublé en quatre ans.

Passons aux syndicats. Leur recensement, auquel a procédé M. Griffuelhes, donnait :

En 1902, 1.043; en 1903, 1.220; en 1904, 1792; en 1906, 2.399.

Il faut remarquer la plus grande rapidité de la progression entre 1902 et 1904 qu'entre 1904 et 1906. Entre les deux premiers congrès (Montpellier et Bourges) elle a été pour les Fédérations de 75 p. 100 (53 en 1904 contre 30 en 1902) et pour les syndicats de 70 p. 100 (1792 en 1904 contre 1043 en 1902).

De 1904 à 1906 les Fédérations n'augmentent plus que de vingt pour cent (61 en 1906 contre 53 en 1904); et dans la même période on n'enregistre qu'une augmentation de trente pour cent dans le nombre des Syndicats confédérés (2.399 en 1906 contre 1.792 en 1904).

Malgré toute sa propagande et malgré tout le bruit fait autour d'elle, la Confédération générale du travail, il y a donc une diminution de sa force ascensionnelle. Elle ne recule pas, mais elle avance moins vite qu'à ses débuts.

L'étude de sa situation financière et des comptes de son journal la *Voix du Peuple* vont nous donner une idée plus vraie de ses forces que celle qui apparaît à travers les chiffres de M. Griffuelhes.

Les statuts confédéraux fixent à o fr. 40 par mois la cotisation que les syndicats doivent verser par 100 membres ou fraction de 100 membres à la caisse confédérale. Le budget étant établi tous les deux ans, chaque groupe de cent syndiqués doit donc verser en 24 mois 9 fr. 60, ce qui ne représente même pas un sacrifice de dix centimes par homme.

Malgré sa modération excessive, cette taxe n'est pas entièrement acquittée. En deux ans la section des Fédérations (chaque section a un budget autonome) aurait dû encaisser 19.507 francs de cotisations. Il lui a manqué près de deux mille francs, les recouvrements ne s'étant élevés qu'à 17.650 francs.

Pareil déchet se retrouve dans les recettes de la section des Bourses.

Cette section comprend 135 Bourses du Travail ou union de syndicats fédérés, et, d'après le rapport du trésorier, M. Lévy, le nombre des syndicats adhérents aux Bourses du Travail était, en juin 1906, de 1.609 ([1]). Ainsi qu'on l'a lu dans un chapitre précé-

[1]. Il y a un désaccord difficile à expliquer entre les chiffres du secrétaire confédéral, M. Griffuelhes, et les chiffres du trésorier, M. Lévy. Le premier fixe à 2.399 le nombre des syndicats adhérents aux Fédérations de métier; et l'autre ne donne aux Bourses du Travail que 1.609 syndicats, en tout. Comme les

dent, les Bourses du Travail doivent envoyer à la caisse confédérale 0 fr. 35 par syndicat et par mois. Pour vingt-quatre mois (l'exercice financier ayant cette durée) chaque syndicat est donc redevable de 8 fr. 40 et ce chiffre multiplié par 1.609, chiffre de M. Lévy, donne un total de 13.515 fr. 60.

Pourtant, de 1904 à 1906, les cotisations n'ont fait entrer que 11.821 francs dans le trésor de la confédération, (section des Bourses), soit un déficit de 1.700 francs sur les prévisions.

La foi des syndiqués de la confédération générale du Travail n'est donc pas très payante. Telle elle apparaît bien mieux encore dans les comptes de la caisse de la grève générale.

La grève générale est, pour les syndicalistes, le but final, puisque la grève générale sera la Révolution émancipatrice. Pour s'en rapprocher, il n'est pas de sacrifice qui devrait leur sembler trop élevé. Cependant, du 1er juin 1904 au 30 septembre 1905, la commission de la grève générale n'a encaissé que 960 fr. 05 provenant de cotisations. Le rapport cite parmi les cotisants : la section des Fédérations, pour 248 fr. 25, la section des Bourses pour 190 fr. 60, quelques syndicats de la métallurgie et quelques

statuts confédéraux mettent pour condition à l'entrée d'un syndicat dans la fédération nationale son inscription préalable à la Bourse du Travail ou union locale des syndicats de sa ville ou de sa région, les nombres des syndicats adhérents aux Fédérations et aux Bourses devraient être identiques. Pourtant il y a une différence de 700 unités entre les chiffres de M. Griffuelhes et ceux de son collègue M. Lévy.

sous-comités (de la grève générale) de Bourges, d'Albi, de Paris.

C'est bien peu pour préparer une opération qui doit avoir l'immense résultat d'affranchir définitivement le Prolétariat!

La caisse des grèves ne donne pas une très haute idée de la solidarité qui devrait unir tous les exploités. Elle est alimentée par une souscription qui est ouverte en permanence dans la *Voix du Peuple.* Sollicitant des travailleurs « conscients » en faveur de leurs camarades de misère, la caisse de grève de la confédération générale du travail devrait, semble-t-il, attirer sou par sou, franc par franc, des sommes considérables. Pour le syndicaliste, pour un homme qui voit en toute grève partielle, locale, un exercice d'entraînement vers la grève générale, le premier devoir n'est-il pas de soutenir les camarades dont la victoire ou la défaite peut influer sur le sort de toute la classe ouvrière? Certes. Or, ils sont 203.000 dans les syndicats confédérés et, en 24 mois, du 1ᵉʳ juin 1904 au 31 mai 1906, ils n'ont versé que 37.602 fr. 60 à la caisse des grèves, soit en moyenne dix-sept centimes par syndiqué (¹).

Il y a donc bien de l'indifférence dans cette multitude que les libertaires ont enlevée aux socialistes

---

1. Pour constituer à la caisse des grèves des ressources moins précaires que celles qu'elle peut attendre de la générosité des camarades, le congrès d'Amiens a décidé de majorer de 10 p. 100 les cotisations des Syndicats et des Bourses. C'est une rentrée à peu près assurée de 2.500 ou 3.000 francs par exercice de deux ans!

et qu'ils se flattent de pouvoir lancer un jour contre le vieux monde. Le Rapport sur l'Administration de la *Voix du Peuple* apporte sur cette indifférence un témoignage décisif. Sur 2.361 syndicats, M. Lévy constate avec mélancolie que seulement 947 sont abonnés à l'organe confédéral. Dans certaines corporations ce journal semble même être boycotté. Ainsi les chemins de fer ont 176 syndicats et quinze seulement paient leur abonnement; les postes et télégraphes ne fournissent que 9 abonnés sur 93 groupements; le livre, 54 sur 163; la maçonnerie en pierre, 56 sur 120; les employés, 22 sur 85, le textile, 47 sur 104. Une seule grosse corporation. « l'Agricole du Midi », soutient l'organe de la corporation par 82 abonnements sur 113 syndicats. Au total enfin, la *Voix du Peuple* n'est pas reçue dans la moitié des syndicats. Pourtant, d'après une décision du congrès de Montpellier, l'abonnement est obligatoire. Le rapporteur financier rappelle que la souscription de cet abonnement est pour les syndicats « une condition de l'affiliation confédérale ». Comme ils sont trop à ne pas remplir cette condition, on ne peut pas leur appliquer de sanction et la *Voix du Peuple* est languissante. Elle encaisse péniblement un peu moins de 500 francs par numéro (environ 25.000 fr. par an). Il est juste d'ajouter que les dépenses sont calculées pour ne pas excéder ces modiques recettes. Son budget est en équilibre, comme d'ailleurs les deux autres budgets : celui des Fédérations et celui des Bourses.

Si les syndicats ont une croissance en nombre qui tend à se ralentir, il n'en est pas de même des Bourses du travail.

M. Yvetot, rapporteur de la « section des Bourses » au congrès d'Amiens, a dressé le tableau ci-dessous au sujet duquel nous devons faire remarquer : 1° que depuis 1900 la statistique n'a été faite que tous les deux ans et que par conséquent l'augmentation portée comme *annuelle* se rapporte à partir de l'année 1902 à une période de *deux ans* ; 2° que le nombre de syndicats recensés par M. Yvetot dans les Bourses ne s'accorde pas avec celui qu'a déclaré M. Griffuelhes dans le rapport que nous avons analysé ([1]).

Tableau comparatif
du développement annuel des Bourses du Travail
en France de 1895 à 1906.

Années.	Nombre de bourses.	Nombre de syndicats.	Augmentation annuelle	
			en bourses.	en syndicats.
Juin 1895. . .	34	606	»	»
— 1896. . .	46	862	12	256
— 1897. . .	46	862	»	»
— 1898. . .	51	947	»	85
Sept. 1899. .	54	981	3	34
Juin 1900. . .	57	1.065	3	84
— 1902. . .	83	1.112	26	47
— 1904. . .	110	1.349	27	237
— 1906. . .	135	1.609	25	260

[1]. Voir la note à la page 220.

Cette augmentation rapide du nombre des Bourses du Travail décèle chez les militants de la confédération générale du Travail un esprit méthodique et pratique que beaucoup d'autres partis pourraient leur envier. Le syndicat c'est quelque chose d'instable ; un incident peut le faire naître auquel il ne survivrait peut-être pas si on ne prenait soin de lui conserver l'existence. La Bourse du Travail est destinée à réchauffer ces enfants malingres. Une fois qu'ils y ont adhéré, peu importe qu'ils comprennent beaucoup ou peu de membres. L'essentiel est que le nom ne disparaisse pas ; que le titre du syndicat de la corporation reste en quelque sorte à la disposition des militants. Comme le disait un jour M. Lévy, le syndicat, c'est comme un tas de pavés sur lequel on plante un drapeau. Par lui-même ce n'est rien ; il ne vaut que par l'usage qu'on en fait.

M. Yvetot et ses collègues de la section des Bourses remplissent donc leur devoir envers leur cause quand ils réunissent en une nouvelle Bourse du Travail les syndicats encore dispersés dans une région ; quand ils leur donnent les uns aux autres en les rapprochant le point d'appui d'une sorte de maison-mère. Dans les Bourses où se concentrent plusieurs groupements, l'anémie de l'un est compensée par la vigueur de l'autre.

Un syndicat même riche, même puissant, mais qui demeure isolé peut, si les circonstances pendant un certain temps ne font pas sentir sa nécessité aux ouvriers, se dissoudre. Dans une Bourse au con-

13.

traire, par son affiliation à une union, le syndicat conserve toujours au moins les apparences de la vie. Il n'est pas aboli, même si ses cadres sont vides; officiellement, même mort, il est toujours vivant. Et à l'occasion on pourra le ressusciter. Le petit tas de pavés du camarade Lévy demeure en place, momentanément inoffensif, en attendant qu'il serve de point de départ à une nouvelle offensive.

Si l'augmentation du nombre des Bourses montre que le syndicalisme se livre à un travail de consolidation des résultats déjà acquis, le ralentissement relatif qui s'observe dans le travail de formation de nouveaux syndicats (¹) laisse croire que la Confédération générale du Travail n'a plus l'élan qui la soulevait pendant les premières années.

Pourtant, au centre, l'activité est toujours très grande. M. le trésorier Lévy a publié, dans ses rapports au congrès d'Amiens, la liste des délégations données par le Bureau confédéral ou directement par les deux Sections (Fédérations et Bourses) durant les deux années qui vont de juin 1904 à juin 1906.

Voici cette énumération et l'état des frais que chacune d'elles a occasionnés :

« Luquet, à Lorient, Brest, Nantes, 163 fr. 50; Griffuelhes, à Bourges, 14 fr.; Vibert, de Brest à Dinan, 50 fr.; Griffuelhes, Congrès de l'Habillement, 82 fr.; Griffuelhes à Bourges, 28 fr.; Pouget, Congrès des

____

1. Voir les chiffres cités plus haut.

Peintres, 68 fr.; Griffuelhes, Congrès des Bûcherons,
38 fr. ; Robert, trésorier, Congrès de Bourges, 120 fr.;
Griffuelhes, secrétaire, Congrès de Bourges, 96 fr.;
Delalé, grève d'Issoudun, 90 fr.; Griffuelhes, à Blangy,
27 fr. ; Latapie, Mineurs de Saint-Étienne, 52 fr.; Des-
jardins, Textile d'Angers, 30 fr. ; Griffuelhes, grèves
agricoles, 173 fr. 50; Yvetot, à Rouen, 12 fr. 50; Griffuelhes, à Bourges, 25 fr. 45; Bousquet, à Fontenay-le-
Comte, 50 fr.; Bousquet, à Brest, 100 fr.; Luquet, au
Congrès de P. T. T., à Lyon, 60 fr. ; Lévy, grève Limoges, 77 fr.; Antourville, à Limoges, 104 fr. 60; Latapie, Congrès de la maçonnerie, Clermont-Ferrand,
50 fr.; Malardé, à Villefranche, 90 fr. 60; Dubéros,
Congrès des sabotiers, 52 fr.; Lévy, à Reims, grève
du bâtiment, 27 fr.; Lenoir, à Reims, 19 fr. 40; Bousquet, Congrès du bâtiment, 110 fr.; Beausoleil, à Limoges, 50 fr.; Merzet, à Chavigny, 48 fr. 25; Merrheim, à Saint-Étienne, 53 fr. 50; Delesalle, Congrès
des verriers, 65 fr.; Desplanques, à Guérigny, 70 fr.;
Yvetot, à Indret, 40 fr.; Merrheim, à Lorient, 100 fr. 25;
Pommier, à Douarnenez, 50 fr.; Lévy, à Amiens, 20 fr.;
Griffuelhes, à Berlin, 408 fr.; Griffuelhes, à Amiens,
25 fr.; Marck, à Villers-Cotterets, 21 fr. 15; Lévy, à
Lens, 51 fr.; Quillent, à Lens, 59 fr. 25; Lévy, à Lens,
71 fr. 95; Delzant, à Lens, 70 fr.; Griffuelhes, à Decaze-
ville, 123 fr.; Luquet, à Lens, 98 fr. 70; Testaud, à
Lille, 42 fr. 45; Griffuelhes, à Lens, 38 fr.; Monatte, à
Lens, 150 fr.; Sauvage, à Saint-Quentin, 39 fr. 20;
Lévy, à Sommedieu, 55 fr. 80; Honoraires avocat pour
Verdun, 70 fr.; Espanet, à Issoudun, 19 fr.; Lévy, à
Issoudun, 30 fr.; Yvetot, à Darnétal, 15 fr.; Jacoby, à
Villedieu, 52 fr. 25; Griffuelhes, à Lorient et Brest,
86 fr. 65; Beausoleil, à Mouy, 30 fr.; Griffuelhes, à

Tours, 36 fr. ; Yvetot, à Bourges, 97 fr. 20 ; Luquet, à Tours, 30 fr. ; Lévy, à Bourges, 70 fr. ; Griffuelhes, à Bourges, 48 fr. 75 ; Niel, grèves agricoles, 75 fr. 25. »

Au total, 64 délégations en 24 mois.

On peut donc dire qu'il y a toujours sur un point quelconque du territoire, un propagandiste de la Confédération générale du travail à l'ouvrage. Jamais l'activité ne s'arrête. Ce sont presque toujours les mêmes hommes qui remplissent les délégations. Le souci d'économiser les finances confédérales et l'intérêt des libertaires qui occupent la place d'où on dirige le mouvement, dictent le choix des délégués. Les fonctionnaires appointés comme MM. Griffuelhes, Lévy, Robert, Yvetot, ne comptent que leurs frais de voyage (huit francs par jour). Au contraire, à un délégué qui n'émarge pas à un des budgets confédéraux, on *doit, en plus, de ses frais,* verser une somme égale au salaire qu'il gagnerait à l'atelier. Cette somme est fixée à sept francs par jour. Un délégué non fonctionnaire revient à quinze francs. Il y a donc intérêt à employer surtout pour les missions, les camarades appointés par les sections. Et ces camarades ne reculent pas devant les déplacements, parce que c'est leur devoir de les accepter et aussi parce que les délégations, comme il a été dit déjà, sont un moyen d'acquérir et de fortifier leur influence personnelle sur les militants de province.

Quand on lit les pauvres budgets de la Confédération générale du travail (¹) dont le total n'atteint pas 40.000 francs, on ne peut pas s'empêcher de

1. *Bugdet des Fédérations de juin 1904 au 31 mai 1906.* (Extrait du Rapport du trésorier Lévy) :

Recettes.

Cotisations..	17.650 10
Vente de Labels.	908 50
Vente brochures et cartes postales. . . .	408 55
Divers.	858 95
Cotisations à la Grève générale..	78 25
Versement de la section des Bourses pour le répertoire.	592 50
	20.586 85
En caisse le 31 mai 1904.	1.357 15
	21.944 »

Dépenses.

Correspondance.	379 60
Imprimés.	3.103 60
Frais du bureau et divers.	2.280 35
Cotisations diverses.	524 15
Appointements Secrétaire et Trésorier. .	7.575 »
Délégations.	3.457 65
Impression du répertoire..	1.185 »
Mobillier..	301 80
Loyer de la C. G. T.	516 90
	19.324 05
En caisse le 31 mai 1906.	2.619 95
	21.944 »

Budget des Bourses. (Extrait du rapport du Trésorier) :

Recettes.

Cotisations..	11.821 10
Vente de brochures.	972 30
Remboursement de l'Office..	2.773 25
	15.566 65
En caisse le 31 mai 1904.	714 65
	16.281 30

reconnaître que les résultats obtenus par le bureau confédéral et ses délégués sont beaucoup plus grands que les moyens mis au service de l'agitation ne pouvaient le laisser craindre ou espérer.

Quel est le parti qui avec 39.4o3 fr. 85 aurait pu faire en France autant de bruit qu'en a fait la Confédération générale du travail?

Dépenses.

Correspondance.	457 80
Imprimés.	3.560 15
Cotisations diverses.	290 70
Appointements.	7.725 »
Divers et frais de bureau.	544 30
Délégations.	575 70
Loyer et installation.	691 95
	13.845 60
En caisse au 31 mai 1906.	2.435 70
	16.281 30

Budget de la commission des grèves et de la grève générale, du 1ᵉʳ juin 1904 au 30 septembre 1905. (Extrait du rapport du Trésorier) :

Recettes.

Cotisations.	960 55
Brochures.	58 48
	1.018 95
En caisse au 31 mai 1904.	159 60
	1.178 55

Dépenses.

Correspondance.	206 55
Délégations.	458 70
Divers et Postaux.	178 65
Imprimés.	276 »
	1.119 90
En caisse le 30 septembre 1905.	58 65
	1.178 55

De quelque manière que l'on juge leur propagande, on est obligé de convenir du désintéressement des Libertaires qui mènent le mouvement syndicaliste. Ils ne travaillent pas pour de l'argent. Il est peut-être plus agréable d'aller sur des estrades de réunions publiques que dans son atelier et de gagner sa vie en pérorant qu'en cousant des souliers ou en rabotant des planches; mais cette carrière oratoire n'enrichit pas plus que ne le ferait l'exercice d'un métier ouvrier, et il n'y a pas « d'à côté » compensateur de la médiocrité sans dorure à laquelle on doit se résigner, quand on se met au service de la Confédération.

Les militants des partis politiques, y compris le parti socialiste, ont presque tous l'espérance de décrocher un jour quelque mandat de bon rapport. Les syndicalistes-libertaires doivent laisser cet espoir à la porte du bureau confédéral. Là on n'est pas candidat. Depuis quatre ans, il ne s'est pas découvert une ambition impatiente dans le personnel de la confédération.

Ils sont une poignée qui, s'ils ne sont pas tous convaincus, agissent cependant comme s'ils l'étaient. Il est possible, après tout, qu'ils croient à leur victoire prochaine, qu'ils aient pris eux-mêmes au sérieux l'épouvante qu'ils sont parvenus à jeter quelquefois dans la multitude ignorante et si facilement intimidable.

Après une analyse comme celle à laquelle nous venons de nous livrer, des ressources et des progrès du Syndicalisme, on arrive à conclure que la puissance de cette nouvelle faction est beaucoup moins en elle-même que dans les illusions qu'elle a eu l'art de répandre et dont nous avons eu la faiblesse d'être les dupes.

La grève générale, but, fin dernière des libertaires, cet effondrement social dans le sang au milieu des ruines de l'incendie est comme le rêve d'un roi nègre neurasthénique. Son atrocité ne serait réalisable qu'après une guerre malheureuse. Mais dans cette immense calamité, les forces traditionnelles et conservatrices de la société, après un moment de paralysie, reprendraient sans doute vigueur; elles ne se laisseraient pas accabler. L'épouvantail de la grève générale semble donc devoir être mis au rang des chimères.

Que reste-t-il à redouter de la Confédération générale du travail? Rien de plus que son action directe par laquelle elle détourne les syndicats de leurs fonctions, par laquelle elle transforme ces organes de défense des intérêts les plus respectables en instruments d'offensive anti-sociale; par laquelle elle opprime la liberté des ouvriers non-syndiqués (ils sont 95 pour 100); par laquelle enfin elle peut rendre impossible, sur certains points, aux patrons la continuation de leur industrie.

Cette puissance de nuire, la confédération générale du travail la possède. Mais d'où lui vient cette puissance? Elle n'est pas en elle-même; minorité infime dans la nation, elle reçoit sa force de l'extérieur. Elle la trouve dans la faiblesse d'une autorité qui paraît avoir perdu la confiance en son droit; qui se démantèle à plaisir devant l'agresseur; qui croit faire du progrès en abattant ces barrières derrière lesquelles des lois prévoyantes ont voulu que les turbulents, les audacieux, les révoltés fussent maintenus, et mis dans l'impossibilité d'attenter au droit des autres — aux droits de la majorité.

S'il y a un péril, il n'est pas dans l'Action Directe elle-même; il est dans l'inertie des pouvoirs publics qui ne lui font pas toujours sentir la juste rigueur des lois.

Qu'on applique les articles 414 et 415 et toutes les lois, même et surtout celles que les anarchistes qualifient de scélérates parce qu'elles leur font peur; qu'on les applique avec continuité; que ceux qui violenteront dans un homme son droit de travailler quand il lui plaît soient toujours punis; qu'ils sachent que le châtiment les guette et qu'ils n'y échapperont pas; que, pour complaire à quelques démagogues, on cesse de rendre la justice ridicule en faisant suivre toute condamnation pour faits de grève d'une amnistie injustifiée; qu'en un mot l'autorité dans la République cesse de s'abandonner; qu'elle reste ce qu'elle paraît vouloir être depuis quelques mois, la vigilante protectrice de la liberté du travail. Alors, certes, le Syndicalisme révolutionnaire continuera d'être encore un hôte désagréable; à la surface du corps social il ne cessera pas de provoquer des démangeaisons irritantes. Mais, la masse ouvrière protégée contre l'audace et les prestiges des Militants ne sera plus dans leurs mains un instrument aussi souple qu'elle l'a été dans certaines circonstances du passé. Cette multitude qu'ils méprisent, les orgueilleux intellectuels libertaires ne pourront plus, contre ses intérêts immédiats à elle, l'employer à poursuivre leur chimérique idéal.

Que la légalité républicaine conserve la vigueur qu'elle semble avoir recouvré, et le Syndicalisme ne sera vraiment redoutable que pour son frère le Socialisme politique !

FIN

APPENDICE 1

Sur la proposition d'établir une entente entre le Parti Socialiste unifié et la Confédération générale du travail. Opinions pour et contre.

POUR L'ENTENTE

Au congrès syndicaliste d'Amiens (1906), M. Renard, délégué de la Fédération du Textile et vieux militant guesdiste, proposa, comme on l'a vu, une motion tendant à combiner l'action syndicaliste et l'action socialiste. Il prononça à l'appui de sa proposition le discours suivant :

RENARD. — La proposition a pour effet d'empêcher la politique spéciale qui se fait à la Confédération. Quand on fait de l'*anti-militarisme*, quand on fait de l'*anti-patriotisme*, quand on prêche l'abstention, on fait de la politique. Nous avons, dans ce cas, le droit d'introduire notre politique spéciale. Cela est très juste. Le syndicat n'est pas autre chose que ce que la loi a voulu qu'il fût : un organe qui doit défendre les salaires, la dignité des travailleurs, les conditions de vie, etc. Le syndicat ne peut pas sortir de sa sphère sans avoir une épée de

Damoclès suspendue sur la tête de ses administrateurs.

La loi sur les accidents, la loi sur le repos hebdomadaire, ne sont-elles pas des lois sociales? Pouget n'a-t-il pas approuvé cette loi qui s'étend aux ouvriers inorganisés? Bousquet a dit qu'elle était réformatrice. Pourquoi alors repousser la loi pour n'accepter que l'action directe et violente.

J'ai beaucoup de respect pour les camarades qui sont à la tête des organisations modérées. Mais je suis, moi, collectiviste-révolutionnaire. Nous avons, dans nos syndicats, des radicaux, des nationalistes, nous respectons leurs croyances. Mais vous, que faites-vous lorsque vous votez la grève générale expropriatrice? Vous ne respectez pas les opinions du radical. Pas plus, vous ne respectez les opinions du nationaliste lorsque vous faites de l'*anti-patriotisme* et de l'*anti-militarisme*. Ces choses ne peuvent se faire qu'au groupe politique.

Nous faisons de l'anti-militarisme, mais nous divisons le travail. C'est dans nos groupes politiques que cela se passe.

Sans mêler la politique dans les syndicats, on peut s'occuper des lois; on en parlait ce matin, à propos du contrat de travail et d'autres projets. C'est la preuve qu'on ne peut pas s'en désintéresser.

Les ouvriers ont ainsi à barrer la route à l'action patronale sur le terrain politique. Le syndicat ne peut pas tout faire. Qu'on y réfléchisse. Si une situation révolutionnaire se produisait aujourd'hui, pourriez-vous, avec vos syndicats actuels, avec vos organisations, régler la production, organiser l'échange? Non, vous seriez obligés de vous servir de la machinerie gouvernementale.

Nous ne demandons pas de faire de la politique dans les syndicats, nous demandons si vous ne croyez pas utile l'usage du suffrage universel, utiles certaines réformes légales en faveur de la classe ouvrière.

Nous voulons toutes les actions.

Nous vous demandons si vous ne voulez pas prendre à la politique ce qu'elle peut vous donner de bon?

J'appartiens au Parti Ouvrier Français, depuis vingt-cinq ans. J'estime qu'il a fait quelque chose pour les travailleurs. Nous croyons qu'il faut faire de l'action syndicale, coopérative et se servir de l'action politique.

*
* *

Au congrès du Parti socialiste unifié tenu à Limoges en novembre 1906, M. Renard, délégué par la Fédération du Nord, ayant demandé qu'à défaut d'une entente entre les deux comités centraux du Parti socialiste et de la confédération, on établit au moins des rapports entre ces syndicats et les groupes socialistes dans les diverses régions de la France, M. Jules Guesde prononça le discours suivant. — On remarquera que M. Guesde se prononce moins pour l'entente que pour la subalternisation — quoi qu'il s'en défende — des syndicats à son parti; — c'est que, selon lui, les syndicats sont des organes impuissants pour la grande guerre révolutionnaire.

JULES GUESDE. — Le parti socialiste doit toujours la vérité aux travailleurs et il est de son devoir de ne pas leur laisser d'illusion sur ce point plus que sur tout autre : non, l'abolition du salariat n'est pas du ressort de l'organisation et de l'action corporatives. D'ailleurs, après avoir, dans son exposé des motifs, rappelé — et non créé — le *réformisme obligatoire* des syndicats, la Fédération du Nord ne les a pas enfermés dans cette tâche que quelques-uns qualifient à tort de secondaire. Abordant l'avenir, elle a, au contraire, montré le grand rôle organique, sinon révolutionnaire, qu'auront à jouer dans la prochaine révolution les corporations organisées, pour le passage de la société capitaliste à la société collectiviste. Plus — a-t-elle fait remarquer — la révolution qui vient trouvera une classe ouvrière constituée par métier, plus il sera facile de passer de la production capitaliste à la production sociale.

Il est vrai que la Fédération du Nord n'a pas été au delà. Elle n'a pas laissé croire que la production sociale se confondrait avec la production corporative, qu'après la Révolution les corps de métier subsisteraient, reconstituant entre eux la lutte qui sévit aujourd'hui entre les capitalistes eux-mêmes. Dire autrement n'eût pas été seulement tromper le prolétariat, mais se prêter à un véritable attentat contre l'humanité affranchie. Non, la production de l'avenir ne sera pas la production corporative, elle sera la production humaine, ainsi que le disait Jaurès lui-même aujourd'hui, alors qu'il nous reprochait de ne pas entretenir l'erreur commise par les syndicalistes.

L'action syndicale, c'est la lutte immédiate, de tous les instants, pour conquérir de meilleures conditions de travail et de vie et pour imposer au patronat le respect des trop rares lois ouvrières qui ont pu être arrachées à l'État bourgeois. En dehors de cette action présente, en dehors de l'action prochaine, qui sera de servir de pont entre la production capitaliste et la production sociale, il n'y a pas place pour une action théorique du syndicat. Dès que, quittant son terrain propre, il se mêle d'avoir un *credo*, le syndicat divise les ouvriers de la même profession au lieu de les réunir : il fait place à d'autres syndicats basés sur d'autres opinions, il entraîne le contre-syndicat. Au « rouge » fait suite le « jaune », alors que ce qu'il faut c'est l'unité corporative, tous les membres de la même profession réunis en une collectivité qui substitue la puissance individuelle.

Isolé, le prolétaire qui a faim, dont la femme et les enfants ont faim, ne peut que s'incliner, que subir le bon plaisir patronal. Ce n'est qu'en se groupant avec les camarades du même métier, qu'il acquiert une force lui permettant de se tenir debout et, sinon de traiter d'égal à égal, du moins de traiter en homme avec l'employeur. Lorsque vous posez une condition quelconque comme une barrière à l'entrée du syndicat, lorsque vous invitez le syndiquable à jurer par une conception quelconque, antimilitarisme, anti-patriotsime, etc., vous divisez le prolétariat contre lui-même, en mettant nécessairement hors du syndicat ceux qui pensent autrement. Ce n'est pas la Fédération du Nord qui s'exprime ainsi, ce sont les faits. Partout où on a fait autre chose que de la défense professionnelle, où l'on s'est assigné un autre but, on a eu des squelettes de syndicats, non des syndicats nombreux et forts.

Quand vous parlez de la Confédération générale du Travail comme de la France ouvrière organisée, c'est une expression dont vous ne devez pas être dupes vous-mêmes. On peut laisser croire à la Bourgeoisie qu'il y a là une véritable force, mais en fait, au point de vue numérique, vous savez bien que nos syndicats sont tout à fait insuffisants, que, comparés à ce qu'ils sont en Allemagne, en Angleterre, en Belgique, ils n'existent à peu près pas. Et lorsqu'on vient nous dire que la supériorité du syndicalisme français, c'est justement cela, d'être constitué par une poignée de syndiqués à côté et en dehors de l'immense majorité ouvrière demeurée étrangère à tout groupement corporatif, on se moque des travailleurs. C'est ce que n'a pas voulu faire la Fédération du Nord.

Ce qu'elle dit encore, et avec non moins de raison, c'est que, de même que tout ouvrier doit entrer dans son syndicat, tout syndiqué devrait venir à la section du Parti. A côté de l'organisation corporative, non pas mêlée à elle, mais distincte, doit agir l'organisation politique du prolétariat. Et à ce propos on a prétendu que ce que nous poursuivons ainsi c'était la main-mise du Parti socialiste sur les syndicats. Loin de nous une pareille pensée. Quand quelques-uns ont voulu faire entrer les syndicats dans le Parti, nous avons été, au contraire, de ceux qui ont déclaré qu'il leur fallait rester en dehors, sous peine de manquer à leur rôle syndical. Ç'aurait été mettre hors de leurs rangs les travailleurs non encore inconscients, en même temps que nuire au Parti. Nous aurions tué le mouvement syndical en même temps que corrompu et émasculé le mouvement socialiste.

Ceux qui ont prêté à nos amis du Nord l'intention de confisquer les syndicats se sont donc trompés ; ils ont commis une errreur d'autant plus inexcusable qu'ils avaient le texte même de la proposition du Nord sous les yeux et que le contraire y est affirmé en toutes lettres. Notre proposition explique ensuite comment l'action politique est nécessairement révolutionnaire. Elle ne s'adresse pas au patron, mais à l'Etat, tandis que l'action syndicale, elle, s'adresse aux individualités, aux collectivités patronales, mais non à l'institution patronale, parce que le patronat est l'effet, la résultante de la propriété capitaliste. Dès que celle-ci aura disparu, il disparaîtra et il ne saurait disparaître avant et autrement. C'est dans le Parti socialiste, parce que Parti politique, qu'on lutte contre le patronat et c'est pourquoi le Parti socialiste est le véritable Parti *économique*, tendant à transformer l'économie politique sociale. A l'heure actuelle les mots ont leur importance. Aussi ne saurais-je trop demander aux camarades de ne jamais laisser croire que c'est l'action corporative qui est l'action économique. Non, cette dernière action, c'est l'organisation politique des prolétaires en parti de classe qui la mène, c'est le Parti socialiste, car la propriété est une institution sociale, qui ne peut être transformée que par la classe exploitée se servant du pouvoir politique pour cette transformation. C'est le Parti socialiste qui est le seul parti révolutionnaire, parce que seul il permet, en s'attaquant à l'État, de toucher à la propriété.

Je sais bien qu'on tente ici une nouvelle diversion, en identifiant l'action politique avec l'action parlementaire. Non, l'action électorale comme l'action parlementaire peuvent être des formes, des morceaux de l'action politique, elles ne sont pas l'action politique tout entière qui est la marche sur le pouvoir, sur le gouvernement. L'action politique, c'est le peuple de Paris s'emparant de l'Hôtel de Ville en 1871, ce sont les ouvriers parisiens marchant en 1848 sur l'Assemblée Nationale. Le reste du temps, ce que fait le Parti, ce sont nos grandes manœuvres en temps de paix, c'est l'organisation et l'entraînement de l'armée révolutionnaire.

A ceux qui vont clamant que l'action politique préconisée par le Parti se réduit à la fabrication des députés, vous opposerez un formel démenti. Ce n'est même pas la fabrication des lois, c'est la mainmise par la classe ouvrière sur l'usine aux lois; c'est l'expropriation politique de la bourgeoisie, permettant seule son expropriation économique.

'Quand la Fédération du Nord a osé vous demander de rappeler ainsi le prolétariat aux conditions
mêmes de la lutte qui s'impose à lui pour son affranchissement, les uns ont dit : Le syndicalisme se suffit à lui-même ; les autres : Pourvu que les organisations corporatives s'engagent à ignorer le Parti socialiste, cela doit nous suffire ! Je veux répondre à
ces étranges affirmations, qui ne m'auraient pas
étonné à Amiens, mais qui me stupéfient à Limoges.
Je ne m'étendrai pas sur l'action directe : Jaurès l'a
exécutée. Je voudrais seulement qu'on m'expliquât
comment casser des réverbères, éventrer des soldats, brûler des usines, peut constituer un moyen
de transformer la propriété. Il faudrait en finir avec
toute cette logomachie prétendue révolutionnaire.
Aucune action corporative, si violente soit-elle,
grève partielle ou grève générale, ne saurait transformer la propriété. A supposer que les grévistes,
maîtres de la rue, mettent la main sur l'usine,
celle-ci n'en sera pas moins toujours une propriété
privée ; au lieu d'être la propriété de quelques
patrons ou actionnaires, ce sera la propriété des 500
ou des 5,000 ouvriers qui l'auront prise, et voilà
tout : les titulaires de la propriété capitaliste seront
changés : le système de propriété sera resté le
même.

'Et il ne faudrait pas dire et redire cela aux travailleurs ! et nous devrions les laisser s'engager
dans une voie qui ne mène nulle part ! les meilleurs,
les plus énergiques d'entre eux d'aller jusqu'à crier :

Pas d'action politique ! Non, les socialistes ne sauraient, sans crime, se prêter à une pareille duperie. Nous avons un devoir impérieux, c'est de ramener les travailleurs à la réalité, de leur rappeler sans cesse qu'on n'est révolutionnaire que si on s'attaque au gouvernement et à l'État.

Or, toute la politique syndicaliste consiste à laisser tranquilles gouvernement et État, ou bien à ne les connaître que pour leur demander quelque chose. Sous prétexte de ne pas faire de politique, on veut avoir la possibilité de tendre la main pour des subventions à toutes les fractions politiques, maîtresses des municipalités ou maîtresses du pouvoir central.

Disons et redisons aux prolétaires qu'en dehors du parti de la classe ouvrière s'emparant de l'État, il n'y a pas de transformation possible de la société et pas d'émancipation du travail.

Je passe à la deuxième thèse, très éloquemment soutenue, mais aussi détestable, quoique un peu moins scandaleuse en apparence. On a prétendu que du moment que l'on daignait, dans la Confédération, ignorer le Parti, nous devions être satisfaits de voir le Parti socialiste rangé parmi les « sectes » auxquelles la Confédération entend rester étrangère. Je dis que nous ne pouvons pas nous laisser ainsi confondre avec les partis bourgeois. Un Parti qui se respecte ne peut pas laisser passer une pareille injure, faite au socialisme non seulement français, mais international. Faut-il vous rappeler les Congrès internationaux de Paris, en 1889, de Bruxelles en 1891, de Londres en 1896, de Paris en 1900? Tous ont été unanimes à reconnaître que l'action syndicale seule est insuffisante pour l'affranchissement des travailleurs, que l'action politique s'impose. On a même fermé les portes des Congrès internationaux aux organisations corporatives qui ne s'inclineraient pas devant la nécessité de l'action politique. Et vous rompriez avec l'Internationale ouvrière pour vous entendre avec quelques anarchistes ! Je sais ce qu'on vous a dit : Ne vous mettez pas au ban de l'organisation ouvrière ; et moi je vous dis : Ne mettez pas le socialisme français au ban du socialisme international. Je demanderai au Congrès de Limoges de vouloir bien rappeler à la Confédération générale du Travail ce qu'ont toujours affirmé tous les Congrès des travailleurs du monde entier.

Qu'on fasse ce rappel, non pas comme une attaque, comme un acte de guerre — nous ne faisons la guerre à aucun travailleur, même quand il se trompe — mais, comme un enseignement, pour empêcher qu'on ne trompe plus longtemps les travailleurs.

Il faut rappeler, de façon à être entendu et compris de tous, les conditions de l'émancipation humaine, conditions essentielles. Ce que le Nord demande, c'est de proclamer une fois de plus que les deux actions, corporative et politique, s'imposent également, non pas comme ayant la même valeur, mais comme ayant la même nécessité. Le prolétariat, en

14.

les exerçant l'une et l'autre, ne peut pas se diviser contre lui-même. Que le syndiqué ne dise pas au socialiste : « Ce que je fais ne te regarde pas, » — et inversement. Vous ne pouvez pas couper en deux chaque prolétaire, appelé, pour s'affranchir, à devenir à la fois syndiqué et socialiste.

Cela veut-il dire que vous allez prendre à la gorge la Confédération générale du travail pour la forcer à l'entente? Non, cela veut dire que vous agirez sur elle en introduisant le plus possible de socialisme dans les syndicats. C'est un devoir que les socialistes doivent reconnaître et remplir. Vous demanderez à nos Bourses du travail des départements de ne plus se faire représenter à Paris par des anarchistes qu'elles ignorent. Partout où il y a des socialistes, il faut qu'ils soient dans les syndicats ; là où les syndicats ont été laissés à une influence mauvaise, entrez-y, non pour y introduire la politique, mais pour y porter l'esprit socialiste. Il ne s'agit pas d'y traiter les questions électorales ou parlementaires, mais d'y agir en socialistes ; toujours à l'avant-garde pour que leur action s'exerce, non seulement sans l'hostilité, mais encore avec le concours donné du dehors par le Parti.

Il faut, pour que nous aboutissions dans notre œuvre, pour que les événements prochains ne trouvent pas un prolétariat désarmé et impuissant, que réconciliation soit accomplie. Mais, auparavant, il faut que la parole socialiste sorte du Congrès de Limoges.

La fatigue m'empêche de continuer ; j'ai fait mon devoir, que le Congrès fasse le sien.

CONTRE L'ENTENTE

Discours prononcés au Congrès d'Amiens, en septembre 1906. *(Extrait du compte rendu officiel.)*

BOUSQUET. — Nous sommes tous nés sous et nous subissons toutes les lois capitalistes. Je dis que nous ne pouvons pas discuter avec le pouvoir législatif. La politique est impossible dans le syndicat où les camarades viennent par intérêt ou par éducation. Si on y faisait de la politique, les militants seuls y resteraient. Le parti socialiste m'a fait ce que je suis. Guesde disait que tout homme qui est incapable de défendre ses intérêts professionnels est incapable de défendre des intérêts collectifs. Je conteste au parti socialiste de faire une transformation du système économique actuel, parce qu'il n'est pas essentiellement un parti de classe comme l'est le parti syndical. Il y a dans ce parti une antithèse de classe, parce que chez nous, dans les syndicats rouges, nous n'acceptons que des salariés.

Le parti socialiste comprenant des patrons dans son sein, nous ne pouvons faire alliance avec lui. Rappelez-vous la division qui existait à la Bourse du travail dans les diverses écoles socialistes. L'accouplement est prématuré, car on risquerait de réveiller des haines qui ne seraient pas profitables qu'à la bourgeoisie, les socialistes auraient à faire une œuvre de salubrité. Renard a encore dit que l'anti-militarisme était une question politique; mais, dans toutes les grèves, nous trouvons des soldats contre nous. Nous sommes obligés de prendre des décisions contre cet état de fait. Voilà pourquoi la question anti-militariste n'est pas politique, mais économique. Nous ne voulons plus faire de révolution politique (où nous ne faisons que changer de maîtres), mais une révolution économique.

Les syndicats ne doivent pas rester dans la légalité. Le syndicat ne doit pas être une œuvre de conservation sociale, mais une œuvre de destruction capitaliste. Il est nécessaire de sortir de la légalité, car la classe capitaliste met immédiatement ses tribunaux au service de la légalité; plus un état est corrompu, plus on y fait de lois.

Au début de la C. G. T., les socialistes n'avaient pas tant de sollicitude pour la classe ouvrière. Nous avons le droit de nous méfier; nous sommes une force, on compte avec nous; nous sommes d'accord et nous ne faisons pas cet accouplement prématuré.

Niel. — Dans les statuts de l'Internationale, rédigés sous la dictée, pour ainsi dire, de Marx, en 1865, à Londres, il est dit que les travailleurs doivent se servir de l'action politique. Bakounine et sa fraction combattent ces statuts et leur esprit politique, et cela amène dans l'Internationale tellement de conflits, que cette merveilleuse association en meurt. De 1876 à 1886, les Congrès ouvriers sont exclusivement politiques, c'est le triomphe du guesdisme. De 1886 à 1895, les syndicats s'étant multipliés et fédérés, tiennent des Congrès économiques ; mais leur esprit, grâce aux guesdistes qui veulent absolument subordonner l'action syndicale à l'action électorale, est surtout politique. Ceci amène une nouvelle scission, à Nantes, en 1894. En 1896, se tient à Londres le Congrès historique où furent aux prises les politiciens et les syndicalistes. On se rappelle avec quel dédain Guesde lui-même traitait les syndicats à ce congrès quand il disait : « Pour faire un syndicat ? Peuh ! c'est pas difficile : il suffit d'acheter un timbre en caoutchouc de 25 sous ! »

Enfin, aujourd'hui, en 1906, la même question revient, posée encore par un guesdiste. Si j'avais eu quelques doutes sur les intentions de Renard, la persistance et l'obstination avec lesquelles les guesdistes ont toujours essayé de subordonner l'action syndicale, me convaincraient suffisamment. Mais aujourd'hui, le syndicalisme est plus fort que jamais. Il peut subir sans crainte ce nouvel assaut, comme aussi il est obligé d'indiquer de quelle façon il entend vivre en dehors et à côté des partis politiques.

Une voix. — Il n'y a plus de parti guesdiste.

Niel. — C'est possible, mais il y a encore des guesdistes, et c'est sans la moindre haine, sans le moindre sentiment de mépris à leur égard, que j'expose ce qui a été toujours leur tactique en matière d'action ouvrière.

Du reste, comment pourrais-je en vouloir à ceux qui ne pensent pas ou qui n'agissent pas comme moi? Qui peut dire qu'il n'y a qu'un moyen d'émancipation, et qui peut dire quel est celui-là? Je dis même mieux : n'y aurait-il théoriquement qu'un seul moyen efficace, que je vous mets au défi de l'employer tous. La vie n'est pas faite d'uniformité, mais de variété à l'infini. Il y a autant de tempéraments, d'aptitudes et de goûts, presque, qu'il y a d'individus sur la terre. Et vous voudriez que tous ces différents hommes agissent de la même façon?

Non, il peut y avoir, il y a plusieurs moyens d'émancipation. Le syndicalisme en est un comme un autre, mais qui n'exclut pas les autres.

Pour discuter, ici, impartialement cette question, il est indispensable que, pour un instant, nous nous dépouillions, autant que possible, de nos passions politiques. Rien n'est plus difficile que de parler de cela entre militants, parce que les militants ont une tendance naturelle à obéir à leurs passions politiques, plutôt qu'à la froide raison. Ensuite, il faut nous transporter par la pensée au sein même de nos organisations, où nous verrons que si nous sommes parvenus nous-même au *point d'arrivée* du syndicalisme, beaucoup de nos collègues ne sont encore qu'au *point de départ*, et cela nous inspirera d'utiles réflexions sur les dangers que nous ferions courir au syndicalisme en voulant le confondre avec le parti qui inspire nos diverses passions politiques.

D'abord, qu'est-ce que le syndicalisme?

On peut dire que le syndicalisme est une forme d'action employée par des malades contre le mal — plus exactement par les ouvriers contre les patrons. — Le mal, c'est les patrons, c'est-à-dire le patronat, le capitalisme et tout ce qui en découle. Les malades, ce sont les ouvriers. Or, comme on est *ouvrier* avant d'être *citoyen*, on trouve chez le salarié l'individu économique avant l'individu politique. Ce qui fait que si sur le terrain politique tous les citoyens politiques ne se ressemblent pas encore, sur le terrain économique tous les ouvriers se ressemblent déjà. Et cela explique que si l'union de tous les citoyens est encore très difficile, l'association de tous les ouvriers est très possible.

Le mal dont souffrent tous ces malades, c'est l'injustice sociale qui découle de l'exploitation de l'homme par l'homme, base du régime capitaliste. Ce mal frappe tous les ouvriers d'une façon égale.

Quand un patron veut diminuer les salaires à ses ouvriers, il ne les diminue pas d'un sou à ses ouvriers réactionnaires, de deux sous aux républicains, de trois sous aux socialistes, de quatre sous aux anarchistes, de cinq sous aux croyants, de six sous aux athées, etc. Il les diminue d'une façon égale à tous ses ouvriers, quelles que soient leurs opinions politiques ou religieuses, et c'est cette égalité dans le mal qui les atteint, qui leur fait un devoir de se solidariser sur un terrain où les différences politiques ou religieuses ne les empêcheront pas de se rencontrer. Ce terrain, c'est tout simplement le syndicalisme, puisqu'aussi bien le syndicalisme a pour objet de s'occuper de la question des salaires.

Une fois réunis sur ce terrain de neutralité absolue, les ouvriers lutteront ensemble pour résister à une baisse de salaires ou pour en obtenir une hausse; pour résister à toute augmentation de la journée de travail ou pour en obtenir une diminution; pour faire obtenir des règlements d'atelier ou des conditions de travail donnant plus de bien-être et plus de liberté; pour faire respecter leur dignité toujours menacée par l'arrogance de ceux qui ont un coffre-fort dans la tête à la place du cerveau. Enfin, comme cette lutte leur permettra de voir bientôt l'antagonisme irréductible qui sépare les exploiteurs des exploités, l'impossibilité d'en finir jamais si ça ne change pas, ils orienteront leurs luttes vers une transformation sociale, ce qui leur permettra de mettre dans leurs statuts généraux : « Suppression du salariat et du patronat ».

L'action syndicale est donc celle qui s'exerce sur le terrain économique, par tous les ouvriers, contre le mal économique. Ce n'est pas autre chose que l'*action directe* sous toutes ses formes et tous ses caractères de calme et de bruit, de modération ou de violence; c'est la pure lutte de classes.

Et maintenant, qu'est-ce que l'action politique?

L'action politique, c'est celle qui est inspirée par les préoccupations morales des *citoyens*, qui voudraient établir entre les hommes des relations sociales conformes à leurs désirs.

Elle est exercée par ceux qui croient que les rapports entre les hommes ne pourront jamais être réglés sans l'État; par ceux qui croient que les réformes ne peuvent venir que de la loi; par ceux qui affirment l'impossibilité de transformer la société sans faire la conquête des pouvoirs publics; par ceux qui veulent aider leur action économique par l'action de la loi; enfin, même par ceux qui cherchent dans une lutte contre tous les États, la solution à tous les problèmes de la sociologie.

Cette forme d'action n'oppose pas nécessairement toujours les hommes des classes différentes. Les groupements qui en découlent sont des groupements d'affinités, beaucoup plus que des groupements d'intérêt social immédiat. C'est ainsi que, sur ce terrain, il peut y avoir des patrons avec des ouvriers, des bourgeois avec des socialistes, des millionnaires avec des pauvres, des riches avec des anarchistes.

Considérée, donc, de ce côté, l'action des ouvriers peut se morceler en autant de fractions qu'il y a de conceptions politiques, car si l'accord est facile entre eux sur la nécessité de se grouper tous contre le mal patronal qui les frappe présentement, il est beaucoup plus difficile sur la nécessité d'une transformation sociale.

Voilà les deux actions avec leur caractère particulier et leurs différences.

Peut-on les associer et contracter entre elles une alliance?

Ici se pose le point culminant du débat.

La conscience politique du prolétariat, quel que soit le degré de son développement et de sa clarté, est antérieure à sa conscience économique. La confiance des ouvriers en les moyens politiques est plus ancienne; et encore aujourd'hui plus étendue — plus étendue quant au nombre — que leur confiance en les moyens économiques. Si, quand le syndicalisme est né dans sa forme et son esprit actuels, il avait trouvé une classe ouvrière unanimement d'accord sur la forme politique de son action, la question serait vite tranchée. Le syndicalisme pourrait contracter l'alliance avec cette forme politique commune à tous les travailleurs, et il n'y aurait alors aucun danger de division ou de scission.

Mais quand notre syndicalisme est venu au monde, il a trouvé la classe ouvrière déjà éparpillée dans divers courants politiques, et ce qui rend son action délicate, ce qui constitue le propre de son caractère particulier, c'est qu'il a à opérer son œuvre au milieu de tous ces ouvriers essaimés dans tant de milieux politiques différents.

Si donc vous alliez le syndicalisme à un courant politique quelconque, étant donnée l'extrême susceptibilité des passions politiques, vous écartez, par là-même tous les ouvriers des autres courants politiques, et le syndicalisme manque totalement son but.

D'ailleurs, avec quel courant politique faut-il faire l'alliance? Avec celui dont l'idéal est le même que l'idéal syndical, nous répond Renard. Et c'est cette communauté d'idéal, ajoutent-ils, qui implique la communauté d'action et l'entente organisée.

La communauté d'idéal existe, sans doute, entre les syndicalistes parvenus au point d'arrivée, dont l'éducation sociale est à peu près complète, c'est-à-dire entre les militants du syndicalisme et le socialisme. Mais nous savons tous que cette communauté d'idéal n'est pas partagée encore par de nombreux syndiqués et ce sont ceux-là qui m'intéressent et que je serais désolé de voir sortir de nos organisations, car j'ai la conviction que si nous savons les y maintenir par une sage neutralité politique dans notre attitude, avant peu de temps ils aboutiront à notre but et partageront notre idéal.

Mais, du reste, il n'y a pas, en politique, que les socialistes qui partagent notre idéal. Il y a aussi les anarchistes. Et que diraient les socialistes si l'on venait proposer, aujourd'hui, une alliance du syndicalisme avec l'anarchisme?

Coupat. — Elle est déjà faite, celle-là, citoyen Niel.

Niel. — Si elle est faite, je le déplore; et tous mes efforts n'auront pas d'autre objet que de la défaire.

Il y a aussi des Universités populaires qui orientent leur éducation vers notre but. Il y a enfin un coopératisme qui poursuit le même but que le syndicalisme. Pourquoi ferait-on l'alliance avec les socialistes parlementaires seuls plutôt qu'avec les autres.

Je sais bien qu'il y a certains socialistes qui verraient aussi d'un bon œil un accord entre la Confédération et la Bourse des Coopératives. Il y en a même qui, à l'instar des Belges — et le Nord n'est-il pas limitrophe de la Belgique? — affirment que l'action du travailleur doit s'exercer simultanément dans le syndicat, dans le groupe politique socialiste et dans la coopérative à base politique. C'est l'opinion du citoyen Jégou qui, dans une assemblée de la Bourse des coopératives socialistes, disait que l'on ne ferait rien tant que ces trois actions ne seraient pas officiellement associées, et qui disait qu'il porterait cette question au Congrès socialiste de Limoges.

J'en profite, camarades, pour vous mettre en garde contre la proposition d'entente avec la Bourse des coopératives socialistes, proposition portée à notre propre Congrès et qui est de nature, il me semble, à éveiller quelques soupçons. Il semble qu'il y a là un moyen indirect de faire au syndicalisme la déviation qu'il sera impossible de lui faire avec le parti socialiste.

Ces mêmes camarades ajoutent : « Le socialisme est un arbre dont les fruits s'appellent : syndicalisme, groupe politique et coopérative. » Il résulterait de cela qu'on ne pourrait être ni syndiqué, ni coopérateur, sans avoir déjà une claire conscience socialiste. Je crois que l'image serait beaucoup plus exacte renversée : le socialisme est le fruit d'une bonne éducation préalable dans le syndicat, dans la coopérative et dans le groupe d'opinion. Mais le jour me paraît encore loin où nous pourrons manger ce fruit.

RENARD. — Dans le Nord, cela est déjà fait.

NIEL. — Et puis je pose cette question à Renard : Pourquoi voulez-vous faire l'alliance et non la fusion ? Si l'alliance est possible, la fusion complète l'est aussi. En effet, l'alliance n'est possible, nous l'avons vu, qu'à la condition que tous les travailleurs, ou tous les syndiqués, soient socialistes. Si tous les travailleurs sont socialistes, voulez-vous me dire à quoi serviraient, l'un à côté de l'autre, deux groupements ayant mêmes éléments, même caractère, même esprit ? Il n'y a qu'à les fondre l'un dans l'autre et n'en faire qu'un. Ce sera bien plus simple.

Or, vous n'osez pas demander la fusion, parce que vous la sentez impossible. Pour les mêmes raisons, j'affirme que l'alliance est aussi impossible. Vous reconnaissez vous-même que tous les syndiqués ne sont pas encore socialistes, et que les deux actions distinctes sont utiles. Dans l'intérêt de votre thèse, l'alliance n'est pas plus possible que la fusion, parce qu'elle chasserait de bons éléments des syndicats, et l'action syndicale en serait fortement anémiée. Au contraire, n'y a-t-il pas intérêt socialiste, et même révolutionnaire ou anarchiste, à ce que le syndicat puisse recueillir dans son sein le plus grand nombre possible d'ouvriers ?

L'alliance est donc impossible avec le courant socialiste, comme avec tout autre courant politique.

Mais si l'on ne peut pas créer l'état d'alliance avec le parti socialiste, doit-on créer ou entretenir à son égard l'état de guerre?

Ce n'est pas un secret pour personne qu'il y a guerre, actuellement, entre les deux éléments syndicalistes les plus militants : socialistes et anarchistes. S'il en fallait une preuve nouvelle à toutes celles que je vais donner, on la trouverait dans certaines attitudes et dans certaines paroles de ce Congrès même.

Quand nous nous tournons du côté des anarchistes, on nous dit : « Ce sont les socialistes qui ont commencé! » Et quand nous nous tournons du côté des socialistes, on nous répond : « Ce sont les anarchistes qui ont commencé! » Qui a commencé exactement? Je n'en sais rien; et bien malin serait celui qui le pourrait dire. Cette question, c'est l'éternel casse-tête philosophique de la poule et de l'œuf. Est-ce la poule qui a fait l'œuf? Est-ce l'œuf qui a fait la poule? Je ne me charge pas de le débrouiller.

Il me suffit de constater que l'état de guerre est un fait, pour affirmer que ce serait un crime ouvrier de le continuer; ne pouvant déterminer qui la déclarée le premier, il faut absolument, dans l'intérêt supérieur du syndicalisme, que les deux adversaires déposent les armes en même temps.

Les anarchistes entretiennent l'état de guerre quand ils font de la propagande abstentionniste dans les syndicats. Cette propagande abstentionniste est tellement considérée par les libertaires comme l'exercice d'une opinion politique, que l'un d'eux, ici présent, et non des moins sympathiques, le camarade Monatte, disait hier qu'on avait tort de leur reprocher d'être allé faire de la politique anarchiste dans le Nord, « puisqu'ils n'y étaient pas allés faire de la propagande anti-électorale ».

Ils expliquent le droit de faire cette propagande abstentioniste en disant que leur politique est de principe pur et non de personnes. Que diraient-ils si, en période électorale, et sans s'occuper le moins du monde des candidats, les socialistes, ou les républicains, ou les réactionnaires qu'il peut y avoir dans les syndicats, proposaient au syndicat une simple discussion *de principe* des divers programmes politiques ?

Les anarchistes entretiennent encore la guerre, quand ils décident ou proposent, avant même de savoir quelle conduite ils tiendront, que tous les syndiqués ayant un mandat politique quelconque seront exclus de tous les postes de confiance dans le syndicat. Je connais pourtant certains ouvriers, conseillers municipaux, qui font d'excellents fonctionnaires syndicaux. Et ce n'est pas parce que Basly aura eu une attitude dans le syndicalisme minier, qu'il faut jeter l'anathème sur tous ceux de nos camarades ouvriers qui auront un mandat politique. « C'est une mesure préventive », disent les libertaires, sans se douter peut-être de tout ce qu'il y a de contradictoire dans ces paroles, pour des hommes qui se plaignent toujours — avec raison — des mesures préventives que les gouvernements prennent souvent contre eux...

La guerre est aussi entretenue par les libertaires, quand ils lancent l'épithète de « politiciens! » à tout propos, comme la suprême flétrissure à l'adresse de camarades qui ont encore une foi sincère en la politique.

NIEL. — Enfin, les anarchistes entretiennent la guerre, quand ils insultent tous les élus politiques, après s'être servis d'eux pour obtenir des subventions ou des faveurs pour eux ou leurs amis.

Ces camarades prétendent justifier leur attitude en disant que le syndicalisme suffit à tout, et que puisqu'ils consacrent eux-mêmes toute leur activité au syndicalisme, les autres n'ont qu'à faire comme eux et envoyer toute leur politique à la balançoire.

Il serait bon, pourtant, qu'ils se missent d'accord entre eux. L'un d'eux, après avoir narré un fait-divers quelconque, écrivait dans un des derniers numéros du *Libertaire* : « Ce qui prouve, une fois de plus, que « l'éducation économique » que donnent « les syndicalistes ne saurait suffire à préparer des « hommes nouveaux, totalement libérés des préju- « gés sociaux soigneusement entretenus par l'État, l'Église et l'École dans les cerveaux des malheu- « reux. »

Ce libertaire affirme donc que le syndicalisme ne saurait suffire et que le travailleur doit compléter son éducation ailleurs. Mais alors, chacun doit être libre de compléter son éducation dans le groupe socialiste, le groupe libertaire ou ailleurs. Dans sa misère sociale, l'ouvrier est pris par le ventre, par le cœur et par l'esprit. Que le syndicalisme ait pour principal et plus immédiat objet de lui permettre de se défendre contre la misère du ventre — la plus sensible de toutes — c'est entendu. Mais on ne doit rien reprocher à celui qui cherche à se garantir ailleurs contre les misères du cœur ou de l'esprit.

Mais les socialistes aussi entretiennent la guerre.

Ils l'entretiennent quand ils perpétuent l'œuvre de division de leurs devanciers, en tentant par tous les moyens de noyer le syndicalisme dans leur politique particulière. Ils ne peuvent pas dire qu'ils ne sont pas conscients de la gravité de leur acte, eux qui savent que tous les syndiqués ne sont pas socialistes.

Ils l'entretiennent aussi, quand ils ont l'hypocrisie et la canaillerie de mettre dans leurs propositions d'alliance un alinéa disant que si l'alliance n'est pas possible par en haut, avec la Confédération, les groupes socialistes locaux, les fédérations socialistes départementales, devront user de tous les moyens pour contracter alliance soit avec des syndicats, soit avec les Bourses du Travail, soit avec les Fédérations professionnelles. Ainsi, l'œuvre de désorganisation qu'on n'aura pas pu faire par en haut, en haine parfois du syndicalisme qui éclipse quelques vedettes socialistes, on la fera par en bas, en minant souterrainement l'édifice syndical.

15.

Les socialistes entretiennent encore la guerre quand ils insultent à jet continu les militants de la Confédération, en les traitant de « repris de justice », « professionnels du cambriolage », etc., etc.

Enfin, les socialistes entretiennent la guerre quand, je ne dirai pas par mépris, mais par antipathie chronique, ils essaient de diminuer la valeur sociale de l'action syndicale, qui ne serait qu'une vulgaire œuvre de réforme, par rapport à celle de l'action politique qui, elle, serait une belle œuvre de révolution.

Je ne veux pas animer cette querelle de savoir laquelle de ces deux actions est la supérieure. Je constate seulement que les syndicats sont une des plus précieuses sources qui alimentent et fertilisent tous les partis révolutionnaires, que cette fonction les place à un poste d'honneur, et cela me suffit.

Mais je dois dire que, considérées dans leur œuvre immédiate, ces deux actions sont toutes deux réformistes, et considérées dans leur but, elles sont toutes deux révolutionnaires.

Voilà l'état de guerre et voilà ce qu'il est urgent de faire cesser.

Si on fait l'alliance avec le parti socialiste, ou bien c'est la scission à bref délai, ou bien c'est provoquer les anarchistes à tel point qu'ils auront raison alors de faire leur politique anarchiste dans les syndicats.

Si les anarchistes continuent leur guerre, c'est encore la division à brève échéance, ou bien c'est provoquer les socialistes à un tel point qu'ils auront raison, alors, de faire leur politique socialiste dans les syndicats. Dans un cas, comme dans l'autre, c'est la mort du syndicalisme.

Si les militants sont bien pénétrés de leur rôle et de leurs intérêts, ils établiront une solide neutralité politique, en mettant une sourdine à leurs passions politiques dans les syndicats, surtout maintenant qu'ils savent que cette neutralité doit faire sûrement des adeptes nouveaux à leurs opinions sociales.

KEUFER ([1]). — Tous nous pouvons constater qu'un profond malaise existe dans nos organisations syndicales et à la Confédération. Cela tient aux divisions provoquées par les divergences de vues sur la direction que doivent suivre la Confédération et les syndicats.

En jetant un coup d'œil en arrière, on se rappelle que, dès le Congrès de Zurich, en 1893, les députés socialistes allemands, Bebel, Singer, Liebknecht, firent adopter la motion que ne pourraient assister au Congrès ouvrier les délégués qui seraient hostiles à l'action parlementaire. Au Congrès de Londres, en 1896, eut lieu une vive discussion entre les délégués ouvriers et les nombreux représentants du Parti socialiste français, parmi lesquels presque tous les députés du Parti; on voulait exclure les représentants des syndicats, régulièrement mandatés, qui se déclaraient anti-parlementaires...

1. M. Keufer, de la Fédération du livre, est un réformiste anti-anarchiste.

A une voix de majorité, cette proposition d'exclusion fut repoussée.

Depuis cette époque, les hommes politiques, les parlementaires ont évolué, et ils ne sont plus absolus dans leurs idées, ils sont devenus syndicalistes.

Il en est de même des libertaires, des anarchistes qui ont longtemps combatu les syndicats ; il ne voyaient là que des organisations ouvrières aristocratiques, dans lesquelles ne pouvaient entrer les « unskilled », comme disent les Anglais. Ces adversaires d'autrefois, dont nous pourrions peut-être en retrouver quelques-uns dans ce Congrès, ont aussi modifié leur opinion, à tel point que ces anti-syndicalistes de naguère sont devenus des syndicalistes actifs, les apôtres du syndicalisme révolutionnaire. C'est ainsi que la Confédération du Travail a pris une direction qui, selon moi, ne lui appartient pas, qui n'est pas celle qui lui avait été désignée au Congrès de Limoges. En effet, les délégués qui y assistaient étaient unanimes pour donner à la Confédération sa mission réelle, celle de rallier les forces ouvrières, de provoquer l'organisation du prolétariat et assurer son action sur le terrain économique, en dehors de tout parti politique, de toute école philosophique ; elle devait garder une sincère, une complète neutralité.

C'est cette neutralité qui, depuis le Congrès de Limoges, a été violée. Je ne méconnais pas l'activité déployée par ceux qui, depuis, ont dirigé la

Confédération ; ils ont prouvé quelle influence peut exercer une minorité active sur une masse indifférente ou insouciante. C'est ce qui explique que la Confédération a pu prendre la direction actuelle : anti-parlementaire, à tendance anarchiste, anti-militaire, anti-patriotique.

C'est ce moment que le Parti socialiste, par l'intermédiaire de la Fédération du Textile, a choisi pour établir des relations normales, temporaires ou permanentes, avec la Confédération du Travail, en vue d'une action révolutionnaire commune.

Je l'ai déjà dit autre part, ces relations ne peuvent s'établir, elles ne peuvent aboutir à une entente finale, parce qu'il y a une divergence profonde, absolue, entre la méthode d'action et le but poursuivi par les deux organismes.

Ce que veulent les libertaires syndicalistes, ce n'est pas seulement repousser le parlementarisme pour lui préférer l'action directe, la pression exercée par les syndicats ; non, leur but final est de supprimer l'État, de faire disparaître tout gouvernement de personnes, pour confier aux syndicats, aux fédérations, aux Bourses du Travail, le gouvernement des choses, la production, la répartition, l'échange, c'est-à-dire le communisme libertaire et intégral.

Le parti socialiste, au contraire, en attendant l'avènement final et très éloigné du pur idéal communiste, poursuit la suppression de la propriété et du patronat, pour instituer l'État socialiste-collectiviste comme le régulateur et le dispensateur de la richesse, par la conquête des pouvoirs publics.

Il y a entre ces deux solutions une opposition, au fond, irréductible, et l'entente ne pourrait pas durer longtemps si elle devait se produire, entre les représentants des deux conceptions, et cela d'autant moins que les anarchistes accusent à l'avance l'État collectiviste de devenir plus despotique que l'État bourgeois.

Voilà pourquoi il y a une opposition capitale, entre le parti socialiste qui poursuit la transformation sociale par l'action parlementaire et la conquête des pouvoirs publics, et les syndicalistes libertaires, anti-parlementaires résolus, décidés à supprimer cet organisme social, l'État.

Et pourtant, il est bon de le signaler, les plus fervents libertaires reconnaissent que dans l'état social actuel, en présence de la faiblesse des organisations syndicales — le délégué des Garçons de magasins et des garçons livreurs, en réunion de commission, l'a déclaré — l'intervention des pouvoirs publics, de la loi, est nécessaire pour protéger les faibles. L'intervention des syndicalistes, partisans de l'action directe, auprès des membres du Parlement, auprès du gouvernement, indiquent bien que l'on ne peut repousser d'une façon absolue la protection légale. Et alors on s'explique les candidatures ouvrières pour arriver au Parlement. Cela ne m'empêche pas de déclarer qu'il y aurait danger à fonder de trop grandes espérances sur l'action légale, sur

l'intervention de l'État ; il y a lieu de redouter aussi
les conséquences des candidatures ouvrières. Que
se portent candidats ceux qui se trouvent dans les
rangs du syndicat, c'est bien ; mais il est funeste que
ceux qui ont conquis la confiance de leurs camarades — chose difficile à réaliser dans le monde ouvrier, par l'exagération même des principes démo-
cratiques, — il est funeste que ceux-là quittent leurs
fonctions syndicales pour devenir des candidats aux
fonctions politiques. Ils sèment le scepticisme parmi
les travailleurs et favorisent l'accusation de n'avoir
agi qu'en vue de se faire un tremplin de leur fonction syndicale. — La vérité, c'est que les militants,
qui représentent une véritable force sociale, qui pos-
sèdent la confiance de leurs camarades, doivent rester avec eux et mettre leurs aptitudes au service de
leur corporation.

D'autre part, les camarades Bousquet et Dooghe
ont reconnu eux-mêmes que cette intervention des
syndicats auprès des fonctionnaires de l'État, était
inévitable. Et alors, pourquoi se montrer anti-parlementaire intransigeant ? Pourquoi nier l'utilité de
la protection légale ?

Il ne peut donc être constesté que l'action syndicaliste et l'action politique, pendant une longue période transitoire, si ce n'est toujours, devront s'exercer avec profit.

Mais dans l'intérêt même de cette double action,
en raison des divisions inévitables qu'une action
commune pourrait produire — l'expérience l'a

prouvé — il faut renoncer à une entente permanente ou temporaire entre la Confédération, entre les syndicats et le Parti ouvrier. Chacun de ces organismes a son terrain d'action, tout indiqué, délimité ; leur action sera convergente et non commune ni subordonnée.

Pour aboutir à une action parallèle, l'entente officielle n'est pas nécessaire ; par leur caractère socialiste, les membres du Parti ont l'obligation, en raison des principes qu'ils professent, doivent être les défenseurs des intérêts ouvriers, ils doivent spontanément agir dans ce sens.

Mais en affirmant la nécessité de cette action séparée, j'entends également que la Confédération, mieux que par le passé, doit observer une sincère neutralité, non seulement vis-à-vis du Parti ouvrier, mais vis-à-vis de tous les partis, et aussi en s'abstenant de faire de l'anti-militarisme, de l'anti-patriotisme et de propager les doctrines anarchistes. Ce n'est pas le rôle de la Confédération.

Avec mes camarades, je reconnais que nous devons employer nos efforts pour obtenir que l'armée n'intervienne plus dans les grèves, et cette neutralité de l'armée imposera aussi de plus lourdes responsabilités à ceux qui dirigent les mouvements ouvriers.

Mais les dirigeants de la Confédération violent la neutralité qu'elle doit observer en prenant parti pour telle ou telle doctrine, au milieu des rivalités qui se manifestent aujourd'hui.

L'anti-militarisme et l'anti-patriotisme appartiennent au domaine des opinions, et le camarade Pouget et ses amis ont affirmé que les syndicats ne devaient être que des groupements d'intérêts et non d'opinions, tous les salariés peuvent y être abrités sans que leurs convictions philosophiques aient à en souffrir.

La Confédération n'est pas une Église qui peut prétendre imposer un dogme quelconque. Personne aujourd'hui, pas plus les anarchistes que les partisans d'autres doctrines, ne peuvent affirmer l'infaillibilité de leurs conceptions. La sociologie — objet de tant de controverses, — les lois si compliquées qui gouvernent les phénomènes sociaux, ne peuvent pas être invoquées avec la même certitude scientifique que les lois de la mécanique ou de la physique. Par conséquent, dans les organisations syndicales et à la Confédération, on ne doit pas affirmer la supériorité de telle ou telle doctrine ; c'est aux seuls individus, dans leur pleine liberté, de se prononcer. Ne pas respecter la neutralité absolue qui est dans le rôle de la Confédération, c'est semer la division dans les rangs ouvriers, c'est nuire à l'unité morale du prolétariat français qui ne peut pas se réaliser exclusivement, il est vrai, par les organisations syndicales qui ont exclusivement un rôle économique à remplir.

L'action anti-militariste, anti-patriotique de la Confédération, est un obstacle sérieux, certain, au développement des syndicats. Elle blesse les convictions de nombreux travailleurs qui ont une autre idée de la mission des organisations corporatives. Persévérer dans cette voie, c'est préparer la désorganisation des groupements, ou tout au moins c'est en réduire les effectifs et les rendre impuissants.

Je conclus donc en déclarant que la Confédération doit observer une neutralité absolue, non seument au point de vue politique, mais au point de vue philosophique, en écartant la propagande libertaire, anti-militariste et anti-patriotique, idées qui sont exclusivement du domaine individuel. Libre à chacun de les propager ou de les combattre, hors des syndicats.

Vous prétendez que ce que vous demandez existe déjà, sous forme de rapports occultes entre la C. G. T. et les parlementaires. C'est inexact! En deux circonstances, j'ai eu des rapports personnels avec deux députés, Sembat et Wilm. Ils m'avaient demandé de les documenter pour interpeller. Je l'ai fait et chaque fois qu'un député, répondant à la mission qu'il s'est donnée, voudra se renseigner, je le documenterai avec plaisir. Mais, en ces circonstances, ces députés ne faisaient que leur devoir et il n'y a pas à leur en avoir gratitude.

Au delà de la proposition de Renard, qui pose une question du fait, il en est une plus importante, celle de Keufer, qui, parlant d'unité morale, reproche à la C. G. T. de l'avoir détruite.

Cette unité morale ne peut exister. Dans tout

groupement il y a lutte et non division. L'acceptation de son ordre du jour constituerait une négation de la vie, qui est faite du choc des idées.

De plus, Keufer insiste trop sur la présence des libertaires au sein du Comité confédéral ; ils n'y sont pas aussi nombreux que le veut la légende. Mais, c'est une tactique pour faire surgir un péril libertaire, afin de constituer un bloc pour annihiler ce péril. Au lieu de vagues affirmations, il fallait produire des faits, des résolutions, des documents émanant de la C. G. T. et inspirés par l'unique objectif anarchiste. Il n'y en a pas! Qu'il y ait chez certains d'entre nous des idées libertaires, oui! mais qu'il en naisse des résolutions anarchistes, non!

A peine Millerand ministre, parut une déclaration signée de Keufer, Baumé Moreau, en faisant suivre leur nom de leur qualité de secrétaire d'organisation, etc., approuvant son acte. Est-ce que pareille déclaration ne constituait pas un acte politique? Et quel pouvait en être le résultat? Puis, à l'Union des Syndicats de la Seine, on vint proposer un banquet à Millerand. N'était-ce pas encore un acte politique pour un but bien défini? Seul, je m'y opposai. On manœuvrait alors pour introduire l'influence du gouvernement au sein de la Bourse du Travail, — et c'est en réaction à cette tendance qu'est venu l'essor de la C. G. T.

Au lendemain de Chalon, les membres de la Commission de la Bourse du Travail reçurent, pour eux et leurs familles, une invitation à une soirée du ministre du commerce ; deux jours après, nouvelle invitation, — de Galliffet celle-là ! — pour un carrousel.

Que voulait-on? Nous domestiquer! Nous fûmes deux à protester et à propagander contre. Nous dévoilâmes ces manœuvres et, petit à petit, nous finîmes par faire voir clair aux camarades.

L'explosion de vitalité de la C. G. T. résulte de ces événements. Il y eut une coalition d'anarchistes, de guesdistes, de blanquistes, d'allemanistes et d'éléments divers pour isoler du pouvoir les syndicats. Cette coalition s'est maintenue, elle a été la vie de la Confédération. Or, le danger existe encore. Il y a toujours des tentatives pour attirer au pouvoir les syndicats, — et c'est cela qui empêchera l'unité morale.

Où l'unité morale peut se faire, c'est si on cherche à la réaliser contre le pouvoir et en dehors de lui. Or, comme il en est qui sont pour ces contacts, ceux qui s'opposent à ces relations empêcheront l'unité morale dont parle Keufer.

Ce qu'il faut voir, c'est que ce n'est pas l'influence anarchiste, mais bien l'influence du pouvoir qui entraîne à la division ouvrière.

Exemple, les mineurs. La désunion ouvrière fut la conséquence de la pénétration du pouvoir. En 1901, on s'opposa à la grève pour ne pas le gêner et pour ne pas contrarier l'œuvre « socialiste » de Millerand-Waldeck-Rousseau. Joucaviel, qui avait tout fait pour s'opposer à la grève, a reconnu, après quatre ans, que le pouvoir n'avait pas tenu les promesses faites, que le gouvernement avait roulé les mineurs.

Est-ce les anarchistes de la C. G. T. qui ont créé ce conflit? Non! Pas plus qu'ils n'ont créé celui des Travailleurs municipaux.

En ce qui concerne ceux-ci, le conflit a son origine entre ceux qui voulaient que l'organisation marche à la remorque de l'administration et ceux qui s'y opposaient.

En réalité, d'un côté, il y a ceux qui regardent vers le pouvoir et, de l'autre, ceux qui veulent l'autonomie complète contre le patronat et contre le pouvoir. C'est en ce sens que s'est manifestée l'action de la C. G. T., et le développement considérable qui en a été la conséquence infirme la thèse du Textile : l'accroissement de la Confédération a été parallèle à l'accentuation de sa lutte. Il n'y a donc pas nécessité de modifier un organisme qui a fait ses preuves; mais, au contraire, de déclarer que la C. G. T. doit rester telle que ces dernières années.

Admettons que la proposition du Textile soit votée! Elle créerait des rapports entre la C. G. T. et le Parti. Or, qui dit rapport, dit entente; qui dit entente, dit accord! Comment s'établirait cet accord fait des concessions mutuelles, entre un Parti qui compte avec le pouvoir, car il en subit la pénétration, et nous qui vivons en dehors de ce pouvoir?

**

Au Congrès international de Stuttgart (août 1907),

les guesdistes cherchant la revanche des défaites qu'ils avaient essuyées aux deux congrès nationaux français de Limoges (1906) et de Nancy (1907), ont eu la satisfaction platonique de voir adopter la motion suivante :

« Pour libérer complètement le prolétariat de l'asservissement intellectuel, politique et économique, la lutte politique et économique de la classe ouvrière est également nécessaire.

« Le parti mène principalement la lutte prolétarienne sur le terrain politique tandis que les syndicats la mènent principalement sur le terrain économique.

« Le Parti et les syndicats ont ainsi dans la lutte émancipatrice du prolétariat à remplir une tâche également importante.

« Chacune des deux organisations a un champ d'action déterminé par sa nature même, terrain sur lequel elles déterminent leur action *de façon entièrement autonome.* Mais il y a un domaine toujours croissant de la lutte de classe prolétarienne où l'on ne peut obtenir de résultat que si les deux organisations travaillent ensemble et d'accord.

« Il en résulte que, dans une mesure toujours croissante, la lutte prolétarienne donne d'autant plus de résultats que les rapports entre les syndicats et le Parti sont plus intimes, sans compromettre cependant l'unité du mouvement syndical.

« Le Congrès déclare qu'il est de l'intérêt de la classe ouvrière que dans tous les pays des RAPPORTS INTIMES s'établissent entre le Parti et les syndicats et soient entretenus d'une façon constante.

« Le Parti et les syndicats doivent se soutenir moralement et ne doivent *se servir dans leur lutte libératrice que DE MOYENS qui sont de nature à hâter* la libération du prolétariat.

« Ils ont à s'entendre mutuellement lorsqu'un différend surgit sur l'opportunité de certaine méthode.

« Les syndicats ne feront leur devoir dans la lutte émancipatrice de la classe ouvrière que s'ils sont inspirés de l'esprit socialiste. Le Parti a le devoir de soutenir les syndicats dans leur lutte pour l'amélioration des conditions sociales, et, dans leur action *parlementaire*, de mettre en pleine valeur les revendications syndicales.

« Le Congrès invite tous les syndicats se trouvant dans les conditions prévues par la Conférence de Bruxelles 1899, ratifiées par le Congrès de Paris 1900, à se faire représenter par le Congrès international et à se tenir en relations avec le bureau international de Bruxelles. Il charge ce dernier de se mettre en rapport avec le secrétariat international des syndicats à Berlin pour échanger tous les renseignements relatifs à l'organisation ouvrière et au mouvement ouvrier. »

APPENDICE 2

Pour la grève générale.

Au Congrès général des organisations socialistes tenue à Paris (avant l'Unification) du 3 au 8 décembre 1899, M. Aristide Briand prononça le discours que l'on va lire *(extrait du compte rendu officiel)* :

Le citoyen LENORMAND. — Je cède mon tour de parole au citoyen Briand.

Le citoyen BRIAND. — Citoyens, la grève générale est une conception dont j'ai quelque peu endossé la paternité.

J'ai demandé, hier, que cette question de la grève générale fût traitée à part. J'estime, en effet, qu'elle mérite les honneurs d'une discussion particulière : d'abord, parce qu'elle est intéressante en elle-même; ensuite, parce que le congrès du parti socialiste aura ainsi l'occasion de marquer sa déférence aux congrès des organisations syndicales, tenus à Marseille, à

16

Nantes, à Limoges, à Rennes, et qui se sont prononcés affirmativement sur cette question. Il est déjà fâcheux, à mon avis, que dans le domaine des préoccupations purement politiques, certains de nos camarades, parmi les meilleurs, les mieux écoutés, aient cru devoir, dès l'abord, écarter la conception de la grève générale avec un dédain qu'elle ne méritait pas. (*Oh! Oh! Protestations.*) De deux choses l'une, en effet : ou les congrès ouvriers ont eu raison de s'arrêter à cette idée de la grève générale, ou bien ils ont eu tort, et, dans les deux cas, il est absolument indispensable que les partisans de la grève générale viennent dire pourquoi ils l'ont préconisée, et que, d'autre part, ceux qui en sont les adversaires et l'ont combattue, exposent les raisons qui la leur ont fait rejeter. Le congrès jugera. Mais il est absolument indispensable et urgent que le prolétariat soit renseigné, afin qu'il puisse s'écarter au plus vite de la voie où, sur mes conseils et sur ceux de quelques-uns de mes amis, il s'est engagé, si elle est jugée mauvaise et dangereuse.

Mais, vous me permettrez, citoyens, de persister à croire qu'elle est bonne et féconde, et d'espérer que le parti socialiste tout entier s'y engagera avec le prolétariat, j'ose même dire à la tête du prolétariat. (*Vifs applaudissements*).

Citoyens, si paradoxale que cette déclaration puisse vous paraître, je tiens à déclarer, dès le seuil de cette discussion, que je suis personnellement hostile à la grève. Je ne suis pas un prêcheur

de grèves. (*Protestations et exclamations diverses*)...
Citoyens, n'interrompez pas déjà; j'apporte des
arguments, écoutez-moi. (*Protestations et applaudissements.*) Je ne suis pas partisan de la grève,
j'entends de la grève sous la forme où elle se produit actuellement. Je ne suis pas partisan, pour
m'expliquer plus clairement, de la grève partielle ;
je la juge néfaste, et, même quand elle donne des
résultats, je considère qu'ils ne compensent jamais
l'effort des sacrifices consentis. La grève partielle
est presque toujours vouée à l'impuissance, parce
que les ouvriers engagés dans un conflit ne se
trouvent jamais en réalité en face de patrons isolés.
Les travailleurs en grève sont bien réellement isolés,
eux; même quand ils ont l'aide morale et matérielle
du prolétariat, qu'est cet appui à côté de celui que
trouvent les patrons auprès des pouvoirs publics ?
Le patron n'est jamais seul; il a toujours avec lui,
pour lui, les moyens de répression dont dispose sa
classe, l'ensemble des forces sociales organisées,
magistrature, fonctionnaires, soldats, gendarmes,
policiers. (*Vifs applaudissements.*)

Citoyens, étant donnée cette situation : d'une
part, le patronat toujours engagé tout entier dans
chaque grève, et cela d'une manière effective; d'autre
part, le prolétariat toujours isolé dans les conflits
économiques, qu'est-il arrivé? Après un certain
nombre d'expériences, il est arrivé que les travailleurs conscients se sont rendu compte de l'inutilité,
tout au moins de l'insuffisance de leurs efforts. Ils

en sont venus très vite à se demander s'il ne serait pas possible de tirer un meilleur parti de l'organisation syndicale. Le résultat de leurs réflexions a été ce qu'il devait être; il les a conduits instinctivement à la conception de la grève générale; en sorte qu'il m'a suffi, soit dans les conférences, soit dans les congrès, de la dégager, de la concréter en une forme précise, pour me trouver aussitôt en communion d'idées avec tous les représentants du prolétariat organisé. Le secret de la force de cette idée de grève générale réside en ceci qu'elle est apportée au monde du travail par le fait même de l'évolution économique. Et je dis à l'avance qu'il n'est pas possible, entendez-moi bien, au point de vue économique tout au moins, de ne pas être partisan de la grève générale quand on l'est de l'organisation syndicale. (*Vifs applaudissements*).

Quel est en effet le point culminant de l'organisation syndicale? Doit-elle se borner à la création de syndicats, voire de fédérations plus ou moins nombreuses? Non, n'est-ce pas? Lorsque vous conseillez aux travailleurs de se grouper en syndicats, aux syndicats de se grouper entre eux, vous envisagez une vaste organisation du travail dans laquelle seraient représentées toutes les forces du travail. Vous n'avez pas l'idée qu'elle s'arrêtera à la fédération des mineurs, des métallurgistes, des menuisiers, vous envisagez qu'à un moment donné toutes ces fédérations de métiers seront elles-mêmes fédérées entre elles dans une confédération générale du tra vail. Or, citoyens, quand vous allez, vous, militants, — et cela est arrivé à la plupart de ceux qui assistent à ce congrès — quand vous allez préconiser la création d'un syndicat, vous ne vous reconnaissez pas le droit d'inviter les futurs syndiqués à exclure de leurs préoccupations, à bannir de leurs statuts l'éventualité de la grève. Vous prévoyez qu'à un moment donné un conflit entre le patron intéressé et ce syndicat peut devenir aigu, au point que pour le régler il faudra nécessairement recourir à la grève. Vous n'engagez pas les travailleurs à la faire, mais vous les invitez, et c'est votre devoir, à s'en préoccuper comme d'une éventualité qui peut s'imposer à eux.

Si vous admettez ce principe, vous êtes engagés. Il ne vous est plus possible de vous dérober, il faut que vous alliez jusqu'au bout. (*Vifs applaudissements*). Imaginez, en effet, qu'au lieu de vous adresser à nos syndicats en formation, vous ayez à parler devant les représentants de la confédération générale de toutes les forces du travail organisées ; envisageant les divers modes d'action qui peuvent s'imposer à eux, ne seriez-vous pas amenés fatalement à leur dire : Quand vous aurez fait vos sommations au patronat, quand vous aurez constaté qu'il reste irréductible devant la légitimité de vos revendications, alors, de même qu'en pareille circonstance s'impose à l'examen du syndicat la pénible éventualité de la grève partielle, s'imposera aussi à votre examen l'éventualité plus redoutable, mais plus féconde, de la grève générale (*Vifs applaudissements*),

16.

de la grève générale qui dressera alors en face du patronat le prolétariat tout entier. (*Vifs applaudissements*).

Le citoyen Filloi. — Voilà la révolution accomplie ! (*Exclamations et protestations.*)

Le citoyen Briand. — Je serais heureux que cette ironie pût se traduire à la tribune en objections sérieuses. J'attends que les adversaires de la grève générale viennent exposer les raisons qui leur ont, dès l'origine, fait considérer cette idée comme une utopie, qui n'avait pu germer que dans le cerveau d'un rêveur. Je considère, moi, qu'elle est, au contraire, essentiellement pratique. Elle est utopique, dites-vous ; mais, si vous persistez à la juger telle, il faudra que vous veniez déclarer ici que vous considérez aussi comme utopique l'association de tous les travailleurs ; il faudra que vous disiez que le mouvement syndical est condamné à n'atteindre jamais son complet développement, que vous tenez les travailleurs pour trop inconscients pour former, à un moment donné, une confédération générale. (*Vifs applaudissements.*) Eh bien, moi, j'ai plus de confiance en eux, et je reste convaincu que, la propagande aidant, les syndicats, se multipliant, prenant chaque jour conscience plus nette de leurs intérêts, de leurs devoirs et de leur force, réaliseront l'union, comme nous sortirons nous-mêmes unifiés de ce congrès. (*Vifs applaudissements.*) Oui, un jour, tous les travailleurs, étroitement unis sur le terrain syndical, opposeront une force irrésistible à ce patronat qui n'a pas attendu que les travailleurs prennent conscience de leurs intérêts pour s'unifier contre le prolétariat! (*Vifs applaudissements et acclamations.*)

Je n'insiste pas sur ce point spécial de la question. J'arrive au second point de vue, celui qui fera probablement l'aliment principal de la discussion, celui sur lequel on peut faire des réserves et élever des objections : le point de vue politique et révolutionnaire. J'entendais tout à l'heure des camarades qui disaient, lorsque je faisais entrevoir la possibilité d'une pareille bataille engagée entre les salariés et le patronat : ce serait la révolution! Eh bien, oui, je le dis, je le crois fermement, la grève générale, ce serait la révolution... (*Vifs applaudissements.*)

Je sais bien qu'on me fera cette objection : « Mais, si la grève générale, c'est la révolution, pourquoi ne pas aller droit au but, en préconisant tout de suite la révolution? » D'autres diront : « La révolution ne s'organise, ni ne se décrète, elle ne dépend pas de la volonté des individus; elle est le résultat de circonstances, le point culminant de l'évolution : elle s'impose aux hommes »... Vous voyez que je n'essaye pas d'esquiver les objections, puisque je vais au-devant d'elles.

Je conviens, citoyens, que la grève générale, la révolution ne peuvent être décrétées à date fixe; je conviens que la révolution, malheureusement, ne dépend pas de quelques bonnes volontés, — sans cela, il y a longtemps que vous l'auriez faite. Je ne nie pas le rôle prépondérant de l'évolution et des circonstances. (*Vifs applaudissements.*) Mais je crois — c'est une réserve que je tiens à faire, car je ne suis pas fataliste — que la volonté humaine peut hâter la marche de l'évolution et contribuer puissamment à accoucher les circonstances.

Il est certain que, dans la marche de l'humanité, bien des circonstances révolutionnaires se sont présentées que les hommes, faute de préparation, n'ont pas su utiliser.

Jadis on pouvait exhorter le peuple à se préparer à la révolution. Ces exhortations ne le laissaient pas sceptique, elles évoquaient à son esprit le souvenir des barricades, des piques, des fusils qu'on se procure au hasard de l'émeute, des vieux modes révolutionnaires enfin. Mais aujourd'hui, si vous dites au travailleur : révolte-toi, il vous montrera d'un geste découragé les immenses avenues qui découragent la barricade, il vous demandera si vous avez des fusils à lui donner pour répondre à ceux de la bourgeoisie. (*Vifs applaudissements et exclamations.*)

Ah! si, de ce côté du congrès, j'ai pu, hier, comprendre vos interruptions et les accepter, c'est qu'en somme je les provoquais bien un peu. (*Tumulte et cris.*)

Le citoyen Président. — Le citoyen Guesde a parlé hier, nous l'avons écouté dans un silence absolu... (*Rires et applaudissements ironiques, exclamations diverses.*)

Une voix. — Un silence religieux...

Le citoyen Président. — Il faut bien dire que dans une assemblée aussi nombreuse...

Une voix. — On nous provoque !

Le citoyen BRIAND. — Il n'y a pas de provocation dans ce que j'ai dit tout à l'heure. Il faut bien que je discute les arguments que vous avez toujours opposés à l'idée de la grève générale...

Le citoyen CABARDOS. — Vous leur dites trop de vérités !...

Le citoyen BRIAND. — Dites à des travailleurs : Faites la révolution !... Ils en ont bien l'envie et, si cela ne dépendait que d'eux, ils seraient vite dans la rue. Ils n'y vont pas parce qu'ils prévoient comment ils y seraient reçus... (*Vifs applaudissements*), parce qu'ils savent bien que leurs efforts seraient noyés dans le sang...

Une voix. — Comme en 1871 !... (*Applaudissements.*)

Le citoyen BRIAND. — Ils comprennent que la révolution de demain, celle qui émancipera le prolétariat, ne peut plus être tentée par les vieux procédés révolutionnaires. Non pas, camarades, que je les réprouve. Je suis de ceux qui se font scrupule de décourager les efforts révolutionnaires, quels qu'ils soient. (*Applaudissements.*)

Allez à la bataille avec le bulletin de vote, si vous le jugez bon, je n'y vois rien à redire. J'y suis allé, moi, comme électeur, j'y suis allé comme candidat, et j'y retournerai sans doute demain. Allez-y avec des piques, des sabres, des pistolets, des fusils : loin de vous désapprouver, je me ferai un devoir, le cas échéant, de prendre une place dans vos rangs. Mais ne découragez pas les travailleurs quand ils tentent de s'unir pour une action qui leur est propre, à l'efficacité de laquelle ils croient fermement, car enfin, citoyens, la réussite d'une révolution, dans l'état actuel des choses, à quoi tient-elle ? (*Une voix :* A l'anarchie.) Ah non, certes ! Elle tient, de même que la réussite des guerres modernes, à une question de mobilisation. Si une révolution éclatait aujourd'hui dans la forme ancienne, à Paris d'abord, puis successivement dans chacune des villes où nous avons des amis, où nos idées ont progressé, la classe bourgeoise, grâce aux moyens de transport dont elle dispose, avec son armée facilement mobilisable, aurait bien des chances pour étouffer successivement, au fur et à mesure qu'elles se produiraient, nos tentatives de révolte. (*Une voix :* Voyez la Commune.) Eh oui ! citoyen, si la Commune a été vaincue, c'est surtout parce qu'elle a été isolée dans Paris. (*Applaudissements.*) Avec la grève générale un pareil inconvénient n'est pas à craindre. C'est presque simultanément sur tous les points du territoira que la bataille s'engagerait. La mobilisation des travailleurs serait aussi rapide que celle des soldats, et c'est partout à la fois que la bourgeoisie aurait à faire face au danger.

Puis la grève générale présente sur les autres procédés révolutionnaires un avantage incontestable.

Elle donne aux travailleurs plus de confiance et de courage. Il faut compter avec la faiblesse humaine. Ce n'est jamais d'un cœur léger que l'homme se jette dans la révolte. Au moment où il va quitter sa maison pour prendre part à la lutte et s'exposer à la mort, il y a des sentiments qui le disputent à la révolte et le retiennent au foyer. Il doit subir les supplications de sa femme, de ses enfants. Entre lui et la rue qui l'appelle, de lourdes responsabilités se dressent. Malgré la bonne volonté, c'est souvent l'hésitation qui l'emporte et fait rester l'homme au foyer. (*Vifs applaudissements.*) La grève générale présente au militant cet avantage : elle a ceci de séduisant qu'elle est, en somme, l'exercice d'un droit incontestable. (*Vifs applaudissements.*) C'est une révolution qui commence dans la légalité, avec la légalité. En se refusant au collier de misère, l'ouvrier se révolte dans la plénitude de son droit; l'illégalité, c'est la classe capitaliste qui la commettrait en se faisant provocatrice, en essayant de violer un droit qu'elle a consacré elle-même. (*Vifs applaudissements, acclamations.*)

Une voix. — Et l'armée ?

Le citoyen BRIAND. — L'armée est bien, en effet, l'agent, le facteur avec lequel il faut surtout compter, en période de grève générale. Cette armée, il faut voir ce qu'elle est aujourd'hui entre les mains de la classe capitaliste...

Une voix. — Il y a la grève des militaires.

Le citoyen BRIAND. — On peut préconiser la grève

du soldat, on peut même essayer de la préparer, et vous avez raison de me rappeler que nos jeunes militants s'emploient à faire comprendre à l'ouvrier qui va quitter l'atelier, au paysan qui va déserter les champs pour aller à la caserne, qu'il y a des devoirs supérieurs à ceux que la discipline voudrait leur imposer. (*Vifs applaudissements et acclamations prolongées.*) Mais, citoyens, à l'heure actuelle, nous ne sommes pas encore arrivés à ce point de nos désirs où l'armée ne sera plus entre les mains de la classe capitaliste qu'un danger de plus contre elle. La discipline est encore trop forte, trop brutalement oppressive, pour que les cerveaux puissent s'en affranchir à l'heure critique où les devoirs du citoyen entrent en conflit avec ceux du soldat.

Mais, en cas de grève générale, l'armée ne serait plus un instrument aussi souple entre les mains de la bourgeoisie. (*Vifs applaudissements.*) Dans cette armée se trouveraient nombreux des fils, des neveux, des parents à un degré quelconque d'ouvriers en grève. Quand on commanderait au soldat faisant son service dans le Nord, mais ayant laissé dans le Midi une famille de travailleurs, de tirer sur des grévistes, le petit pioupiou pourrait bien faire cette réflexion : « A moi, qui suis méridional, on dit de tirer ici sur ces ouvriers qu'on me présente comme des étrangers. Mais, aux soldats des régiments qui servent dans mon pays, on commande peut-être à la même heure de fusiller mon père, mon frère, quelqu'un des miens... » (*Vifs applaudissements et acclamations enthousiastes.)* Et alors, si l'ordre de tirer persistait, si l'officier tenace voulait quand même contraindre la volonté du soldat quand elle est envahie par des précautions de cette nature, ah! sans doute, les fusils pourraient partir, mais ce ne serait peut-être pas dans la direction indiquée. *(Applaudissements prolongés.)* Cette possibilité d'affaiblir ainsi l'armée entre les mains de la classe capitaliste, n'est-ce pas une considération favorable à la conception de la grève générale? L'armée serait du reste insuffisante pour faire face à un pareil danger. Déjà vous avez pu constater l'état d'affolement dans lequel les grandes grèves du mois dernier avaient mis la bourgeoisie; vous avez pu, par les efforts considérables qu'elle a dû faire pour enrayer le mouvement de solidarité qui gagnait de proche en proche toutes les corporations parisiennes, juger de ceux qu'exigerait d'elle une grève générale des travailleurs français.

Vous m'objectez le résultat des dernières grèves. Mais elles n'ont été que partielles. Dans toutes les guerres, il y a des escarmouches et de grandes batailles. Les escarmouches donnent rarement des résultats décisifs, mais elles préparent aux grandes batailles. Reconnaissons, pour être justes, que la tentative récente a avorté par suite de circonstances exceptionnelles peut-être, et puis aussi parce que la propagande en faveur de la grève générale n'ayant pas précisément été encouragée, les travailleurs n'étaient pas encore suffisamment organisés. (*Vifs applaudissements*).

Une voix. — Elle a trop de détracteurs parmi les socialistes...

Le citoyen BRIAND. — Permettez-moi de vous affirmer, en tout cas, que, malgré l'avortement de la tentative en question, les travailleurs n'en sont nullement démoralisés. Au contraire, éclairés par l'expérience, ils ne demandent qu'à recommencer demain avec une nouvelle ardeur quand les circonstances s'y prêteront. (*Vifs applaudissements.*)

Le citoyen BRIAND. — Quand je parlais tout à l'heure de l'insuffisance de l'armée en période de grève générale, quelqu'un a fait cette objection : « Mais, si elle est insuffisante, étant donné le nombre considérable des grévistes et des points de grèves, la société bourgeoise aura un moyen bien simple de l'augmenter, ce sera de mobiliser les grévistes. » Ce serait un moyen, en effet, mais je crois que la bourgeoisie y regarderait à deux fois, avant de mettre des fusils et des balles entre les mains des grévistes ! (*Vifs applaudissements.*)

On m'a objecté encore, citoyens, et je termine, — il y a incontestablement sur cette question encore beaucoup de choses à dire, mais il faudrait beaucoup trop de temps, et je conçois que vous ne vouliez pas passer tous vos instants, dans ce congrès, à m'entendre...

Le citoyen BRIAND. — On m'a objecté — et c'est surtout parmi mes amis que j'ai rencontré cette objection — que la conception de la grève générale présentait un grave danger en ce que les travailleurs, quand ils se croiront suffisamment organisés, pourraient bien ne pas résister au désir d'expérimenter l'instrument nouveau, et cela même à contretemps, dans des circonstances défavorables. Je répondrai qu'une pareille tentative, si des circonstances révolutionnaires ne s'y prêtaient pas, avorterait simplement et dès le début. La grève, ainsi engagée par une ou plusieurs corporations, ne se généraliserait pas, voilà tout. Il n'en résulterait pas d'autre inconvénient. Mais, quand nous organisons des comités pour la révolution, nous sommes exposés au même danger. Une fois prêts, il est possible qu'ils aient aussi l'envie intempestive de faire l'essai de leurs forces. La crainte d'une telle éventualité ne nous a pourtant pas empêchés de grouper les militants pour l'action. Pourquoi serions-nous plus timorés, quand il s'agit d'organiser les travailleurs en vue de la grève générale ? Croyez-moi, citoyens, cette idée est féconde. Ne la combattez plus ; aidez-nous, au contraire, à la propager. En lui faisant bon accueil, le parti socialiste fera œuvre révolutionnaire, et l'union qui sortira de ce congrès sera plus complète, n'étant pas exclusive d'un mode d'action pour lequel le prolétariat syndiqué a nettement marqué des préférences. *(Applaudissements prolongés ; l'orateur est vivement félicité en regagnant sa place.)*

*
* *

Nous empruntons à *La Grève générale et le Socialisme*, enquête internationale (¹), cette opinion de M. Griffuelhes, secrétaire de la confédération générale du Travail :

Il est aisé de se rendre compte que la grève générale surgit des formes du groupement syndical et de l'orientation qui s'en dégage. Le développement des organes ouvriers l'indique, leur évolution le montre. Certes, le nombre des syndicats, en ces dernières années, n'a pas augmenté outre mesure. En revanche, et c'est ce qui est symptomatique, le besoin éprouvé par ces syndicats de se grouper, par leur Bourse du Travail et par leur Fédération nationale corporative, prouve bien que le côté égoïste, qui, pour d'aucuns, constituait le caractère fondamental du syndicat, disparaît ou, pour parler plus exactement, que la conscience ouvrière, dont la première notion s'affirmait dans le syndicat, se précise en se développant.

Ces organismes, en annihilant le caractère strictement professionnel de chacun de leurs éléments, les appellent à une vie sociale plus élevée ; cette vie doit se faire jour pour se développer, et c'est dans des manifestations de lutte qu'elle prend corps et se matérialise.

Et comme il ne suffit pas à ces organismes de créer une vie sociale qui nivelle les consciences et engendre l'action, ils se rapprochent et se mêlent à leur tour.

1. HUBERT LAGARDELLE. — Ed. Cornély, éditeur, Paris.

Ce contact et ce mélange constituent un mouvement ouvrier en France dont on ne saurait nier l'importance.

Cette importance n'échappe pas à nos adversaires. Les dirigeants, effrayés d'un mouvement qui déborde, voudraient le tuer en lui attribuant la formation d'un complot contre la sûreté de l'État. En province les ordres sont donnés pour chercher les traces d'une organisation, qui, de Paris, à leurs yeux, commande et dirige! Si des éléments étaient recueillis, on instruirait contre les militants, et on espère que le mouvement, décapité, serait mort pour longtemps.

Les gouvernants, qui croient que le mouvement ouvrier s'exerce en vertu de formules et de résolutions, se trompent lourdement. La vie ouvrière est trop complexe dans ses manifestations de détail, mais dont la conception et l'esprit sont cependant communs, pour se prêter aux inepties des dirigeants. Et ce qui amène ces derniers à croire à un organisme rigoureux, automatique et directeur, c'est l'effroi que leur cause une cessation générale du travail. Ils escomptent une lutte gigantesque, et, connaissant l'esprit révolutionnaire qui l'animerait, ils sont décidés à prendre les devants en arrêtant tout.

C'est en prévision de cette éventualité qu'un plan de mobilisation a été établi au Ministère de la guerre. En cas de grève générale, porte ce plan, tel officier d'Épinal devra se rendre au Creusot, etc...

Et voilà que, alors que les capitalistes s'arment en vue de cette échéance, des citoyens estiment que la grève générale est utopique !

Je ne puis mieux faire que de me placer derrière cette définition si nette et si claire, que contient une communication du syndicat des maçons de Reims, parue dans la *Voix du Peuple*, organe de la *Confédération générale du travail*, du 8 mai 1904. Rendant compte d'une causerie, il est dit : « Passant en revue les questions portées à l'ordre du jour du Congrès de Vichy, Guyot explique que la grève générale ne peut être que la Révolution elle-même, car, comprise autrement, elle ne serait qu'une nouvelle duperie. Des grèves générales corporatives ou régionales la précèderont et la prépareront. »

On ne peut mieux dire et, entre gens qui veulent comprendre, cette définition devrait suffire.

Dans les milieux ouvriers, c'est ainsi qu'on présente la grève générale. Certes, il a été un temps où on la montrait sous un autre aspect, où on lui donnait un caractère différent, mais il faut convenir que rien ne fut tenté, en se prêtant à une discussion sans réserve, pour préciser cette idée. De plus, la conscience ouvrière était loin d'être ce qu'elle est aujourd'hui ; et puis, c'était plutôt la définition d'une idée théorique résumant des aspirations, qu'une interprétation de faits telle qu'on l'envisage actuellement.

La grève générale est le refus des producteurs de travailler pour procurer jouissances et satisfactions aux non-producteurs ; elle est l'explosion consciente des efforts ouvriers en vue de la transformation sociale ; elle est l'aboutissant logique de l'action constante du prolétariat en mal d'émancipation ; elle est la multiplication des luttes soutenues contre le patronat. Elle implique comme acte final un sens très développé de la lutte et une pratique supérieure de l'action. Elle est une étape de l'évolution marquée et précipitée par des soubresauts, qui, comme le dit Guyot dans l'ordre du jour plus haut rapporté, seront des grèves générales corporatives.

Ces dernières constituent une gymnastique nécessaire, de même que les grandes manœuvres sont la gymnastique de la guerre.

On n'attend pas de moi l'explication détaillée du mouvement final, pas plus que des actions généralisées des corporations, que, pour l'instant, je ne puis prévoir. Je ne veux nullement jouer au prophète, en traçant un plan qui assignerait à chaque homme la place qu'il devra occuper. Que du haut d'un septième ciel, on s'amuse à poser des jalons sur une carte représentant le monde social, voilà qui n'est pas de mon goût.

Tout mouvement révolutionnaire n'a donné que ce que la classe opprimée du moment concevait, et a su prendre. La révolution, entrevue par tous, et que le monde ouvrier appelle grève générale, sera, elle aussi, ce que le travailleur l'aura conçue et saura la créer. L'action se déroulera selon le degré de conscience de l'ouvrier et selon l'expérience et le sens de la lutte qu'il se sera donnés.

Comme cette action devra s'exercer contre des forces multiples et variées, comme elle devra réagir contre des courants divers, ce ne seront pas des décisions uniformes et étroites qui seront applicables. Il appartiendra au travailleur d'adapter au milieu d'alors et aux éléments contraires les armes que les circonstances mettront à sa portée.

La grève générale, dans son expression dernière, n'est pas pour les milieux ouvriers le simple arrêt des bras ; elle est la prise de possession des richesses sociales mises en valeur par les corporations, en l'espèce les syndicats, au profit de tous. Cette grève générale, ou révolution, sera violente ou pacifique selon les résistances à vaincre. Elle sera la totalisation des efforts des producteurs sous l'impulsion des groupements ouvriers.

Mais nous n'entendons pas fixer le jour ni l'époque qui mettra aux prises salariés et salariants. Il n'appartient à nulle force humaine de l'indiquer.

Le mouvement naîtra des circonstances, d'une mentalité ouvrière plus élevée, à la hauteur des événements qui porteront en eux-mêmes les éléments de généralisation.

Les éléments de généralisation se définissent par le rôle joué dans la production par telle ou telle industrie, entraînant la mise en action d'une autre industrie, dont les effets iront se répercutant sur d'autres branches de l'activité humaine.

On objectera que tout cela ne dénote pas un degré supérieur d'organisation, qu'il n'est pas possible de mettre en mouvement au même jour la classe ouvrière en totalité. Je répondrai d'abord que nous ne prétendons nullement qu'un point de départ ne peut pas être commun à tous les travailleurs; nous ne disons pas que cela peut se produire. Nous nous inspirons des contingences sociales et nous disons que la conquête légalitaire du pouvoir ne saurait impliquer, pour ceux qui s'hypnotisent devant elle, l'entrée totale d'élus ouvriers au Parlement : ceux-là disent que la majorité suffira pour transformer l'état social. La conquête révolutionnaire du pouvoir ne saurait non plus être l'acte unanime du pays. De part et d'autre, il y aura des gens entraînés malgré eux et subissant le résultat de cette conquête. Et j'espère bien que les uns et les autres raisonnent ainsi, car autrement ils pourraient attendre l'an 5o.ooo.

Il nous est donc permis de dire que les travailleurs organisés de certaines industries s'agiteront sous l'empire de préoccupations données, obligeant d'autres corporations à les suivre.

La révolution, quel que soit son stimulant, ne saura être acceptée par tous Une minorité, que nos efforts incessants de propagande et d'action tendent à grossir, suscitera le mouvement révolutionnaire dont la nécessité apparaît à chacun.

17.

Contre la grève générale.

Discours prononcé par Jules Guesde au congrès de Lille (août 1904) :

Guesde. — Avant de se prononcer sur la grève générale, il faut savoir ce que ce mot signifie. La grève générale est, à proprement parler, d'origine patronale. C'est, tout d'abord, en Angleterre que les patrons ont transformé des grèves partielles, des trades-unions en grèves générales au moyen du *lock-out*, dans le but de briser l'action ouvrière. Si la grève générale signifie une grève corporative généralisée, le Parti ne saurait y engager sa responsabilité. C'est aux ouvriers seuls d'en décider, sous leur propre reponsabilité. Signifie-t-elle un moyen de la révolution sociale ? Les socialistes hollandais y ont déjà répondu : la suspension générale du travail serait la suspension de l'existence pour les ouvriers, leur condamnation à mort.

En France, on a commencé en 1895 (au Congrès corporatif de Tours), par recommander la grève générale comme un moyen légal qui pourrait se substituer à la révolution politique. Dès le commencement, la grève générale est ainsi apparue comme un moyen dirigé contre l'action politique, comme une véritable manœuvre contre la méthode politique du Parti socialiste, cette méthode qui, par rapport à la grève, représente l'arme d'artillerie du prolétariat. Plus tard, la grève générale a été proclamée un moyen révolutionnaire, un moyen de la révolution sociale ; 4 à 5 millions de travailleurs, disait-on, quitteraient les ateliers et réduiraient ainsi à l'impuissance les 4 à 500.000 soldats dispersés un peu partout. C'est un rêve! Il est inadmissible que des millions d'ouvriers soient prêts à mourir de faim pour leur classe, quand pour leur classe ils ne veulent pas mettre dans l'urne un bulletin de vote! Enfin, on concevait la grève générale comme le résultat d'une grève générale d'un seul métier important, qui forcerait les ouvriers des autres métiers à entrer dans le mouvement. Prenez garde! Cette conception équivaut à vouloir violenter le prolétariat. Or, les ouvriers violentés seraient capables de faire cause commune avec les patrons! (*Applaudissements*).

Et puis, il faut aussi prendre en considération l'attitude des paysans. Lésés dans leurs intérêts par la grève générale, ne seraient-ils pas poussés dans le camp de la bourgeoisie? Et cependant, nous ne pouvons pas faire la révolution contre la volonté des paysans. La grève générale en tant que moyen de révolution mettrait contre la révolution les fourches des paysans à côté des fusils des soldats.

Le mot « grève générale » a déjà fait beaucoup de mal. Grève générale! et l'on ne s'organise plus! Grève générale et l'on ne vote plus! Grève générale! et l'on méprise les *politiciens* auxquels on reproche d'exploiter les travailleurs. Le mot « grève générale » sert d'arme contre *toutes* les écoles du socialisme, aussi bien contre le P. S. de F. que contre le P. S. F. Actuellement, la phrase grève généraliste fait plus de mal au socialisme que le ministérialisme. Celui-ci se discrédite de plus en plus aux yeux des travailleurs, tandis que le fantôme de la grève générale apparaît sous l'espèce d'une forme mystérieuse et miraculeuse qui éblouit et charme les travailleurs. De plus, l'ouvrier qui se détourne du Parti pour passer à la grève générale croit devenir plus révolutionnaire. Et l'on nous demande de fortifier de nos propres mains ce fantôme dangereux, de détruire notre œuvre, de miner notre Parti, et encore à Amsterdam, sur le terrain international ? Je ne le conçois pas ! (*Vifs applaudissements.*)

Une voix : Comment se fera, selon vous, la révolution ?

Guesde : Les révolutions ont toujours été faites de la même façon, toujours avec l'armée, jamais contre elle. C'est ainsi que nous vaincrons, nous aussi.

*
* *

Un militant guesdiste, M. Delory, député du Nord, répondant à M. Briand au congrès de 1899, avait dit :

Delory. — Le citoyen Briand vous a dit : Si nous étions en situation de faire faire la grève générale à tous les métiers, ce serait la révolution. Je serais le premier à vous dire : Faisons-la; mais la situation n'est pas celle-là. Vous avez déjà du mal à organiser le parti socialiste, et cependant permettez-moi de

vous dire que, si la révolution doit venir, à mon
idée elle viendra plus facilement à la suite d'événements politiques que d'un événement économique,
et voici pourquoi : c'est que tout événement politique a une répercussion sur l'ensemble du pays,
tandis que les phénomènes économiques ont souvent
une répercussion seulement sur une partie du pays,
et alors, ce phénomène économique se produisant
dans un coin de la France, quand vous direz de se
mettre en grève aux ouvriers qui ne sont pas socialistes, qui n'auront pas compris la nécessité, ils vous
diront : Mais pourquoi faire? et ils ne bougeront
pas. (*Applaudissements*).

C'est pourquoi il faut que vous fassiez le parti
socialiste, le parti révolutionnaire; et alors, si vous
êtes organisés, cela va très bien, c'est la révolution
et j'en suis. Mais nous sommes obligés de prendre
la situation telle quelle. Qu'est-ce que je vois? Si
vous inculquez dans les cerveaux des militants cette
idée de la nécessité de la grève générale, que va-t-il
se produire? Citoyens, j'en parle savamment, car
vous savez que jusqu'à ce jour, nous, vos amis
socialistes du Nord, chaque fois que le mot d'ordre
était donné dans un congrès, nous avons tenu à le
suivre, à le suivre à la lettre; eh bien, supposez que
le parti socialiste, acceptant votre idée, pour soutenir un événement économique qui se produit dans
une partie de la France, décide d'essayer de la grève
générale. Si vous n'avez pas votre organisation suf-
fisante, que se produira-t-il? C'est que tous les mili-

tants du Nord, fidèles à l'engagement qu'ils auront pris dans le congrès, sortiront des ateliers, et, comme, avec l'organisation de la société bourgeoise de nos jours, il y a toujours une grande armée d'ouvriers sans travail qui attendent une place dans l'atelier, ils iront se présenter à la place des militants qui, eux, ne trouveront plus de travail. C'est la mort du parti socialiste. (*Vifs applaudissements*).
— Mais, camarades, je vous répète que je n'ai pas de parti pris contre la grève générale; si vous déclarez que la grève générale, pour vous, n'est qu'une arme à employer à un moment déterminé, bon; mais ne faites pas une campagne spéciale, dites simplement que vous êtes des socialistes révolutionnaires décidés à vous débarrasser de la société bourgeoise par tous les moyens, y compris la grève générale, si cela est possible. (*Applaudissements*). Nous sommes prêts à employer n'importe quoi, du moment que les événements le permettront. Le parti aura à examiner si l'emploi de tel ou tel moyen n'est pas préférable à tel autre et, dans ces conditions, je ne cache pas que, si des événements politiques ou économiques surgissaient et si nos délégués se trouvaient réunis, je ne vois pas d'inconvénient à examiner si le moyen de la grève générale ne serait pas meilleur que le moyen d'une barricade quelconque. (*Applaudissements*). Mais nous n'avons pas alors, citoyens, à voter le principe de la grève générale.

Pour moi, ce n'est pas un principe, c'est un simple moyen d'action, et nous disons : les observations que nous vous avons faites à certains moments, nous les avons faites parce que vous cherchiez à créer des organisations spéciales qui n'auront que cela pour but.

Soyons logiques et disons le but que nous voulons atteindre, et disons dans nos considérants que pour atteindre ce but, nous sommes prêts à employer tous les moyens excellents, y compris la grève générale (*Applaudissements*), si, au moment de l'action, les délégués reconnaissent que la grève générale peut aboutir.

Permettez-moi de vous dire encore un mot; nous vivons à côté de la Belgique, où tout le parti est unifié, où le parti socialiste en ces dernières années a eu une vie très intense; eh bien, le parti socialiste, qui, à un moment donné, s'est servi de la grève générale, ne fait pas une campagne spéciale pour la grève générale; il l'inscrit dans son programme : c'est ce que je vous propose; c'est ce que tous les socialistes sont prêts à voter; les socialistes ne repoussent aucun moyen pour faire la révolution.

Le citoyen Cabardos. — Alors, nous sommes d'accord.

Le citoyen Delory. — Oui; mais, à un moment donné, les mots peuvent avoir une grande importance; qu'on ne vienne pas voter le principe de la grève générale, je vous répète que ce n'est pas un principe, je l'ai toujours considéré comme un simple moyen, et je serais prêt à l'examiner avec vous au moment où vous serez prêts à le mettre en action. Voilà tout.

Le citoyen CABARDOS. — Votons-la en tant que moyen d'action.

Le citoyen DELORY. — Nous déclarerons que le parti socialiste révolutionnaire, pour amener l'émancipation de la classe ouvrière, est décidé à employer tous les moyens qui, au moment de son action, lui paraîtront bons, et que, si la grève générale est reconnue possible, il emploiera la grève générale, comme il emploierait autre chose! (*Applaudissements.*) Je ne suis pas partisan d'une organisation spéciale pour un moyen plutôt que pour un autre, car, si nous nous mettons tous à faire des organisations pour employer tel ou tel moyen, le jour où les délégués du parti ouvrier, enfin unifié, décideront d'employer un moyen que certaines organisations n'auront pas organisé, elles diront : Cela ne nous regarde pas et nous ne bougeons pas!... Voilà mes observations.

Maintenant, permettez-moi une dernière observation sur ce qu'a dit le citoyen Briand. Il a dit, ou du moins j'ai cru comprendre que, dans son idée, la grève générale aurait un avantage parce que ce serait la révolution sur un terrain légal; eh bien, qu'il me permette de lui dire qu'à ce point de vue je partage les idées du camarade Vaillant; je considère que les événements se précipiteront et que le parti ne constituera pas l'unanimité de la classe ouvrière, lorsqu'il sera appelé à prendre le pouvoir; et alors je dis comme Vaillant : ce jour-là il faudra que la partie consciente de la classe ouvrière impose la dictature du prolétariat. (*Vifs applaudissements.*)

APPENDICE 3

Sur la doctrine syndicaliste.

M. Pouget, que nous avons eu plusieurs fois l'occasion de citer au cours de notre travail, est l'esprit le plus aiguisé du monde syndicaliste.

Nous empruntons aux brochures de propagande que le secrétaire général de la *Voix du Peuple* a publiées, les définitions que l'on va lire (1).

Les Bases du Syndicalisme.

Le mot *syndicalisme* a acquis, ces derniers temps, une signification plus étendue que celle indiquée par l'étymologie. Le sens, tout concret, qu'il avait déjà, persiste; ce mot continue à qualifier les « partisans de l'organisation syndicale ». Mais, dorénavant, outre cette acception nébuleuse et incolore, qui, avec un peu d'élasticité, pourrait aussi bien étiqueter des syndicalistes *jaunes* que des syndicalistes

---

1. Émile Pouget, *les Bases du syndicalisme; le Syndicat; le Parti du travail*, brochures à la *Voix du Peuple*.

rouges, il a acquis un sens nouveau et très précis.

Le mot *syndicalisme* est devenu un terme générique, exprimant un « moment » de la conscience ouvrière. De cette épithète se réclament les travailleurs qui, ayant dépouillé les conceptions maladives et décevantes, ont acquis la conviction que les améliorations — qu'elles soient partielles ou extrêmes — ne peuvent être que la résultante de la force et des vouloirs populaires. Sur les ruines des espoirs moutonniers et des croyances, au miracle qui étayent les superstitions, — tant en la providence étatiste qu'en la providence divine, — ils ont élaboré une doctrine saine et vraiment humaine qui a ses racines dans une constatation et une interprétation loyales des phénomènes sociaux.

Le *syndicaliste* est, de toute évidence, un partisan du groupement des travailleurs par syndicats. Seulement, il ne conçoit pas le syndicat comme certains qui rétrécissent son cercle d'action au point de ne laisser pour horizon à ce groupement que la discussion ou la dispute quotidienne avec l'employeur ; et ce, sur des revendications secondaires, momentanées, ne mettant jamais en question le bien ou mal fondé de l'exploitation ouvrière. Il ne conçoit pas, non plus, le syndicat comme d'autres qui ne voient en lui qu'une « école primaire du socialisme » où se forment et se recrutent les militants en vue des efforts tenus pour efficaces — telle la conquête des pouvoirs publics.

Pour le *syndicaliste,* le syndicat est le groupement par excellence, répondant à tous les besoins, à toutes les aspirations et, par cela même, suffisant à toutes les besognes.

Il est le groupement, tel que l'imaginent les « réformistes » : permettant de batailler au jour le jour, contre le patron, pour des améliorations et des revendications de détail.

Mais, il n'est pas que cela! Il est aussi le groupement apte à mener à bien l'œuvre d'expropriation capitaliste et de réorganisation sociale que les socialistes, illusionnés de confiance en l'État, escomptent de la prise de possession du pouvoir politique.

Donc, pour le *syndicaliste*, le syndicat n'est pas une association de circonstance, dont la raison d'être, limitée au milieu actuel, ne se concevrait pas, abstraction faite de ce milieu. Pour lui, le syndicat est le groupement initial et essentiel; il doit éclore spontanément et se développer dans tous les milieux, et cela, indépendamment de toute théorie préconçue.

En effet, quoi de plus normal, pour les exploités d'une même profession, que de se rapprocher, de s'entendre, de s'unir pour la défense d'intérêts communs et immédiatement tangibles?

D'autre part, à supposer l'anéantissement de la société capitaliste et l'épanouissement, sur ses ruines, d'une société, — communiste ou autre, — il est bien évident que, même en ce cas, dans ce milieu neuf, le groupement qui s'indiquera comme le plus urgent, le plus indispensable, sera celui qui mettra en contact les hommes s'employant à des travaux et des fonctions identiques ou similaires.

Ainsi, le syndicat, — le groupement corporatif, — apparaît comme la cellule organique de toute société.

Actuellement, pour le *syndicaliste*, le syndicat est l'organisme de lutte et de revendications des travailleurs contre leurs maîtres. Dans l'avenir, il sera la base sur laquelle s'érigera la société normale, expurgée d'exploitation et d'oppression.

LE PARTI DU TRAVAIL

Le Parti du Travail est le parti de l'avenir. Dans la société harmonique dont l'aurore pointe, il n'y aura de place que pour le Travail; les parasites de tous ordres en seront fatalement éliminés. Il est donc naturel que le Parti du Travail, qui est le creuset où s'élaborent les combinaisons sociales des demains espérés, se constitue en dehors de tous les partis existants. C'est d'autant plus normal qu'il se distingue d'eux, non seulement par sa force de cohésion, mais aussi, par le but qu'il poursuit et par les méthodes d'action qu'il préconise et pratique.

Tandis que tous les autres partis ont pour objectif le maintien ou le déplacement du personnel gouvernemental, — qu'ils escomptent être ou devoir être favorable à leurs appétits, à leurs ambitions, ou simplement à leur coterie, le Parti du Travail néglige cette besogne extérieure et toute de façade et poursuit la transformation intime et intérieure des éléments sociaux; il travaille à modifier les mentalités, les formes de groupement, les rapports économiques.

Le but qu'il poursuit est l'émancipation intégrale du travailleur. Faisant sienne la formule de l'*Association Internationale des Travailleurs*, dont il est l'héritier logique, il pose pour inéluctable que cette émancipation sera l'œuvre propre de la Classe Ouvrière, sans immixtion d'éléments extérieurs ou hétérogènes. Il est évident que, pour n'être pas illusoire, cette émancipation devra impliquer l'élimination de la Classe Bourgeoise et la destruction complète de ses privilèges.

C'est dire que le Parti du Travail poursuit la transformation radicale du régime social.

L'examen des phénomènes économiques démontre que cette transformation devra s'accomplir par la neutralisation de la propriété individuelle et l'efflorescence d'un régime communiste, afin que soient substitués aux rapports actuels entre individus — qui sont ceux de salarié à capitaliste, de dirigé à dirigeant, — des rapports nouveaux et normaux : des rapports d'égalité et de liberté.

Il n'y aura, en effet, intégralité d'émancipation que si disparaissent les exploiteurs et les dirigeants et si table rase est faite de toutes les institutions capitalistes et étatistes. Une telle besogne ne peut être menée à bien pacifiquement, — et encore moins, légalement! L'Histoire nous apprend que, jamais, les privilégiés n'ont sacrifié leurs privilèges sans y être contraints et forcés par leurs victimes révoltées. Il est improbable que la Bourgeoisie ait une exceptionnelle grandeur d'âme et abdique de bon gré .. Il sera nécessaire de recourir à la Force qui, comme l'a dit Karl Marx, est « l'accoucheuse des sociétés ».

Donc, le Parti du Travail est un parti de Révolution.

Seulement, il ne considère pas la Révolution comme un cataclysme futur, qu'il faille espérer patiemment du jeu fatal des événements. Cette attente, en pose hiératique, de la catastrophe finale, ne serait que la transposition et la continuation, dans un plan matérialiste, des vieux rêves millénaires.

La Révolution est une œuvre de tous les instants, — d'aujourd'hui comme de demain : elle est une action continuelle, une bataille de tous les jours, sans trêve ni répit, contre les forces d'oppression et d'exploitation. Est révolutionnaire et fait acte de révolutionnaire celui qui, n'admettant pas la légitimité de la société actuelle, travaille à sa ruine.

C'est à cette incessante besogne de Révolution que sont attelés les travailleurs, au sein de leurs syndicats. Ils se considèrent comme étant en insurrection permanente contre la société capitaliste et ils réchauffent et développent en elle-même l'embryon d'une société où le Travail sera Tout. Cependant, malgré cette attitude constamment subversive, ils subissent les exigences du régime bourgeois ; mais, tout en se pliant aux nécessités de l'heure présente, ils ne s'adaptent pas aux formes du légalisme et ne le consacrent pas de leur acquiescement, — même quand il s'affuble d'oripeaux réformateurs. Leurs efforts révolutionnaires tendent à conquérir sur la Bourgeoisie des améliorations parcellaires, — qu'ils ne tiennent jamais pour définitives. Aussi, quelle que soit l'amélioration qu'ils arrachent, pour si importante qu'elle puisse paraître, ils la proclament toujours insuffisante et, dès qu'ils s'en reconnaissent la force, ils s'empressent d'exiger davantage.

Ces luttes constamment renouvelées, qui sont un harcèlement incessant des exploiteurs, outre qu'elles sapent et désagrègent les institutions capitalistes, outre qu'elles aguerrissent et fortifient la Classe Ouvrière, ont un autre avantage.

C'est cette attitude de permanente insurrection contre l'adaptation définitive aux conditions actuelles qui marque le caractère révolutionnaire du Parti du Travail.

On se trompe, quand on suppose que la violence est toujours la caractéristique d'un acte révolutionnaire ; un tel acte peut aussi se manifester sous des apparences fort modérées et n'ayant rien de la brutalité démolisseuse que nos adversaires donnent comme le signe essentiel du révolutionnarisme.

Il ne faut pas oublier, en effet, que dans la plupart des circonstances, l'acte en soi n'a aucun caractère défini ; celui-ci ne lui est donné que par l'analyse des mobiles qui l'ont incité. C'est pourquoi les mêmes actes peuvent, selon les cas, être déclarés bons ou mauvais, justes ou injustes, révolutionnaires ou réformistes. Exemple : tuer un homme au coin d'un boulevard est un crime ; en tuer un par l'opération de la guillotine est, au point de vue bourgeois, un acte de justice ; tuer un despote est un acte glorifié par certains, honni par d'autres... Et cependant, en fait, ces divers actes sont identiques : suppression d'une vie humaine !

Donc, par déduction, le révolutionnarisme de la Classe Ouvrière peut se manifester par des actes très anodins, de même que son esprit réformiste pourrait se souligner par des actes excessivement violents. C'est d'ailleurs ce qui se constate aux États-Unis : les grèves y sont souvent marquées par des actes de violence (exécution de renégats, attentats à la dynamite, etc.), qui ne sont pas le signe d'un état d'âme révolutionnaire, car le résultat visé par ces grévistes se limite à des améliorations qui ne portent pas atteinte au principe d'exploitation : la Société actuelle leur paraît supportable et ils ne songent pas à supprimer le Salariat.

Par conséquent, ce qui spécifie le caractère révolutionnaire du Parti du Travail, c'est que, sans jamais négliger de batailler pour l'obtention d'une amélioration de détail, il poursuit la transformation de la société capitaliste en une société harmonique.

Les améliorations, conquises au jour le jour, ne

sont donc que des étapes, sur la route de l'émancipation humaine; le bénéfice immédiat et matériel qu'elles procurent se double d'un avantage moral considérable : elles renforcent l'ardeur de la Classe Ouvrière, exaltent son désir de mieux-être et l'excitent à exiger des modifications plus accentuées.

Seulement, la plus dangereuse des illusions serait de limiter l'action syndicale à l'obtention de ces améliorations parcellaires; ce serait s'enlizer dans un réformisme morbide. Pour si importantes que puissent être ces conquêtes, elles sont insuffisantes : elle ne sont que des expropriations partielles des privilèges de la Bourgeoisie; par conséquent, elles ne modifient pas les rapports du Travail et du Capital. Pour si superbes qu'on imagine ces améliorations, elles laissent le Travailleur sous le régime du Salariat; il n'en continue pas moins à être sous la dépendance du Maître! Or, c'est la libération complète qu'il faut à la Classe Ouvrière : c'est l'Expropriation générale de la Bourgeoisie.

Cet acte décisif, couronnement des luttes antérieures, implique la ruine totale des privilèges et si des conflits précédents ont pu revêtir une allure pacifique, il est impossible de supposer que ce choc suprême se produise sans conflagration révolutionnaire.

FIN DES APPENDICES

TABLE

CHAPITRE PREMIER

Les Syndicalistes et les Socialistes.

CHAPITRE II

Historique de la main-d'œuvre.

CHAPITRE III

La loi contre les ouvriers.

CHAPITRE IV

Vers l'émancipation ouvrière.

CHAPITRE V

Abrogation de la législation anti-ouvrière.

CHAPITRE VI

Origine du Parti Syndicaliste.

CHAPITRE VII

Les Bourses du Travail.

CHAPITRE VIII

L'Idée du compagnon Tortelier.

CHAPITRE IX

La Grève générale.

CHAPITRE X

L'Action directe.

CHAPITRE XI

La Confédération Générale du Travail.

CHAPITRE XII

La vraie force syndicaliste.

APPENDICE 1

APPENDICE 2

APPENDICE 3

SAINT-DENIS

IMPRIMERIE H. BOUILLANT

20, RUE DE PARIS, 20

Succursale à Paris, 28, rue Serpente (Hôtel des Sociétés Savantes).

www.ingramcontent.com/pod-product-compliance
Lightning Source LLC
LaVergne TN
LVHW020613060726
842526LV00003B/712